国家级一流本科专业建设成果

Intelligent
Digital
Brand
Marketing

主编 马中红

数智广告传播系列教材

数智品牌营销

王静 苏博雅 著

苏州大学出版社
Soochow University Press

图书在版编目（CIP）数据

数智品牌营销 / 王静，苏博雅著. -- 苏州 ：苏州大学出版社，2025. 7. -- （数智广告传播系列教材 / 马中红主编）. -- ISBN 978-7-5672-5286-8

Ⅰ. F713.36

中国国家版本馆 CIP 数据核字第 2025ZD4644 号

SHUZHI PINPAI YINGXIAO

责任编辑：祝文秀　　**装帧设计**：吴　钰

出版发行：苏州大学出版社　　**网　　址**：http://www.sudapress.com

社　　址：苏州市十梓街 1 号　　**邮　　箱**：sdcbs@suda.edu.cn

邮　　编：215006　　**开　　本**：718 mm×1 000 mm　1/16

印　　刷：苏州工业园区美柯乐制版印务有限责任公司　　**印　　张**：15.25

版　　次：2025 年 7 月第 1 版　　**字　　数**：235 千

印　　次：2025 年 7 月第 1 次印刷　　**定　　价**：58.00 元

苏州大学出版社营销部电话　0512-67481020

苏州大学出版社天猫旗舰店　https://szdxcbs.tmall.com

总序 General preface

广告的演进史，本质是人类传播技术的革命史。从青铜铭文到印刷海报，从广播电视到数字屏幕，每一次媒介迭代都在重塑广告的基因。今天，我们正站在范式迁移的临界点——数智技术已从传播工具进化为广告生态的操作系统，它不仅重构了广告的认知逻辑、产业形态与价值内核，更在广告传播学领域掀起一场静默的革命。“数智广告传播系列教材”的诞生，有望在这场颠覆性变革中为学习者绘制知识蓝图，搭建通往未来的能力之桥。

一、认知升维：从单向灌输到动态共生

传统广告的线性传播链正在瓦解。当弹幕实时改写视频叙事，当直播间的用户反馈秒级重塑产品话术，广告传播已演变为多节点、可逆的交互网络。用户不再是传播链条的终点，而是网络中的活性节点——既是消费者，也是生产者与重构者。

内容生产领域同样经历基因突变。生成式 AI 承担了信息型文案、多模态素材的批量生产，人类创意者则蜕变为“提示词工程师”与“伦理校准者”。传统的“简报—创作—修改”的线性流程，被“人机并行创作—实时测试—动态优化”的循环回路取代。创意价值从内容本身迁移至人机协同规则，提示词库、伦理协议、风格数据集成为核心资产。

效果评估体系更是迎来范式革命。传统媒体曝光量，如千人成本（Cost Per Mille，CPM）、总收视点（Gross Rating Point，GRP）仅能回答

"广告被多少人看见"，而情感计算技术通过追踪用户从情感共鸣到消费决策的全链路行为，将"广告如何改写用户行为DNA"可视化。这种评估范式的内核，是将广告科学从渠道中心主义转向用户行为学。

二、产业裂变：技术重构竞争生态

当传统4A广告公司还在雕琢文案修辞时，技术型科技公司已经在用算法重绘"广告战场"。谷歌PMax通过强化学习动态调配全渠道预算，其核心竞争力并非创意，而是跨平台用户行为预测模型——它能预判大学生深夜刷视频时的速食冲动，或在通勤邮件中植入咖啡广告的精准时机。Meta Advantage+则将效率推向极致：每日生成10万级广告素材，通过"曝光—停留—转化"数据实时淘汰劣质创意，践行着残酷的"广告达尔文主义"。

AI创业公司则在垂直领域对广告展开精准爆破。某科技公司的"创意中台"将汽车广告降维为数据填空，只要输入汽车参数，AI便自动输出设计素材、合规报告与跨渠道适配方案。Jasper AI更以每分钟百条文案的速度，实现50个语种的实时本地化，甚至能将中文谐音梗转化为西班牙双关语。当创意价值从艺术性转向算法效能，传统创意溢价被彻底解构。

品效合一的生存压力更在催生服务模式的进化。现在电商平台直播间必须同步实现话题热搜—品牌声量、秒级转化—即时收益、用户沉淀—私域资产三重目标，关于如何应对这些挑战，我们将在本系列教材中尽可能地支招。因为我们深知，当下的广告教学对广告人才的培养要求已非昔日掌握单一技能即可，而是要让他们成为杂交的、复合型的人才。广告文案创作须掌握用SQL（Structured Query Language，结构化查询语言）查询用户画像；广告设计指导须懂得调校Disco Diffusion参数；广告战略总监须手握三棱镜——一端折射生成式AI技术潜力，一端映射GDPR（General Data Protection Regulation，《通用数据保护条例》）伦理边界，一端聚焦品牌资产沉淀。而且，我们也看到广告行业一些新兴的职业角色，如"广告数据清洗师""AI广告提示工程师"等正在向我们招手，他们亟须通过广告教育加以培养。广告从业者的能力基因正在被重构。

三、人文警醒：算法狂欢中的价值锚点

在此剧烈变动之中，我们一定要清醒地意识到技术赋能的另一面是深不见底的伦理深渊。当算法能精准操纵情感、数据可殖民人性，AIGC（Artificial Intelligence Generated Content，人工智能生成内容）正消解原创，广告业面临前所未有的价值失重危机。

数据霸权最为突出。企业通过社会网络分析构建的360°用户画像，已形成数字化的“圆形监狱”——一种全景监控结构。典型案例中，某母婴品牌在捕捉到“产后抑郁”搜索记录后，持续推送“宝宝湿疹严重后果”等焦虑广告，通过“攻击”脆弱心理获取消费流量。更隐蔽的压迫在于阶层固化算法——用户点击一次低价商品，即被永久标记为价格敏感群体，从此被高端信息“流放”。

情感操纵同样触目惊心。短视频平台通过“无限下滑—随机奖励”机制，利用多巴胺分泌规律制造成瘾性，使用户沦为“生化反应的奴隶”。而创意异化危机已在艺术领域爆发：Midjourney批量生产的赛博图像导致符号的同质化、滥俗化，某4A公司的人类创意团队因降格为“提示词微调员”而自嘲为“艺术民工”。

本系列教材始终将批判性思维贯穿数智变革全过程，将伦理警醒转化为可操作的基建系统，贯穿从认知到实践的全链条。认知层面，我们强调增设伦理警示案例；工具层面，设计研究方法如内置伦理检测插件对数据加密处理；制度层面，我们呼吁建设人机协同机制，明确权责边界、创作版权等。

四、锻造广告体系化知识地图

本系列教材以“理论—技术—战略—创作—评估—实践”七个维度为轴线，试图构建数智广告人才的能力金字塔。这一体系绝非机械的能力拼盘，而是有机融合的认知生态系统——每一维度既独立支撑特定能力，又与其他维度深度融合，形成推动人才进化的知识齿轮组。

一是理论理解和应用能力，这需要重构数智时代的认知坐标系。《创意、视觉、营销、传播——理解广告》作为基础性教材，承担认知升维的核心使命。当传统广告理论在算法冲击下摇摇欲坠，该书以“营销”与

“传播”的本质嬗变为锚点，重建数智广告的哲学思维，既解构技术迷思，揭示程序化购买背后的权力重组，破除技术中立的幻觉，又重新阐述传播本质，将广告从单向说服重新定义为意义共建网络。学生在此获得的关键思维能力是在ChatGPT生成的海量文案中，识别哪些触及了传播本质——建立品牌与人的价值共鸣，而非信息噪声的堆砌。

二是技术认知能力。《数智媒体艺术》是破除技术恐惧症的“解毒剂”。当NFT（Non-Fungible Token，非同质化代币）、生成式AI、全息投影等术语成为行业壁垒，这本教材以艺术实践为“手术刀”，细腻地“解剖”了技术黑箱的运作机理，并从技术民主化实践和技术合法性思辨的角度强化学生认知；在NFT艺术确权实验中，学生既学习区块链的加密原理，也辩论数字藏品的文化亵渎风险——如AI生成“赛博佛像”对宗教神圣性的消解。这种认知的价值在《数智品牌营销》中被再次强调，当策划奢侈品NFT联名时，学生能精准调用区块链的智能合约机制设计分成规则，而非空谈“元宇宙营销”。

三是品效协同的战略思维能力。在碎片化、实时化的数智战场，《数智品牌营销》侧重于锻造学生的决策预见力，包括但不限于如何量化用户从好奇、共鸣到行动的情感转化效率，用于指导直播间秒级调整话术；通过Gucci×Superplastic案例，解构品牌调性契合度与用户共创深度的跨界公式；模拟AIGC内容的风险与收益平衡，制定人机权责分配协议。这些方法和模型的价值在于将战略从经验玄学转化为可计算的科学。

四是基因重组式的内容创造力。《数智广告文案创作》是突破媒介边界的创意突变场。当传统广告文案技巧在弹幕、直播、AIGC冲击下失效，这本教材重建了广告文案创作的方法论，如提出“人机协同创作的五阶模式”，对提示词设计、伦理校准、风格加密进行全流程规范，确保ChatGPT生成的万条文案保留人性温度；强调弹幕叙事语法和新符号系统，将碎片化互动转化为品牌故事线；对跨媒体故事架构进行设计，使“短视频悬念+直播揭晓+社群二创”构成完整的叙事链，使碎片化传播凝聚为情感洪流。

五是效果洞察能力，打破直觉思维限制，转向科学实证。《数智广告效果调查方法》提供了科学决策的标尺。当行业深陷数据过载而洞察短缺的泥潭，这本教材构建了两套实证体系：一是显微镜式的，可通过眼动仪和脑电图的微观控制实验，量化广告中婴儿笑脸出现 0.5 秒对购买冲动的具体影响；二是雷达网式的，利用社会网络分析可追踪用户从微博吐槽到私域复购的全链路，识别 KOL（Key Opinion Leader，关键意见领袖）与 KOC（Key Opinion Consumer，关键意见消费者）的真实影响力权重。这些实证方式的革命性价值在于终结广告业“我觉得”而无真凭实据的决策现象，改变广告内容的创作方式。

六是体验人机共感的神经接口，提升设计能力。《数智时代 UI 设计》将填补学生关键能力的断层。当交互界面成为品牌与用户的核心情感触点，设计将如何转向？这本教材聚焦技术理论和实践前沿，讨论生物传感界面如何通过肌电手环捕捉用户浏览广告的潜意识波动，动态调整界面色彩与信息密度；如何把握跨模态情绪映射，将用户语音评论的声纹特征实时转化为视觉粒子动画；如何为视障用户开发广告信息骨传导方案，履行数字平权责任，建设无障碍设计伦理。由此，与《数智媒体艺术》的生成式 AI 结合，学生可以实践从 AI 生成界面原型、生物反馈测试到伦理审查的闭环设计。

七是在复杂系统中的实战应变能力。《数智广告实战案例》是能力集成的终极试炼场。它通过模拟真实战局，培养学生驾驭不确定性的能力，包括热点事件转化，如何在 24 小时内响应社会情绪地震，完成从情绪洞察到 AI 内容生成及伦理风险预案的全链响应；进行品牌的技术诊断，找出企业真实痛点，制订出风格加密及反套路训练集等解决方案；在品牌跨国营销的前提下，如何为同一品牌设计 50 个语种传播策略，平衡 Jasper AI 的效率与文化转译深度；等等。

七方面能力的真正力量在于其化学反应式的裂变效应而非机械叠加：技术认知赋能战略思维，内容创造与效果洞察闭环，体验设计与实战应变融合。这种共生关系在教学中可组合为跨教材项目制学习，培养数智时代的广告通才，学生既能用 Python 清洗数据，也能用广告传播哲学批判数据霸权；能精通提示词工程驯化 AI，更能守护人性温度——所有技术的终点，应是人的丰盈与尊严。因此，本系列教材不仅是培养学生广告创制的能力图谱，更是一幅在算法迷雾中不迷失方向的认知导航图。当广告教育完成从技能培训到认知操作系统构建的跃迁，广告专业的学生方能在数智洪流中成为真正的冲浪者而非溺水者。

五、在数据洪流中守护人性灯塔

当算法比我们更懂得如何激发欲望，当数据比我们更清楚如何制造焦虑，广告人的使命不能停留在更高效地操纵用户上，而是以技术为火炬，照亮人之为人的尊严。在这种情况下，广告教育的终极使命愈加清晰——培养驾驭技术的智者，而非侍奉算法的劳工。本系列教材以双刃为特质：一面消解技术黑箱，教会学生用差分隐私算法守护数据主权，用提示词工程在 AI 洪流中筛选人性温度，用生成对抗网络（Generative Adversaria Network，GAN）训练国产 AI 的文化基因；一面锚定文明坐标，在情绪模型中植入多巴胺操纵的红线，用文化神圣性原则抵御符号滥用。

这不仅是专业教育，更是数字文明时代的公民培育。当算法试图将人性压缩为行为数据集，我们以教材为盾，守护那些无法量化的价值：创意的灵光、文化的尊严，以及人之所以为人的脆弱与高贵。

广告的本质从来不是商品的推销术，在数智时代的深水区，它应是人与技术和解的桥梁，是商业与人文共舞的广场，是冰冷数据中永不熄灭的人性微光。

马中红

于姑苏狮子山畔

2025 年 7 月

序言 Preface

随着数字技术的迅猛发展，品牌营销已经进入一个全新的时代——数智时代。在这个时代，数据成为驱动营销决策的核心要素，人工智能（Artificial Intelligence，AI）、大数据、云计算等技术的应用使得品牌营销更加精准、高效和个性化。在数智时代的浪潮中，技术的飞速发展、消费者需求的多样化及市场竞争的加剧，使得品牌营销从传统的单向传播逐渐转向智能化、个性化和互动化的新模式。全球领先的市场调研公司凯度（Kantar）在2012年就曾提出"高质量的品牌增长来自清晰的品牌定位和持续提升的品牌力"，而持续提升的品牌力来自对产品力、内容力和体验力的打造与持续提升。

一、逐渐模糊的边界：数智时代营销元素的深度整合

随着大数据、人工智能、物联网、区块链等技术的快速发展，营销环境和作业流程发生了巨大变化。只依靠传统的营销理论和方法，已经无法完全适应新的市场环境，营销元素的边界逐渐模糊，迭代和整合是必然趋势。传统的营销元素，如4P理论中的四要素——产品（Product）、价格（Price）、渠道（Place）和促销（Promotion）在数字化和智能化的推动下，形成了更加深度融合和动态的营销生态系统。

过去，品牌主只要打磨好4P，就有取得营销效果、占领市场份额的可能。但在以数字化和智能化为核心特征的数智时代，四要素在营销链条中的角色也在逐渐变化——产品由单一的工业品变得更加个性化及内容化，

价格由冰冷的数字逐渐变得动态化与透明化，渠道向全渠道整合迈进，促销更加看重精准与互动。

在数智时代，产品不再仅仅是物理实体，而是个性化的解决方案。品牌通过数字智能技术，实时收集用户数据，提供针对性的服务，产品变成为消费者提供的生活体验；而定价策略由过去结合行业水平和自身财务指标制定，变成通过数据驱动，根据市场需求、竞争对手价格和用户消费行为动态调整，进而提升了品牌的市场竞争力。比如通过内容赛马，用最小的成本通过短视频等内容营销的方式，对产品及价格进行测试，取得定价的最优解。在这样的营销方式中，产品、价格和内容互相融合，共同完成消费者沟通。

二、技术的理性与温度：从产品中心到技术人性化

依据菲利普·科特勒（Philip Kotler）等《营销革命 5.0：以人为本的技术》的观点，从工业化技术到数字化技术，再到智能化技术，技术的进步是营销环境变化的核心驱动力。消费者从被动接受者变为主动参与者，再到共创价值的合作伙伴，其角色不再只是单一的购买者，而是品牌价值共创的参与者。在这一背景下，品牌竞争的焦点也发生了转移，从工业时代追求生产效率到信息时代追求品牌差异化，发展到如今，已经变成基于数据驱动和智能化体验帮助消费者进行自我实现。

数字和智能技术让线上与线下渠道的边界逐渐模糊，全渠道营销成为主流。线上不仅是渠道，更是品牌营销的内容场景。消费者可以在任何时间、任何地点通过多种渠道与品牌互动。企业通过整合线上线下的渠道资源，提供无缝的购物体验。例如，消费者可以在线上下单，线下门店自提，或者在实体店体验后通过移动设备完成购买。

从功能需求到情感需求，再到社会责任和可持续发展；从单向传播到双向互动，再到全渠道整合和智能互动，人工智能、元宇宙、区块链等技术的进一步成熟，也推动着营销向智能化、虚拟化和去中心化发展，消费者更加注重个性化体验、隐私保护和价值观认同，未来的品牌营销也需要技术赋能消费者，最终实现共创价值。

三、内容力：数智营销时代品牌的核心竞争力

当下的传播环境碎片化、粉尘化特点明显，用户注意力是极度稀缺的资源。只生产内容已经远远不够，“有影响力的内容”才是当今品牌抢占消费者注意力的核心。只有高质量、生活化、场景化的内容才能吸引用户停留，并产生深度互动，最终实现与用户建立长期的情感连接。技术平权给了大多数普通人使用技术的权利，品牌的营销内容是数智时代促进消费决策的关键。如何通过多维度多角度的内容诠释打消消费者疑虑，给予消费者有价值的信息，是每一个品牌都需要思考和解决的问题。

内容不仅是品牌传播的载体，也正在成为影响用户心智的重要角色。在数智时代，品牌营销的核心竞争力已从传统的广告投放和渠道拓展，转向了内容力的塑造和提升。内容力不仅是品牌与用户沟通的桥梁，更是驱动用户认知、情感共鸣和购买决策的关键因素。内容既是广告，又不完全等同于广告。数智时代的内容营销，必将“从用户中来到用户中去”。

营销是动态的，随时代而变的。本书的许多理论知识基于前人的研究，营销方法论基于作者多年以来行业实践的总结。通过此书，希望帮助各位读者从底层逻辑和具体的行业实践中，对数智时代的品牌营销建立起初步的认知和框架。也希望通过此书，能帮助各位读者更好地实现从知识到实践的一次跨越。

王　静

2025 年 3 月

目录 Contents

第一章　从数字到智能：品牌营销演进及现状 / 001

第一节　数智品牌营销概述 / 004

一、信息社会的演进 / 004

二、数智品牌营销的表现 / 006

三、数智品牌营销的概念 / 008

第二节　品牌营销的演进历程 / 010

一、传统品牌营销阶段 / 010

二、数字品牌营销的初步兴起 / 012

三、数智品牌营销的全面发展 / 013

第三节　数智品牌营销的现状及未来趋势 / 016

一、数智品牌营销的发展现状 / 016

二、数智品牌营销的未来趋势 / 023

第二章　从传播到积淀：品牌内容营销创新 / 029

第一节　品牌内容营销的基本概述 / 033

一、品牌内容营销的理论溯源与早期实践 / 033

二、品牌内容营销的理论边界：与公关和广告的比较 / 037
三、品牌内容营销的特点和概念 / 041
四、品牌内容营销的发展历程 / 046
第二节　品牌内容营销的基本体系 / 050
一、品牌内容营销的基本方法 / 050
二、品牌内容营销的核心要素 / 055
三、品牌内容营销的核心逻辑 / 058
第三节　品牌内容营销的创新价值 / 060
一、品牌内容营销的必然之路 / 061
二、品牌内容营销的价值创新 / 063

第三章　从情感到情绪：数智时代情绪营销 / 069

第一节　数智时代情绪营销理念 / 073
一、从情感到情绪的情绪营销 / 073
二、营销理念情绪化的动因：技术变革与需求升级的双重驱动 / 077
三、数智时代的情绪营销 / 079
第二节　数智时代情绪营销的关键方法 / 085
一、情绪洞察：精准捕捉消费者情绪脉动 / 085
二、情绪刺激：创造强烈的情绪体验 / 087
三、情绪互动：构建深度的情感连接 / 088
四、情绪引导：促进情绪的正向转化 / 089
五、情绪反馈与优化：持续提升情绪营销效果 / 091
第三节　数智时代情绪营销的未来展望 / 091
一、可持续发展的情绪营销 / 092
二、情绪营销的批判性思考 / 094

第四章　从借势到共创：品牌跨界营销 / 097

第一节　跨界营销概述 / 101

一、从跨界到跨界营销 / 101

二、从传统跨界联名到数智时代跨界营销 / 105

第二节　数智时代跨界营销的关键方法 / 109

一、数智时代跨界营销的关键步骤 / 109

二、数智时代跨界营销的核心理念 / 114

第三节　跨界营销的未来展望 / 117

一、“跨界”走向“无界”，打破传统行业边界 / 117

二、借势走向共创，打造全新跨界营销生态 / 118

第五章　从短视频到微短剧：品牌微短剧营销 / 121

第一节　品牌微短剧营销综述 / 126

一、品牌微短剧营销的兴起 / 126

二、品牌微短剧营销的发展历程 / 128

三、微短剧营销的现存生态 / 129

第二节　品牌微短剧营销的创新价值与策略方法 / 131

一、品牌微短剧营销的受众分析 / 131

二、品牌微短剧营销的创新价值 / 132

三、品牌微短剧营销的策略方法 / 134

第三节　品牌微短剧营销的挑战与监管 / 135

一、核心挑战 / 135

二、微短剧行业的监管政策与法规 / 139

第六章　从精准到狂欢：直播营销 / 143

第一节　直播营销的兴起 / 146

一、直播营销兴起的原因 / 147

二、直播营销的发展历程 / 148
三、直播营销的现状 / 150
四、直播营销的特征 / 152
五、直播营销的未来发展趋势 / 153
第二节　直播营销的基本类型 / 154
一、达人直播模式 / 155
二、店铺直播模式 / 160
第三节　直播营销的伦理与法规 / 166
一、法律监管体系的刚性约束 / 166
二、平台规则的精细化实践 / 168
三、主播责任与伦理准则 / 169
四、技术赋能合规治理 / 170
五、直播营销负面案例分析 / 171

第七章　“耳朵经济”下的品牌播客营销 / 175

第一节　品牌播客营销的发展历程及主流模式 / 180
一、播客与播客营销 / 180
二、播客营销的发展历程 / 182
三、播客营销的主流模式 / 185
第二节　品牌播客营销的创新价值与局限性 / 189
一、品牌播客营销的创新价值 / 189
二、品牌播客营销的局限性 / 191
第三节　品牌播客营销的发展策略 / 193
一、营销链路的“全周期”协同 / 193
二、技术创新赋能内容生产力 / 195
三、构建品牌播客营销内容传播矩阵 / 195
四、DTC 与 ITC 模式协同发展 / 196

第八章　生成式智能营销 / 199

第一节　生成式智能营销概述 / 202

一、什么是生成式智能 / 202

二、生成式智能营销的发展历程 / 203

三、生成式智能在企业营销中的价值 / 208

第二节　生成式智能营销的应用 / 209

一、生成式智能监测：从关键词调取到实时多维交互 / 209

二、生成式智能推理：基于大数据和多反馈的精准匹配 / 210

三、生成式智能创作：高质高效的多模态内容生成 / 211

四、生成式智能投放："人—货" 双渠道精准定向 / 212

五、生成式智能服务：全时段响应强化品牌黏性 / 214

第三节　生成式智能营销的未来趋势 / 215

一、重构营销价值：从经验导向到 AI Agent / 215

二、面临技术风险：传播伦理与法律法规 / 217

第一章

从数字到智能：品牌营销演进及现状

第一章 从数字到智能：品牌营销演进及现状

第一节 数智品牌营销概述

一、信息社会的演进

二、数智品牌营销的表现

三、数智品牌营销的概念

第二节 品牌营销的演进历程

一、传统品牌营销阶段

二、数字品牌营销的初步兴起

三、数智品牌营销的全面发展

第三节 数智品牌营销的现状及未来趋势

一、数智品牌营销的发展现状

二、数智品牌营销的未来趋势

导读：

20世纪90年代开始，随着计算机技术的持续发展和网络技术的初步应用，信息化社会开始萌芽，信息资源逐渐成为推动社会发展的关键要素。2000—2009年，随着信息技术的进一步发展，数字化转型成为信息化的深化阶段。2010—2019年，随着5G、人工智能、大数据、物联网等技术的快速发展，人类又进入了数智时代。从信息化社会到数字化社会再到数智化社会的演变，不仅仅是技术的持续升级，更是社会经济结构和生活方式的深刻变革。

今天，数字化与智能化时代已经全面到来，与此同时，数智技术仍在以前所未有的速度发展与普及，深刻改变着社会经济的各个领域，品牌营销也不例外。大数据、人工智能、云计算、物联网等数智技术的广泛应用，使得从消费者行为的洞察到营销策略的制定，从营销渠道选择到营销效果评估，数智化技术的应用都无处不在。当然，这为品牌营销带来了机遇，也带来了挑战，推动着品牌营销发生着深刻的变革。

在数智技术不断发展和创新的背景下，传统的品牌营销理论已经难以解释和指导新的营销实践。当前品牌营销领域所呈现出的新特征、新趋势，迫切需要学术界与业界的深入研究与探讨。通过对数智时代品牌营销的系统研究，能够更好地理解消费者在数字环境下的行为模式与心理需求，为企业制定精准、高效的营销策略提供理论依据，助力企业在激烈的市场竞争中脱颖而出。同时，这也有助于推动品牌营销理论的创新与发展，使其更好地适应时代发展的要求，为社会经济的持续繁荣贡献力量。

本章学习目标：

1. 明确数智品牌营销的定义、表现及其在信息社会中的演进背景。
2. 梳理品牌营销从传统阶段到数智化阶段的关键历程与驱动因素。
3. 研判当前数智品牌营销的实践现状，并前瞻其未来趋势与挑战。

第一节　数智品牌营销概述

在当今竞争激烈的商业舞台上，品牌已经成为企业脱颖而出的关键力量。品牌营销，作为塑造、传播和维护品牌形象的重要手段，正深刻地影响着消费者的认知与选择。特别是随着信息社会的快速发展和不断更迭，以及消费者心理和行为的不断变化，品牌营销已经不再只是广告与促销的简单组合，而是一场关于价值传递、情感共鸣与长期信任构建的深化过程。因此，对于品牌来说，深入理解并精准把握品牌营销的新趋势与新策略，已然成为在激烈市场竞争中立足的关键所在。接下来，我们就聊一聊品牌营销演进的技术背景、主要表现和相关概念。

一、信息社会的演进

20 世纪 60 年代，阿帕网（ARPANET）的诞生标志着计算机网络技术初步形成。不过，当时阿帕网主要服务于美国国防部高级研究计划局（ARPA），而且主要用于军事和科研目的，所以这一阶段的网络技术主要集中在少数科研机构和军事部门，普通民众难以接触到。

20 世纪 80 年代前后，随着个人计算机的出现和半导体技术的进步，信息技术开始逐步商业化。比如 IBM PC 的推出使计算机逐渐进入企业和家庭。又过了 10 多年，互联网开始从军事和科研领域走向商业化应用，尤其是万维网的发明，极大地简化了互联网使用方式，使得普通用户也可以通过浏览器访问相关网页，从而获取和分享信息，这无疑是一个具有里程碑意义的事件，标志着互联网从专业人士的工具逐步转变为普通大众沟通与交流的平台。

2000—2009 年，随着信息技术的不断发展，互联网应用变得更加普及，与此同时，移动互联网和移动 App 蓬勃发展。智能手机的出现和普及是这一阶段的重要标志。其中，苹果公司于 2007 年推出了第一代 iPhone，开启了智能手机时代。移动互联网的出现突破了时间和地域限制，使得信息的传播更加迅速和广泛。尤其是 Facebook、微博等社交媒体平台的逐步兴起，使得信息传播不再局限于传统媒体渠道，普通用户也可以成为信息的发布者和传播者，而且可以做到随时随地接入互联网，获取信息和进行社交互动。

以 5G、大数据、人工智能、机器学习和物联网等技术为代表的智能化浪潮推动信息化、数字化再次向智能化发生转变。应该说，信息化社会经历了一个渐进的发展阶段，即信息化社会、数字化社会与智能化社会。当前，信息社会正处于数字化与智能化并行发展的一个阶段，即数智化（Digitalization and Intelligentization）社会。

不过，放在今天看，数智化也早已不是一个崭新的概念了，其从 2020 年就已经受到大众的广泛关注。数智化是在数字化基础上的进一步发展与升华，是数字化的高级阶段，是数字化与智能化的有机融合，更是信息社会发展的高级阶段。信息化、数字化、数智化分别代表了信息社会从起步到逐步成熟的不同层次，三者的对比情况详见表 1-1。

表 1-1　信息化、数字化、数智化的对比

比较维度	信息化	数字化	智能化
时间阶段	20 世纪 60 年代至 21 世纪初	21 世纪初至今	21 世纪 20 年代至今
基本定义	通过信息技术对业务流程进行管理，实现信息的流通与共享	将物理世界中的事物以数字形式表达和处理，实现数据全面采集、整合、分析和利用	在数字化的基础上，通过应用人工智能等技术，实现系统的自动化和智能化决策
基本逻辑	将现实世界中的实体和关系转化为信息	信息的数字化	系统具备感知、分析、决策与执行的能力，以及自我学习和提升能力
发展阶段	数字化的初级阶段	智能化的前提	数字化的高级阶段
技术支撑	计算机、服务操作系统、桌面应用软件与关系型数据库等	互联网、移动操作系统、移动应用、数据仓库、数据挖掘与大数据等	人工智能、物联网、云计算、深度学习、数字孪生、区块链与 5G 等
技术重点	信息存储与流程固化	数据的深度挖掘与跨系统整合	构建自学习、自适应的智能系统

续表

比较维度	信息化	数字化	智能化
核心目标	提高流程处理效率与管理效率	用数据来体现与联通业务，并驱动管理决策	让数据反馈业务，并赋能业务和管理、支持管理决策
数据运用	记录与存储（被动）	分析与优化（主动）	预测与驱动（智能）
数据价值	数据是副产品，数据价值未挖掘释放	数据是核心资产，部分数据价值被挖掘释放	数据成为基本生产要素，数据价值得到充分释放
应用场景	财务系统、库存管理	用户画像、精准营销	智能客服、自动驾驶
驱动方式	业务驱动	数据驱动	数据智能驱动
体现形式	流程标准化、计算机化与线上化	网络化、互联化、可视化、移动化与集成化	云化、物联网化、自主化、动态化、个性化、精准化与智慧化
对业务的影响	业务在物理世界开展，业务本身未变，信息系统支撑业务开展	业务在数字世界开展，实现业务的数字化	业务在数字世界开展，实现业务的优化与重塑
经济形式	信息经济	数字经济	数智经济

数字化主要侧重于将各类信息转化为数字形式，以便于其进行存储、传输和处理，它为企业提供了海量的数据资源。智能化则是利用人工智能、机器学习、深度学习等先进技术，对这些数据进行深度挖掘和分析，从而实现智能化的决策、预测和自动化的执行，而数智化不仅仅是技术的升级，更是一种思维方式和商业模式的变革。

二、数智品牌营销的表现

回顾品牌营销，有两个经典的理论框架，即 4P 和 4C 理论。4P 理论是营销学最基础的理论框架，它从生产者视角出发探讨成功的营销需要运用产品（product）策略、价格（price）策略、渠道（place）策略和促销（promotion）策略。随着竞争越来越激烈，4C 理论横空出世，它强调关注消费者（consumer）、成本（cost）、便利（convenience）、沟通（communication）。不难看出，从 4P 理论到 4C 理论，营销重点已经从以生产者为核心转移到理解、服务和满足消费者的需求上。

不过，随着媒介技术的不断发展，4C 理论虽然成功找到从“以产品为中心”转化为“以消费者为中心”的思路，但在数智时代，企业与消费者的互动关系被重塑，企业服务消费者的渠道、工具也在不断地进行更新换代，线上线下不断融合和协同，这一套基于企业和消费者传统的互动关系形成的产品和品牌价值塑造、提供与传播的道路也注定需要通过调整来适应时代的变化。

正如科特勒咨询集团全球合伙人、新加坡及中国区 CEO 曹虎博士所言，每一次技术变革带动的媒介平台和营销基础设施的演变，都会带来行业的新陈代谢，推动创新发展。目前看，数智品牌营销与传统营销的区别主要体现在以下 4 个方面。

从传播渠道来看，传统营销主要依赖电视、报纸、杂志、广播、户外广告等传统媒体进行品牌信息的传播。传统营销渠道虽然覆盖面广，但传播方式单一，缺乏互动性，并且难以精准地定位目标受众。数智品牌营销则依托互联网和移动互联网技术，利用社交媒体平台（微信、微博、抖音、小红书等）、搜索引擎、电商平台、视频平台等多元化数字渠道进行传播。这些渠道具有传播速度快、范围广、互动性强、精准度高等特点，品牌可以根据消费者的兴趣、行为、地理位置等多维度数据，将品牌信息精准地推送给目标受众。

在消费者洞察方面，传统营销主要通过市场调研、问卷调查、访谈等方式收集消费者信息，这些方式往往受到样本数量、调研方法、时间和空间等因素的限制，获取的信息相对有限且不够精准和及时，企业难以全面、深入地了解消费者的真实需求和行为变化。数智品牌营销借助大数据技术，能够实时收集和分析消费者在各个数字渠道上留下的海量数据，包括浏览记录、购买行为、评论反馈、社交互动等，从而对消费者进行 360 度全方位的洞察。通过构建消费者画像，深入了解消费者的兴趣爱好、消费习惯、购买决策因素等，为品牌营销决策提供更加科学、准确的数据支持。

在营销方式方面，传统营销多采用大规模的广告投放、促销活动等标准化的营销方式，难以满足消费者日益多样化和个性化的需求。而数智品牌营销则强调个性化营销和精准营销，通过人工智能技术实现营销活动的自动化和智能化。例如，利用智能推荐算法，根据消费者的个性化需求，为其提供定制化的产品推荐和营销方案；通过自动化营销工具，实现对不同消费群体的精准触达和个性化沟通，从而提高营销效率和效果。

营销效果评估方面，传统营销往往难以准确衡量营销活动的实际效果，主要依靠市场份额、销售额等宏观指标进行评估，无法深入了解营销活动对消费者的具体影响。相比之下，数智品牌营销则利用数据分析工具和技术，能够对营销活动的各个环节和指标，比如，广告曝光量、点击率、转化率、用户参与度、留存率等，进行实时监测和分析，从而全面、准确地评估品牌营销的效果。根据评估结果，企业可以及时调整营销策略，优化营销方案，实现营销效果的最大化。

三、数智品牌营销的概念

综合上文品牌营销的理论变化，以及传统营销与数智营销的区别，我们可以将数智营销的特点概括为以下 4 个方面。

（一）精准性

通过运用大数据分析技术，企业可以收集和整合消费者在各个渠道留下的行为数据，如浏览记录、购买历史、搜索关键词等，从而构建出详细的消费者画像。这些画像能够准确地反映消费者的兴趣爱好、消费习惯、购买能力等行为特征，企业可以根据这些特征对消费者进行精准细分，将营销资源精准地投放到目标客户群体中，提高营销的针对性和有效性。此外，还可以根据实时数据反馈，动态调整营销策略，确保精准度和时效性。

（二）个性化

在数智时代，消费者需求日益个性化，他们希望得到符合自己独特需求的产品和服务。数智营销能够根据消费者的个性化需求，为其提供定制化的相关营销方案。通过人工智能技术，企业可以实现个性化的产品推荐、定制化的广告投放和个性化的客户服务。比如，音乐平台根据用户的音乐偏好，为其推荐符合口味的歌曲和歌单；视频平台根据用户的观看历史，为其推荐个性化的视频内容。这些个性化的服务能够满足消费者的个性化需求，提高消费者的满意度和忠诚度。

（三）实时性

随着互联网和移动设备的普及，信息传播的速度变得极快。数智营销能够实时捕捉市场的动态变化和消费者的行为变化，及时调整营销策略。当市场上出现新的竞争对手或者消费者的需求发生变化时，企业可以通过数据分析及时发现这些变化，并迅速调整产品定位、价格策略和促销活动，以适应市场的变化。比如，在社交媒体上，一旦某个话题引发热议时，企业可以迅速抓住这个热点，推出相关的营销活动，吸引消费者的关注。

（四）互动性

数智营销打破了传统营销中企业与消费者之间的单向沟通模式，实现了双向互动。通过社交媒体、在线客服、直播视频等渠道，企业可以与消费者进行实时互动，了解消费者的需求和反馈，解答消费者的疑问，从而增强消费者对企业的信任和好感。不仅如此，在用户注重个性化需求，注重体验娱乐，享受探索、挑战和分享的今天，营销不再是打造“一个更好的捕鼠器”，也不再是被动地满足消费者的需求，而是将用户纳进来，让他们主动地参与到产品的整个创造过程中，进行产品价值的共同创造。

比如，星巴克就通过 My Starbucks Idea 在线品牌社区，让用户在上面发表对产品、服务等的创意和想法，星巴克会根据用户对想法的响应程度进行流程改进或产品改进，整个过程完全公开、透明，员工和顾客都可以一起参与讨论。

基于上文对品牌营销的表现、特点的分析，不难发现，营销就是指企业发现或发掘准消费者需求，让消费者了解产品进而购买产品的过程。简单来说，数智营销是企业应用数智化技术进行的营销活动。具体来说，数智品牌营销是指在数字化和智能化技术深度融合的背景下，企业借助大数据、人工智能、物联网、云计算等数智技术，对品牌的策划、传播、推广、管理等各个环节进行全方位的数字化与智能化升级，从而实现精准洞察消费者需求、高效传播品牌价值、优化营销资源配置、提升品牌市场竞争力的一种新型品牌营销模式。

与传统的营销模式不同，数智品牌营销以消费者为中心，以数智技术为支撑，以数据为驱动，将传统营销与现代信息技术深度融合，通过对海量数据的深度挖掘和分析，精准把握消费者的行为特征、兴趣偏好、消费心理等，从而制定出更具针对性和个性化的营销策略。数智营销的根本目的是消除信息不对称，保持终端用户黏性，实现商业模式调整，重构营销价值链，获得持续的高质量发展。

第二节　品牌营销的演进历程

上一节我们已经深入探讨了品牌营销的技术背景、表现形式及相关概念，对品牌营销的整体框架有了初步的了解。但是同时我们必须看到，品牌营销并非一成不变，它会随着技术的进步、市场环境的变化及消费者需求的演进而不断发展。从传统营销到数字营销，再到如今的数智营销，品牌营销的每一次变革都深刻地影响着品牌与消费者之间的关系，也给品牌带来了机遇和挑战。接下来，我们将沿着时间的脉络，深入剖析品牌营销的演进历程，揭示其在不同阶段的特点与创新。

一、传统品牌营销阶段

在数智化浪潮来临之前，传统的品牌营销占据着市场主导地位，其方式涵盖广告、公关、促销及人员推销等多个方面。其中，美国营销学者麦卡锡（E. Jerome McCarthy）于20世纪60年代提出的4P理论就是这一时期的代表性营销理论，同时也是营销学最基础的理论框架之一，是工业时代营销活动的标准范式。如今回过头去看，传统品牌营销主要有以下特点和不足。

第一，产品中心化导向。通俗来讲，传统品牌营销是以产品为中心的。企业在营销中，往往先关注产品的生产和研发，然后将产品的特点和功能作为营销的重点，试图通过产品的优势来吸引广大消费者。不过，虽然企业会重点强调产品的质量、性能、款式等方面因素，但是产品多为标准化设计，能够满足大多数消费者的基本需求，而对消费者的个性化需求关注相对较少。

第二，单向传播机制。主要是指传统品牌营销是依托电视、报纸等大众媒体对用户进行瀑布式信息灌输。具体来说，企业通过广告、公关等手段向消费者传递品牌信息和产品信息，消费者处于被动接受的地位，很难及时反馈意见和需求。企业在电视上投放广告，消费者只能观看广告内容，无法直接与企业进行互动和沟通，这种单向传播方式的基本路径就是一种“企业→媒体→消费者”的线性路径，使得企业难以深入了解消费者的真实想法和需求，无法及时调整营销策略。

第三，模糊化用户画像。这是因为受制于技术，传统品牌营销是直接面向大众群体的。品牌传播依赖电视、报纸、杂志、广播、户外广告等传统媒体渠道进行，具有覆盖面广的优势。但是，传播方式较为单一，而且由于缺乏有效的数据分析手段，传统品牌营销多通过人口统计学特征（如年龄、性别、地域）进行客群划分，难以准确地了解目标客户群体的特征和需求，营销活动往往是面向大众进行的，缺乏针对性。比如企业在报纸上投放广告，无法确定哪些读者会对广告内容感兴趣，也无法了解读者的购买意愿和购买能力，导致营销资源的浪费。

第四，追求短期销售。传统品牌的价格策略制定主要基于成本加成，确保企业能够获得预期的利润。此外，其价格调整相对较少，为应对市场竞争，促销活动多以短期销量的提升为目标，主要是通过大规模的广告投放和促销活动吸引消费者，这种方式虽然可以起到提升短期销量的目的，但是缺乏长期客户关系管理和个性化服务。

4P 理论为企业提供了一个全面的营销框架，帮助企业在产品、价格、渠道和促销四个方面进行系统的规划和管理。通过合理的产品设计、定价策略、渠道选择和促销活动，企业可以更好地满足消费者需求，提升市场竞争力。4P 理论在传统营销阶段得到了广泛应用，但是随着市场环境的变化和消费者需求的多样化，传统品牌营销面临着诸多挑战与困境。比如，营销成本不断攀升，给企业带来沉重负担；由于缺乏有效数据监测和分析工具，传统品牌营销的效果也越来越难以评估；在信息传播相对缓慢和渠道相对单一的情况下，传统品牌营销难以把握消费者的需求等。

二、数字品牌营销的初步兴起

数字品牌营销的兴起可以追溯至 20 世纪 90 年代，随着互联网技术的逐渐普及，企业开始尝试利用网络平台进行品牌推广和产品销售，这标志着数字营销时代的开端。虽然这一时期的数字营销形式较为简单，主要以弹窗广告等网络广告的形式呈现，但仍然为企业打开了通往数字世界的大门，开启了与消费者在线上互动的先河。与此同时，随着互联网技术的持续发展和推进，数字化时代的大幕徐徐拉开，数字化技术开始逐步渗透到品牌营销领域，给品牌营销带来了一系列深刻的变革，使营销方式呈现出多元化的发展态势。

第一，搜索引擎营销成为数字品牌营销的重要方式之一。搜索引擎作为用户获取信息的重要入口，在 2000 年至 2005 年左右成为营销主流。企业通过搜索引擎优化（SEO）和搜索引擎营销（SEM），如百度推广、谷歌广告等，能够让自己的品牌和产品在搜索引擎结果页面中获得更高的排名，从而增加品牌的曝光度和流量。当用户在搜索引擎中输入与产品相关的关键词时，通过优化的企业网站能够更靠前地展示在搜索结果中，吸引用户点击进入网站，了解产品信息。

据统计，在搜索结果页面中，排名前三的网站能够获得超过 70%的点击量，这充分说明了搜索引擎营销的重要性。比如，谷歌曾经推出的 AdWords 广告平台，为企业提供了在线广告投放的机会，众多企业借此在搜索引擎中获得更多曝光，吸引潜在客户。

第二，社交媒体营销也在数字化浪潮中崭露头角。2005 年至 2010 年前后，互联网进入 Web 2.0 时代，微信、微博、Facebook、Twitter 等的兴起，为品牌营销提供了全新的渠道和互动方式。企业可以通过创建官方社交媒体账号，发布品牌故事、产品信息、促销活动等，吸引用户关注和互动。社交媒体的传播具有即时性和广泛性的特点，一条有趣、有价值的内容能够在短时间内迅速传播开来，引发大量用户的分享和讨论，从而扩大品牌的影响力。

比如，杜蕾斯在2011年借势北京暴雨的微博营销成功获得9万次转发，开创社交媒体互动先河。但此阶段数据分析仍依赖人工处理，尚未形成智能决策能力。再比如，2010年的经典营销案例——凡客诚品的“凡客体”。凡客诚品推出“爱××，爱××，我不是××，我是凡客”的广告文案，通过明星代言，该文案迅速在豆瓣、微博等社交媒体引发全民模仿。这种病毒式传播，借助明星效应和社交媒体的互动性，极大地提升了品牌曝光度和用户参与度，成为社交媒体营销的典型案例，至今仍被广泛提及。

第三，在数字化技术的支持下，品牌营销实现了初步的精准定位。通过收集和分析用户在互联网上留下的各种数据，如浏览记录、搜索历史、购买行为等，企业能够深入了解用户的兴趣爱好、消费习惯和购买需求，从而将营销信息精准地推送给目标用户。

比如，电商平台利用大数据分析技术，根据用户的历史购买记录，为用户推荐个性化的商品，提高了用户的购买转化率。宝洁就是一个鲜明的例子，其在2017年建立了数字中心，通过监测OLAY官网访问路径优化产品页面，从而使转化率提升了17%。这种精准定位不仅提升了营销的效果，还降低了营销成本，使企业能够将有限的营销资源集中投入到最有可能产生购买行为的用户群体上。

三、数智品牌营销的全面发展

“现代营销学之父”菲利普·科特勒表示，在客户与客户、客户与企业不断交流的过程中，由于移动互联网、物联网所带来的“连接红利”，大量的消费者行为、轨迹都留有痕迹，产生了大量的行为数据，这些行为数据的背后实际上代表着无数与客户接触的连接点。如何洞察与满足这些连接点所代表的需求，帮助客户实现自我价值，就是营销4.0阶段所需要面对和解决的问题，它是以价值观、连接、大数据、社区、新一代分析技术为基础来造就的，它是一次思维的变革。

在数字营销阶段，企业虽然已经能够收集和利用大量的用户数据，但对这些数据的分析和应用相对有限，主要依赖人工分析和简单的数据分析工具，难以实现对消费者行为的深度洞察和精准预测。因此，在数字营销的基础上，随着大数据、人工智能、物联网等数智技术的应用，企业开始利用这些技术对海量数据进行自动化处理和深度分析，挖掘数据背后的潜在价值，品牌营销迎来了前所未有的变革和创新。

第一，在消费者洞察方面，大数据技术发挥着关键作用。企业通过整合来自电商平台、社交媒体、线下门店等多渠道的数据，能够对消费者的行为、偏好、需求等进行全方位分析。通过分析消费者在电商平台上的购买历史、浏览记录、搜索关键词等数据，企业可以了解消费者的购买习惯、品牌偏好、价格敏感度等，从而构建出精准的消费者画像。借助这些画像，企业能够深入洞察消费者的潜在需求，为产品研发、市场定位和营销策略制定提供有力依据。

第二，人工智能技术在智能创作领域展现出巨大的潜力。智能文案撰写工具能够根据品牌的定位、目标受众和营销目的，快速生成高质量的广告文案、产品描述、社交媒体帖子等内容。这些工具通过学习大量的优秀文案案例，掌握了不同语言风格和语言表达方式，能够满足品牌在不同营销场景下的创作需求。一些智能文案撰写工具还能够根据用户的实时反馈和数据分析，实时调整文案内容，以提高文案的吸引力和转化率。智能图像和视频创作工具也逐渐兴起，它们可以利用人工智能算法生成逼真的图像和生动的视频，为品牌营销提供丰富的视觉素材，比如当下大火的 DeepSeek、ChatGPT、Kimi 等。

第三，在营销渠道优化方面，数智技术同样发挥着重要作用。企业可以通过数据分析平台，实时监测不同营销渠道的效果，如广告曝光量、点击率、转化率、销售额等指标，从而了解各个渠道的优劣和用户来源分布。根据这些数据，企业能够优化营销渠道的选择和投放策略，将营销资源集中投入到效果最佳的渠道上，提高营销效率和投资回报率。

第四，物联网技术为品牌营销创造了全新的场景和机会。智能家居设备、智能穿戴设备等物联网终端的普及，使得消费者的生活场景与数字世界紧密相连。企业可以通过物联网设备收集消费者在日常生活中的数据，如智能家居设备记录的用户生活习惯、智能穿戴设备监测的用户健康数据等，从而更深入地了解消费者的需求和行为。基于这些数据，企业可以开展个性化的营销活动，为消费者提供更加贴心的服务。

品牌营销的演进历程详见表 1-2。

表 1-2 品牌营销的演进历程

阶段	背景	驱动因素	核心理论支撑	典型表现
传统品牌营销	20 世纪至 21 世纪初，工业经济时代，市场竞争相对不激烈，消费者需求相对单一。大众媒体普及，如电视、报纸、杂志等，为品牌传播提供了渠道	产品生产与供给的增长，企业需要通过营销提升产品知名度和销量。大众媒体的传播力量，能够触达广泛的消费群体	4P 理论——产品、价格、渠道、促销，以企业为中心，关注产品的生产、定价、销售渠道和促销活动	在电视、报纸、杂志等媒体投放广告，进行大规模的广告宣传；举办线下促销活动，如打折、满减、赠品等；通过经销商、零售商等传统渠道销售产品
数字品牌营销	2000 年后，互联网兴起并快速发展，网络基础设施不断完善；电子商务萌芽并逐步发展，改变了传统的购物模式；网民数量大幅增长，消费行为向线上转移	互联网技术的发展，打破了时间和空间限制，为品牌提供新的传播和销售渠道；消费者对线上购物和信息获取的需求增长，用户在线行为数据成为营销决策依据	4C 理论——消费者、成本、便利、沟通，以消费者为中心，关注消费者需求、购买成本、购物便利性和与消费者的沟通。整合营销传播理论，强调将各种传播方式整合，向消费者传递一致的品牌信息	网络广告、社交媒体营销、电子邮件营销等；注重与消费者的互动和反馈，比如社交媒体评论、直播带货等
数智品牌营销	2020 年前后，人工智能、大数据、云计算等数智技术取得重大突破并被广泛应用。消费者需求更加个性化、多样化、碎片化，对购物体验要求更高	数智技术的成熟，使得企业能够深度挖掘和分析消费者数据，实现精准营销和个性化服务。市场竞争加剧，企业需要通过创新营销方式获取竞争优势	数据驱动营销理论，基于大数据分析消费者行为和偏好，指导营销决策。人工智能营销理论，利用 AI 技术实现自动化、智能化的营销流程，如智能推荐、智能客服等	利用大数据分析消费者行为和偏好，进行精准营销和个性化推荐。应用人工智能技术，实现智能客服、智能广告投放、智能内容创作等。开展全渠道营销，整合线上线下渠道，为消费者提供无缝的购物体验

通过上文分析，从工业时代的单向传播到数字时代的双向互动，再到数智时代的全域共振，从本质上来看，品牌营销的发展演变史实际上可以看作一部技术赋能与用户需求互相交织的创新史。从传统时代到数字品牌营销的初步兴起乃至全面发展，其不断演进的过程不仅体现着传播介质的迭代升级，更折射出从“以产品为中心”到“以用户为中心”的底层逻辑的转换。一句话，媒介技术的发展变革不断重塑了品牌与消费者的对话方式。

第三节　数智品牌营销的现状及未来趋势

在本章开篇的导语部分，我们就明确提到了在数智技术不断发展和创新的背景下，传统的品牌营销理论已经难以解释和指导新的营销实践。当前品牌营销领域呈现出的新特征、新趋势甚至新问题、新挑战，都迫切需要学术界与业界进行深入研究与探讨。只有这样，才能更好地助力品牌和企业在激烈的市场竞争中脱颖而出。

在前两节，我们已经深度分析了数智品牌营销的基本概念及其发展历程，对其有了基本的认识。接下来，我们将深度讨论数智品牌营销的现状、应用与未来趋势，只有这样才能为企业提供更具前瞻性的指导，帮助品牌更好地应对市场变化。

一、数智品牌营销的发展现状

伴随数字技术以及 AI 等各类数智技术的飞速发展，数智品牌营销已成为传统品牌突破营销困境的关键路径之一。我们看到，在当前的市场环境中，数智品牌营销的应用形式日益丰富和多维，从内容创作到全链路智能化，从全网营销到生态共创，品牌正借助数智技术实现精准触达和高效转化。然而，这一过程中也面临着诸多挑战，如数据隐私问题、技术伦理问题，以及消费者需求和心理的快速变化带来的问题。

（一）应用形态多维拓展

在数智化浪潮的席卷下，品牌营销领域正经历着前所未有的变革。当下，数智品牌营销的应用形态呈现出多维拓展的态势和多点开花的局面，多种创新营销形式如雨后春笋般不断涌现，在品牌与消费者之间搭建起了更为多元和高效的沟通桥梁。这些营销形式涵盖了内容、情感、微短剧、跨界、播客、直播，以及人工智能生成内容（Artificial Intelligence Generated Content，AIGC）等多种类型，它们各自凭借自身的特点和独特的功能表现，在品牌营销实践中发挥着关键作用，并展现出极具潜力的发展趋势。

1. 内容营销

内容营销作为数智品牌营销的基石之一，是以有价值、相关且持续连贯的内容为核心，吸引目标受众并与之建立稳固关系的营销方式。内容营销不是直接推销产品或服务，而是通过提供诸如资讯、教程、故事等各类内容，满足消费者在特定领域的知识需求或情感共鸣，从而在潜移默化中提升品牌的知名度、美誉度与消费者的忠诚度，最终实现营销目标的转化。

在数智时代，内容营销借助大数据和 AI 技术，精准定位受众需求，实现个性化的内容推送几乎已经成为一种常态。比如，亚马逊通过收集用户数据，包括购买历史、浏览行为、商品评价、心愿单内容，甚至包括鼠标在页面的停留时间等，利用关联规则挖掘和协同过滤算法，为用户推荐个性化的商品。

未来，随着消费者对内容质量和个性化需求的不断提升，内容营销将会朝着更加精细化、定制化的方向进一步发展，品牌需要深入洞察目标受众的兴趣点和痛点，创作出更加贴合用户需求的内容，让自身在这个信息爆炸的时代脱颖而出。

2. 情感营销

情感营销聚焦于消费者的情感需求，通过激发和触动消费者的情感，建立品牌与消费者之间深厚的情感纽带。具体来说，情感营销利用消费者的情感来影响其购买决策，让消费者在情感认同的基础上对该品牌产生某种偏好。在日常生活中，我们经常看到品牌借助富有感染力的广告、公益活动等形式来实现情感营销。

以江小白为例，其瓶身文案紧扣年轻人在生活中面临的孤独、迷茫等情绪，能精准地捕捉到年轻人内心细腻的情感。消费者在看到这些文案时，很容易产生情感共鸣，进而对江小白这个品牌产生情感认同。

未来，随着社会价值观的日益多元化和消费者情感需求的愈发细腻，情感营销将更加注重挖掘小众化、个性化的情感诉求，精准触达不同消费群体的内心世界。

3. 微短剧营销

微短剧营销是近年来新兴的一种营销形式，它借助微短剧这一短小精悍、情节紧凑的视频内容载体，巧妙地将品牌信息融入其中。微短剧一般时长较短，通常在几分钟内，具有制作成本相对较低、传播速度快、话题性强等特点。品牌可以通过创作与自身定位相符的微短剧，吸引观众观看，并在剧情中自然地植入品牌产品或理念的方式进行营销。

比如，微短剧《你比星光闪耀》通过在剧情中植入品牌信息，显著提升了赫莲娜品牌的关注度。由于短视频平台的持续火爆，以及用户对碎片化娱乐内容的旺盛需求，微短剧营销有望在未来成为品牌营销的重要发力点，其制作水平和创意表现也将不断提升。

4. 跨界营销

跨界营销打破了传统的行业边界，是不同领域的品牌通过合作，整合双方优势资源，实现互利共赢的营销模式。它能够为消费者带来全新的体验和感受，拓宽品牌的受众群体。

例如，小米与亚朵酒店打造“小米智能家居体验房”。酒店房间内配备小米全套智能家居产品，如智能门锁、智能音箱、智能窗帘等。住客可通过语音控制或手机 App 操作，感受便捷的智能生活。小米借此将产品从传统销售渠道延伸至酒店场景，让消费者在入住过程中深度体验产品功能，增强消费者对品牌的认知与好感；亚朵酒店则凭借智能化升级，提升服务品质与差异化竞争力，吸引对科技生活感兴趣的住客，实现酒店服务与科技产品的跨界融合。

未来，跨界营销将更加注重跨领域合作的深度与广度，寻找更多看似不相关但能碰撞出独特火花的品牌组合，创造出更多新奇的消费体验。

5. 播客营销

播客营销作为一种依托音频内容的营销方式，正逐渐在数智品牌营销中崭露头角。品牌通过创建专属播客节目，制作涵盖品牌故事、产品见解、行业动态等丰富内容的音频剧集，以此吸引目标受众。播客具有伴随性强、内容深度高及受众黏性大的特点。听众往往在通勤、运动、休闲等场景下收听播客，这使得品牌信息能够自然地融入消费者的日常生活节奏中。与其他营销形式相比，播客能以一种更轻松、亲切的方式与消费者进行深度交流。

随着音频市场的不断发展，播客营销的受众范围将持续扩大，品牌也将更加注重打造具有独特风格和深度价值的播客内容，与听众建立起更为紧密的情感连接。

6. 直播营销

直播营销具有直观性强、互动性高、实时性好等显著特点。在当下，直播营销在数智品牌营销中可谓风头正劲，它通过实时视频直播的方式，展示产品、讲解功能、解答疑问，并与观众进行互动，从而实现产品的销售转化。

比如，快手小店围绕电影《哪吒 2》打造了“我命由我不由天 大闹小店直播间”沉浸式主题直播。直播当晚，主播们化身哪吒、敖丙等动漫角色，重现电影中的经典情节与梗，如申公豹的“口吃梗”、石矶娘娘的“魔镜梗”，还融入红孩儿、葫芦娃等其他经典“神仙”角色，打造中国人的神仙宇宙，吸引多元用户。在货盘方面，快手小店巧用电影情节与谐音梗，盘活平台内与“藕”“饼”相关的货盘，推出金手镯（乾坤圈）、轮滑鞋（风火轮）等高关联货品。此次直播总场观看人次达 157 万，人均观看时长提升 66.7%，点赞数高达 21.8 万，实现了娱乐与消费的深度融合，创新了电商直播的事件营销模式。

从发展趋势来看，未来直播营销将会更加规范化、专业化，直播场景也将会更加多元化，不仅局限于传统的室内直播间，还可能延伸至生产现场、户外体验等场景，为消费者带来更丰富的直播购物体验。

7. AIGC 营销

AIGC 营销是随着 AI 技术发展而兴起的前沿营销形式。它利用 AI 技术自动生成文本、图像、视频等内容，为品牌营销提供了全新的内容创作方式。AIGC 具有高效能、低成本、个性化定制等优势，品牌可以借助 AIGC 技术，根据消费者的浏览历史和偏好，快速生成个性化的广告文案或产品推荐图片。

美图公司提出的“AI+消费者+创意+场景”的 AI 创意营销新范式，就充分发挥了消费者在营销创意中的角色价值，通过整合 AI 技术、深入理解用户需求、发挥创意优势及精准匹配营销场景，让品牌快速深入消费者心智。比如，在 2024 年龙年春节，美图公司与飞鹤合作打造“聪明宝宝闹龙年”写真项目，针对新妈妈爱晒娃与追求节日仪式感的特点，提供 6 款含品牌视觉符号的 AI 春节写真模板，AI 写真保存率达 93%，总曝光量达到 4.8 亿。

随着 AI 技术的不断进步，AIGC 营销将在未来发挥更大的作用，其生成内容的质量和逼真度将不断提高，能够更好地满足品牌多样化的营销需求，助力品牌实现更精准、高效的营销推广。

目前，数智品牌营销当前的这些应用形态在不断拓展和创新，各自以独特的方式助力品牌在激烈的市场竞争中脱颖而出。品牌只有深入理解并合理运用这些营销形式，紧跟其发展趋势，才能在数智时代的营销赛道取得成功。

综上所述，在数智化的浪潮当中，内容、情感、微短剧、跨界、播客、直播及 AIGC 等营销形式，正在重塑品牌与消费者的沟通模式。内容营销精准洞察需求，情感营销触动用户内心，微短剧以新颖形式传播，跨界营销则进一步打破边界，播客融入每个人的生活，直播提供实时互动，AIGC 生成的营销内容更是充分发挥了用户的能动性。

当然，我们也应该清晰地看到，数智化浪潮下的营销形式远不止上述这些，比如虚拟现实（Virtual Reality，VR）与增强现实（Augmented Reality，AR）营销带来的沉浸式营销，当下品牌企业纷纷正在实践的社群营销等。我们相信，随着数智技术的不断发展，未来这些营销形式将会持续发展，朝着更加精细化、个性化、创新化的方向转变，从而为品牌提供更加多元的发展路径，助力品牌在激烈竞争中脱颖而出，推动品牌营销迈上新高度。

（二）现实挑战亟待破局

1. 数据安全与隐私保护问题

在数智品牌营销蓬勃发展的背后，数据安全与隐私保护问题日益凸显，成为制约其进一步发展的重要因素之一。众所周知，随着数智技术在品牌营销中的广泛应用，收集和存储的消费者数据量也呈爆炸式增长，这些数据涵盖了消费者的个人基本信息、消费行为、偏好习惯等多个方面，具有极高的商业价值。也正是因为这些数据的价值，使得它们成为黑客攻击、数据泄露和滥用的目标。除了数据泄露事件，数据滥用问题也不容忽视。一些企业在收集和使用消费者数据时，未能遵循合法、正当、必要的原则，存在过度收集和滥用数据的现象。

2. 市场竞争与营销同质化风险

当下，无论是大型跨国企业，还是新兴的创业公司，都意识到数智技术在营销领域的巨大潜力，纷纷投入大量资源进行数智营销的布局。社交媒体平台的普及、大数据分析工具的成熟，以及人工智能算法的不断优化，为企业开展数智品牌营销提供了丰富的技术支持和广阔的操作空间。

随着越来越多的企业加入数智品牌营销的赛道，竞争愈发激烈。各个企业所运用的数智技术在本质上存在一定程度的相似性，加之市场上可借鉴的成功营销案例有限，导致企业在营销手段、创意和策略上出现了严重的同质化现象。例如，在社交媒体营销方面，众多品牌都不约而同地选择与“网红”合作，这些短视频在画面风格、文案表述上十分相似，消费者在浏览过程中容易产生审美疲劳。

对于企业而言，由于营销手段缺乏差异化，他们很难在众多竞争对手中脱颖而出，吸引消费者的关注和购买。为了争夺有限的市场份额，企业不得不陷入价格战等低层次竞争中，不利于品牌长期发展。

3. 技术应用与创新的瓶颈

数智品牌营销的发展高度依赖于数智技术的应用与创新，但在实际应用过程中，技术应用与创新面临着诸多难题。

技术成本高是企业面临的一大难题。数智技术的研发和应用需要大量的资金投入，包括硬件设备的购置、软件系统的开发、技术人才的引进和培养等。对于一些中小企业来说，这些成本往往超出了其承受能力，限制了它们对数智技术的应用和推广。

算法偏差也是技术应用中不容忽视的问题。人工智能算法在数智品牌营销中被广泛应用于消费者行为预测、广告投放优化等方面，但算法偏差可能导致决策失误和不公平现象的出现。算法可能会受到数据偏差、模型设计不合理等因素的影响，从而产生错误的预测和推荐结果。

在技术创新方面，企业也面临着诸多困难。技术创新需要大量研发投入和时间成本，而且创新成果具有不确定性，这使得许多企业对技术创新持谨慎态度。一些传统企业由于长期依赖传统的营销模式，缺乏技术研发的基础和经验，在技术创新方面面临着较大的困难。

4. 人才短缺与组织变革难题

数据是冰冷的，营销要在数据的基础上直击消费者的心灵，正如已故的哈佛大学营销学教授西奥多·莱维特（Theodore Levitt）所言：营销更需要想象力。

数智营销人才的短缺是当前企业面临的严峻问题之一。随着数智品牌营销的快速发展，市场对既懂市场营销又掌握数智技术的复合型人才的需求急剧增加。这类人才不仅需要具备传统营销的知识和技能，如市场调研、品牌策划、营销推广等，还要熟悉大数据分析、人工智能、机器学习等数智技术的应用，能够运用这些技术进行消费者洞察、精准营销和营销效果评估。然而，目前市场上这类复合型人才的供给严重不足，难以满足企业的需求。

企业内部的组织变革也是数智品牌营销面临的一大难题。数智品牌营销需要企业打破传统的组织架构和业务流程，实现数据的共享和协同工作。传统的企业组织架构往往是层级式的，部门之间存在着明显的界限，信息流通不畅，这不利于数智品牌营销的实施。

组织变革还面临着员工观念和技能的挑战。数智品牌营销要求员工具备新的技能和观念，如数据思维、创新思维等。但许多员工习惯于传统的工作方式和思维模式，对新的技能和观念接受起来较为困难。

二、数智品牌营销的未来趋势

通过上文对数智品牌营销现状的分析，我们可以清晰地发现，数智技术正以前所未有的速度重塑着品牌与消费者之间的互动方式，深刻影响着整个营销生态。当然，即便目前存在瓶颈和挑战，也无法掩盖数智品牌营销的巨大潜力和无限未来。

（一）技术驱动的营销创新

1. 人工智能与机器学习的深入应用

随着技术的进步和市场的演变，人工智能与数智营销的结合已经成为市场发展的必然趋势。企业通过运用 AI 技术，不仅能提高营销活动的效率和效果，还能在激烈的市场竞争中获得优势。因此，在未来，人工智能与机器学习将在数智品牌营销中发挥关键作用，其应用将更加深入和广泛。

在营销预测方面，人工智能和机器学习算法将能够对海量的市场数据、消费者行为数据进行实时分析和挖掘，从而更准确地预测市场趋势、消费者需求变化及产品销售情况。在智能决策领域，人工智能将为企业提供更强大的支持。企业在制定产品策略、价格策略、渠道策略等方面，将越来越依赖人工智能的辅助决策。人工智能可以通过对大量市场数据和营销案例的学习，为企业提供基于数据的决策建议。

2. 虚拟现实和增强现实技术前景广阔

虚拟现实和增强现实技术在数智品牌营销中的应用前景极为广阔，未来将在多个方面实现拓展和创新。在创造沉浸式体验方面，VR 和 AR 技术将使消费者能够身临其境地感受品牌和产品。通过 VR 技术，消费者可以进入一个虚拟的品牌世界，全方位地了解品牌的历史、文化和价值观。

比如，虚拟试穿和虚拟试用将成为未来营销的重要方式。在时尚和美妆行业，消费者可以通过 AR 技术在手机或智能镜子上进行虚拟试穿和虚拟试用，查看效果，不仅可以节省消费者的时间和精力，还可以减少因尺码不合适或颜色不喜欢等原因导致的退换货情况，提高消费者的购物满意度。

（二）消费者需求导向的营销变革

1. 个性化与定制化营销的发展

智能化营销的核心在于利用人工智能技术对数据进行深度挖掘和分析，从而实现精准的用户定位和个性化的推送服务。

在数智时代，消费者的需求日益呈现出个性化和多样化的特征，他们不再满足于标准化的产品和服务，而是渴望获得能够彰显自身独特个性和满足特定需求的产品与服务。这种消费需求的转变，促使企业在品牌营销中更加注重个性化与定制化。其中，大数据分析技术成为企业实现精准定制的关键工具。

另外，在产品设计和生产环节，企业也越来越多地采用定制化生产模式。通过引入先进生产技术和设备，实现产品的个性化定制。比如，在运动鞋定制领域，消费者可以在品牌的官方网站或线下门店，根据自己的脚型、运动需求、颜色喜好等，定制专属的运动鞋。

2. 消费者参与度与互动性的提升

在传统营销时代，我们强调以顾客为中心，而在数智时代，不仅要以顾客为中心，更要让顾客参与共创。实际上，当前提升消费者的参与度和互动性已成为企业营销的重要目标，而且消费者不再仅仅是品牌信息的被动接受者，而是更愿意积极参与到品牌传播和发展中。反过来，企业通过互动营销、用户生成内容（User-Generated Content，UGC）等方式，可以与消费者建立起更加紧密的联系，无形中增强了消费者对品牌的认同感和忠诚度。一般来说，参与、互动或共创主要有以下 3 种方式。

第一，互动营销是提升消费者参与度的有效手段。企业通过举办各种互动活动，如线上抽奖、问答、投票、直播互动等，吸引消费者的积极参与。

第二，用户生成内容也是提升消费者参与度和互动性的重要途径。消费者通过社交媒体、博客、视频平台等渠道，分享自己的使用体验、创意作品、生活故事等与品牌相关的内容。这些用户生成的内容不仅能够为其他消费者提供有价值的参考，还能扩大品牌的传播范围，增强品牌的影响力。

第三，企业还可以通过建立品牌社区，为消费者提供一个交流和互动的平台。在品牌社区中，消费者可以分享自己的想法和经验，与其他消费者进行交流和互动，同时也可以与品牌方进行沟通和提供反馈。品牌方可以通过品牌社区了解消费者的需求和意见，及时调整产品和营销策略，提高消费者的满意度。

（三）营销生态的融合与拓展

1. 线上线下融合的全渠道营销

在数智时代，线上线下融合的全渠道营销已成为品牌营销的重要趋势。随着互联网技术的发展和消费者购物习惯的变化，消费者不再满足于单一的线上或线下购物方式，而是希望能够在不同渠道之间实现无缝切换，拥有更加便捷、高效的购物体验。构建全渠道营销体系，实现线上线下的深度融合，成为企业满足消费者需求、提升品牌竞争力的关键。

2. 顾客资产化的终身价值营销

随着市场竞争程度的提高和获客成本的急剧上升，企业将顾客视为一次性交易目标的营销思路在如今已经过时。在2024中国数字营销创新论坛暨第六届营销数字化大会上，科特勒咨询集团全球合伙人、新加坡及中国区CEO曹虎博士在题为《数智化营销大趋势：AI时代，人感营销（H2H）才是核心》的演讲中表示：在当今数智时代，企业必须从一次性交易的营销范式转变为将顾客视为具有终身价值的顾客资产。顾客不仅要多次购买，还要推荐他人购买，并参与企业的共创活动。这种将顾客从一次性交易对象转变为长期终身价值培育的顾客资产的营销方式，就是生态营销。与此同时，曹虎博士还建议，企业需要与合作伙伴共同打造顾客的整个生态价值。

3. 跨行业与跨领域的营销合作

跨行业与跨领域的营销合作将在数智时代呈现出蓬勃发展的态势，成为企业创新型营销模式。通过与不同行业、不同领域的企业合作，企业可以整合各方资源，拓展营销渠道，创造出全新的营销场景和体验，也为消费者带来更加丰富和独特的价值。其中，资源共享和优势互补是跨行业与跨领域营销合作的核心价值，由此可以缩小不同行业的企业在资源和能力上存在的差异。

其一，在技术资源方面，科技企业拥有先进的数智技术，比如大数据分析、人工智能、物联网等技术，而传统零售企业则拥有广泛的线下门店和丰富的零售经验。双方合作可以将科技企业的技术优势与零售企业的渠道优势相结合，实现线上线下的融合发展。其二，在渠道资源方面，不同企业拥有不同的销售渠道和客户群体。通过合作，企业可以互相拓展销售渠道，触达更多的潜在客户。其三，在品牌资源方面，不同品牌拥有不同品牌形象和品牌价值。比如通过品牌联名和跨界营销，企业可以整合双方的品牌资源，实现品牌形象的提升和品牌价值的增值。

（四）文化自信的价值彰显

2016 年 7 月 1 日，在庆祝中国共产党成立 95 周年大会上，习近平总书记指出：文化自信，是更基础、更广泛、更深厚的自信。此句深刻指出文化自信在国家和民族发展中的重要地位，它贯穿于社会生活的方方面面，是道路自信、理论自信、制度自信的根基，并且其影响力持久而深远，是一个国家、一个民族发展中最基本、最深沉、最持久的力量。

随着民族认同感、自豪感的持续提升，在数智品牌营销中，文化自信逐渐成为趋势。一方面，越来越多的品牌开始重视对本土文化元素的深度挖掘，品牌借助数智技术，将传统文化的精髓以创新的形式融入产品设计、包装及宣传推广中，不断创新产品设计和营销策略。另一方面，数智技术也为文化价值的传播开辟了新路径。利用社交媒体等数字化平台，以生动有趣的方式讲述文化故事，传播本土文化价值观，不仅加深了消费者对品牌文化底蕴的理解，也使得品牌在国际市场竞争中凭借独特文化魅力脱颖而出。

延伸阅读：

[1] 张建锋，肖利华，叶军，等．数智化敏捷组织：云钉一体驱动组织转型［M］．北京：人民邮电出版社，2022.

[2] 张建锋，肖利华，许诗军．数智化：数字政府、数字经济与数字社会大融合［M］．北京：电子工业出版社，2022.

[3] 王文利，许丽洁．创业大讲堂：大学生创业的八堂必修课 [M]. 2版. 西安：西安电子科技大学出版社，2019.

[4] 魏江，杨洋，杨佳铭．数智时代营销战略理论重构的思考 [J]. 营销科学学报，2021，1（1）：114-126.

[5] 王秉．何为数智：数智概念的多重含义研究 [J]. 情报杂志，2023，42（7）：71-76.

[6] 孔祥超，张国良．数智营销驱动商业企业高质量发展研究 [J]. 吉林农业科技学院学报，2023，32（1）：58-61.

[7] 王赛．营销4.0：从传统到数字，营销的“变”与“不变”：“现代营销学之父”菲利普·科特勒专访 [J]. 清华管理评论，2017（3）：60-64.

[8] 屈婧．浅析人工智能在数智营销领域的应用与发展趋势 [J]. 高科技与产业化，2024，30（12）：91-93.

思考题

1. 数智品牌营销产生的技术背景是什么？它经历了怎样的演进历程？
2. 什么是数智品牌营销？
3. 数智品牌营销的现状、应用有什么特点？
4. 如何看待数智品牌营销的未来发展趋势？

第二章

从传播到积淀：品牌内容营销创新

第二章 从传播到积淀：品牌内容营销创新

第一节 品牌内容营销的基本概述

一、品牌内容营销的理论溯源与早期实践
二、品牌内容营销的理论边界：与公关和广告的比较
三、品牌内容营销的特点和概念
四、品牌内容营销的发展历程

第二节 品牌内容营销的基本体系

一、品牌内容营销的基本方法
二、品牌内容营销的核心要素
三、品牌内容营销的核心逻辑

第三节 品牌内容营销的创新价值

一、品牌内容营销的必然之路
二、品牌内容营销的价值创新

导读：

随着互联网技术的发展和数字媒体的兴起，消费者的信息获取方式和决策路径发生了深刻变化，他们不再接受传统广告的强制推送模式，而是开始主动屏蔽广告信息并且通过各种社会化媒体平台寻求有价值的内容。

在这一背景之下，对于品牌来说，传统硬广的边际效益持续递减，取而代之的则是以价值传递为核心的内容营销范式。从图文到短视频再到直播，当前内容营销的应用呈现出了多元化、智能化的特征。

品牌通过持续输出有价值的内容形式和信息，逐步建立了与用户的深度连接，提升了用户的黏性，并最终实现营销目标的转化。当前，品牌内容营销已经成为企业不可替代的战略性投资。

本章学习目标：

1. 理解品牌内容营销的核心概念、特点及其与广告、公关的区别。
2. 掌握品牌内容营销的方法与逻辑，并能结合案例分析其核心要素。
3. 探索品牌内容营销的创新路径，总结其对品牌价值积淀的长期影响。

引导案例

作为茶文化的发源地，在中国，茶不仅仅是一种饮品，更是一种文化。在当下的消费市场中，新式茶饮行业呈现出一片火爆的景象，各类茶饮品牌如雨后春笋般不断涌现。在这个竞争异常激烈的新式茶饮赛道上，如何从众多的品牌中脱颖而出，并且做到持续吸引消费者的目光，已经成为众多茶饮品牌关注的焦点。

在当前琳琅满目的新式茶饮品牌中，成立于2013年的茶颜悦色无疑是近年来备受瞩目的一颗璀璨明星。经过了十多年的发展，如今的它不仅越来越受到广大消费者的追捧，而且已经演变为一种消费潮流的标志性代表。

茶颜悦色之所以能够在激烈的竞争中崭露头角并实现迅速壮大，其背后的成功密码正是品牌内容营销的成功运用，它的做法堪称行业内的典范。其内容营销策略的运用不仅仅局限于产品本身，还以文化内容为核心竞争力，通过持续内容输出构建起品牌资产，由此，茶颜悦色成为中国新式茶饮赛道中极具辨识度的品牌。

茶颜悦色所打造的品牌内容营销系统，呈现了一个涉及多类型、多样化的内容营销方式的立体化实践过程。

简单来讲，在视觉体系上，茶颜悦色将古典仕女图 Logo、传统窗棂纹样与现代极简包装相结合，形成高辨识度的视觉符号系统，门店空间更以《千里江山图》等名画为灵感打造沉浸式国风场景。文案创作方面，茶颜悦色巧妙融合宋词韵律与网络热梗，“声声乌龙”等产品名更是兼顾诗意与趣味，节气海报也常以长沙“塑料普通话”撰写俏皮文案，进而实现传统文化年轻化表达。互动内容设计方面也极具用户黏性，通过“小主节”主题打卡、博物馆联名等创意活动激发了用户的参与热情。UGC 生态运营方面，品牌以手账本、古风周边等为载体发起创作大赛，鼓励用户分享茶颜搭子故事等，从而形成“自来水”传播效应。

茶颜悦色这种将文化基因注入产品、空间、传播全链路的内容策略，使其成为极具特色的地域文化符号，并且在网络迅速走红，收获了一大批忠实粉丝。

茶颜悦色内容营销的成功实践不仅仅是其自身的成功，更重要的意义或许在于为其他行业和其他品牌提供了有益的借鉴，甚至形成了一套可以效仿的内容营销体系，进而使得品牌内容营销的重要性更为凸显。接下来，我们就将进入本章的正题，带大家一起聊聊品牌内容营销。另外，从本章第二节开始，我们还将围绕茶颜悦色等品牌进一步分析内容营销的基本做法。

第一节　品牌内容营销的基本概述

在当今数字化浪潮汹涌、市场竞争愈发激烈的商业环境中，品牌想要脱颖而出并赢得消费者的青睐，有效的营销手段至关重要，本章开篇的典型案例——茶颜悦色就是如此。内容营销作为现代营销学的重要分支，正日益成为品牌与消费者建立深度连接、提升品牌影响力的关键策略之一。尤其是在数智时代，内容营销已经成为品牌实现有效传播和商业转化的重要利器，深刻影响着品牌与消费者之间的互动模式和关系构建。

一、品牌内容营销的理论溯源与早期实践

作为现代营销学的重要分支，关于内容营销的概念认知经历了一个漫长的演进过程。尽管到今天，学界也尚未形成一个统一定义，但对其核心要素基本已经达成了共识。下面，我们将通过系统梳理学术史与实践史的双重脉络，揭示其发展的内在逻辑。

（一）内容营销的理论溯源

1960 年，营销学泰斗西奥多·莱维特在《哈佛商业评论》发表了论文《营销短视症》(*Marketing Myopia*)，提出“企业应以客户需求为中心而非产品”。这一观点强调，企业若仅关注产品本身，而忽视客户的真实需求，可能会陷入“营销短视症”，从而导致市场竞争力下降。这一具有前瞻性的理论突破，为现代内容营销强调价值传递的核心理念提供了重要的理论依据和思想启蒙。

1996 年，比尔·盖茨（Bill Gates）提出了“内容为王”的概念。当时，他在一篇题为《内容为王》(*Content is King*）的文章中强调，互联网时代，优质内容将成为吸引用户、推动行业发展的核心要素。“内容为王”的这一理念随后被广泛传播，时至今日仍然是传媒、营销、互联网等领域的重要指导原则。

同年，美国新闻从业者里克·多伊尔（Rick Doyle）在领导美国报纸编辑协会（American Society for Newspaper Editors，ASNE）的新闻记者发布

会上，首次使用了“内容营销”（Content Marketing）这一术语，并将其认定为一种新的传播方式。

2001 年，美国俄亥俄州的彭通定向媒体公司（Penton Custom Media）首次明确提出“内容营销”这一术语并阐述了其概念，即将内容营销用于统称大型 B2B 企业制作和出版购物杂志及纸质新闻通讯的做法。这一论述推动内容营销从行业实践开始向学术研究领域渗透。需要注意的是，内容营销这一术语的明确提出是对此前定向出版的升级。所谓定向出版，即指所有按需定制的个性化的沟通解决方案，包括企业、杂志、网站、商业指南、新闻通讯等。

2007 年，乔·普利兹（Joe Pulizzi）从彭通定向媒体公司离职，创立了“内容营销协会”（Content Marketing Institute，CMI），协会致力于为品牌提供一流内容营销资源，并通过培训、课程和行业活动推动内容营销的普及和发展。协会的成立使得内容营销从一种分散的、自发的营销行为逐渐走向规范化、专业化。作为世界领先的内容营销专家，乔·普利兹认为，内容营销是创建和传递有价值和引人注目的内容，以吸引现实或潜在目标顾客的商业营销过程，目的是促使顾客做出能为企业带来利润的行动。

2011 年，安·汉德莉（Ann Handley）等学者提出，内容营销或品牌内容是企业通过多样化的形式，创作和传播有教育意义、引人注目的内容，从而达到吸引或留住顾客目的的营销手段。

同年，丽贝卡·利布（Rebecca Lieb）提出，提供有信息价值和有娱乐性的吸引眼球的内容是内容营销的制胜法宝。后来，这一观点在她的著作《内容是营销之本》（*Content-The Atomic Particle of Marketing*）中得到了进一步的阐述。书中指出，内容营销不仅仅是发布信息，而是要通过有价值和有吸引力的内容来建立与用户的长期关系。

最近 10 年来，随着社交媒体的崛起、数智技术的发展，关于内容营销的定义和研究又出现了新的解读。

比如，学者贺爱忠认为，内容营销强调的是与顾客的沟通互动，针对特定的顾客人群自主创作，传递关联性、价值性的内容。① 再比如，霍利贝克（Hollebeek）和麦基（Macky）等人则认为，数字内容营销是指在数字平台上向现有或潜在消费者创建和传播相关的有价值的内容，是培养消费者意识、参与度、信任和忠诚度的重要营销工具。②

另外，随着数智化技术的发展，将数智技术和内容相结合进行的研究和实践也不在少数。比如利用大数据、人工智能等技术，对用户行为、偏好和场景进行深度分析，为内容创作和分发提供精准的依据。例如，小红书就是通过深度学习算法，基于用户标签和行为数据实现 UGC 内容的智能分发。

追根溯源，在过去 60 多年时间里，尽管业内对于内容营销的概念尚未形成一个统一的定义，但人们对于内容营销的理论认知已经越来越成熟了。从以上学者的研究和业内的应用来看，内容营销有两点是一直没有改变的：一是关键要素在于内容，二是最终目的是实现营销转化。不过，也有一些因素正在发生变化，比如越来越强调双方的互动，越来越强调技术的运用，越来越强调长期的连接。简而言之，如今的品牌内容营销方式强调以用户为中心，不单纯依赖于直接的产品推介，而是通过提供有用的信息、娱乐或教育来建立与潜在客户的长期关系。

（二）内容营销的早期实践

品牌内容营销的实践其实要远远早于理论概念的提出。最早的案例来自美国农具机械制造公司约翰迪尔（John Deere）于 1895 年面向农民推出的《耕耘》（*The Furrow*），这是一本农业信息杂志，如今在全球 40 多个国家均有发行。约翰迪尔通过发布《耕耘》向农民介绍新技术并分享经营经验等各类实用信息，从而吸引了一大批忠诚度极高的农民客户，每当农民有农机设备需求时都会首先考虑向约翰迪尔公司购买。

---

① 贺爱忠，蔡玲，高杰. 品牌自媒体内容营销对消费者品牌态度的影响研究［J］. 管理学报，2016，13（10）：1534-1545.

② HOLLEBEEK L D, MACKY K. Digital content marketing's role in fostering consumer engagement, trust, and value: framework, fundamental propositions, and implications[J]. Journal of Interactive Marketing, 2019, 45: 27-41.

继《耕耘》之后，1900 年，米其林公司在法国巴黎的万国博览会上推出了杂志《米其林指南》（*Michelin in Guide*），杂志内容包含了旅行景点规划、路线导引、餐厅和旅店推荐、加油站和维修厂等信息，同时植入轮胎更换等内容，免费发放给车主，帮助公司提升轮胎销量。

从 19 世纪至今，发行杂志一直是品牌内容营销的重要方式，而且在初期，出于成本原因，一般规模较大的企业才有能力发行杂志。比如，1905 年，为了更好地推广果冻，杰纳西纯正食品公司（Genesee Pure Food Company）发行了《果冻食谱》（*Jell-O Recipe Book*），该杂志的发行为其贡献的销售额超过了 100 万美元；1982 年，美国孩之宝（Hasbro）携手漫威公司（Marvel）推出了漫画杂志《特种部队》（*G. I. Joe*），引领了玩具营销革命。1987 年，乐高公司（LEGO）推出《积木秘籍》（*Brick Kicks*，现更名 *LEGO Club*）。2005 年，红牛（Red Bull）发行杂志《红色公报》（*The Red Bulletin*），迄今发行量已经超过 200 万份。

20 世纪 20 年代，广播诞生。一个众所周知的案例就是，1922 年，世界最大零售连锁超市西尔斯（Sears）播出了广播节目。在通货紧缩危机期间，这个广播电台协助农民了解西尔斯·罗巴克农业基金会提供的内容，帮助农民更好地进行农业生产。

在广播诞生之后，电视媒介也于同一时期出现，并涌现出许多经典的内容营销案例。20 世纪 30 年代，宝洁公司涉足广播连续剧领域，通过广告植入的方式，推广了多姿香皂和奥克多洗衣粉，开创“肥皂剧”这一独特的营销形式。同时，这一时期出现了许多品牌企业投资拍摄的影片，这些影片大多以宣传企业形象为主要目的。比如，1995 年，海尔集团投资制作的以企业形象为主题的动画片《海尔兄弟》在中央电视台播出，不仅给观众带来了全新的视觉体验，更通过央视覆盖实现品牌认知度 91%的跨越式提升。

从 20 世纪 90 年代开始，随着互联网技术的发展，网站、电子邮件、博客、微博等内容营销形式和实践也越来越多样化。比如，2004 年，微软公司推出的首个企业博客 Channel 9；2008 年，宝洁推出面向少女的网站 BeingGirl. com 等。这一时期，品牌内容营销通过多渠道整合、数据驱动的精准营销、品牌故事化和全球化拓展，实现了更广泛的传播和更精准的触达。

2010 年前后，人类社会进入数智时代，品牌内容营销进一步借助人工智能、大数据、物联网等技术，实现了个性化内容推荐、全链路数据驱动的营销、品牌与用户的心智关系构建，持续推动品牌内容营销的深度创新和持续增长。比如，借助 ChatGPT、DeepSeek 等 AI 工具生成文章、视频、社交媒体内容等，大大提高了内容生产创作的效率和质量，并且通过用户共创的形式，也大大提高了用户的体验和品牌传播度。与此同时，当前很多有能力的企业也开始创建属于自己的新媒体部门或品牌营销部门，并且通过建立自己的营销渠道来讲述自己的故事，多数《财富》500 强企业已设立新媒体事业部，企业媒体化蓬勃发展。

通过上文对内容营销的研究历史和实践过程的回顾，不难发现，从早期的纸质媒介到广播、电视媒介，再到如今的互联网媒介，尽管内容营销的媒介形式不断变化，但内容营销的核心本质始终未变——企业始终借助当下最流行的媒介来发布有价值的内容，以实现品牌推广、用户互动和商业转化的营销目标。

二、品牌内容营销的理论边界：与公关和广告的比较

通过上文对内容营销的理论溯源与实践演进所进行的系统化梳理，可以发现，内容营销的核心运作始终围绕三个关键维度展开，即内容生产、用户触达与消费转化，由此也就引发出了两个根本性的理论命题：第一，具备上述要素是否必然构成真正意义上的内容营销？第二，品牌内容营销的理论边界应如何界定？

比如，当前学术界的一个核心争议聚焦于内容营销的学科归属问题。就拿菲利普·科特勒与唐·舒尔茨（Don E. Schultz）两位学者来说，其观点就有着鲜明对比。科特勒在《营销革命 4.0：从传统到数字》中明确提出，内容营销应作为独立战略模块存在，而非广告或促销的附属品；舒尔茨则在《整合营销传播：下一代》中强调，内容营销本质上属于广告的进化形态，依据是二者均服务于统一的商业转化目标，且需整合于品牌传播

系统。

事实上，内容营销与广告、公关在多个维度上存在着较为显著的区别（表 2-1），我们可以通过以下几个方面来探讨。

表 2-1　内容营销、公关和广告的多维度比较

维度	内容营销	公关	广告
定义	内容营销是通过创作和分发有价值、引人注目的内容，吸引目标受众并促进行为	公关是通过建立良好的公共关系，赢得公众好感和信任，从而树立品牌形象	广告是通过付费媒体传播信息，直接推广产品或服务，激发购买欲望的营销
核心与本质	为潜在客户提供长期、有价值的内容，侧重于价值传递	以品牌声誉和形象管理为中心	侧重于付费传播，有明确销售目标
目标	建立品牌与用户之间的长期信任关系，通过价值传递满足用户需求，促进行为	塑造品牌形象，建立良好的社会关系，赢得公众支持	提升产品知名度，直接促进销售，扩大市场份额
传播方式	社交媒体、自有渠道、UGC 等	新闻稿、新闻发布会、媒体合作等第三方媒体	电视、报纸、网络等付费媒体
效果	效果相对长期，通过持续的内容输出建立信任和忠诚度	效果长期且具有战略性，通过塑造品牌形象和公众关系积累信任	效果短期且直接，快速提升知名度和促进销售
成本	成本较低，但需要持续投入资源进行内容创作和分发	成本中等，需要长期投入以维护公共关系	成本较高，尤其是大规模的广告投放耗资较大
可信度	可信度较高，因为内容通常基于价值传递和用户需求	可信度高，因为信息来自第三方媒体，具有客观性	可信度相对较低，因为消费者对广告的接受度较低
互动性	高度互动，鼓励用户参与内容创作和传播	互动性中等，主要通过媒体与公众互动	互动性较低，主要单向传递信息
信息特点	基于用户需求和价值传递，强调内容的教育性和吸引力	基于形象塑造和关系管理，强调真实性和可信度	基于注意力经济，强调创意和吸引力

第一，从营销核心和本质来看，内容营销的核心在于为潜在客户提供长期的有价值的内容，这些内容涵盖了知识科普、经验分享、行业洞察等多个方面，基于此来建立信任和情感连接，进而在潜移默化中逐步实现从陌生人到客户的转化过程。因此，内容营销侧重于价值传递。简言之，内容营销以用户为中心，强调内容的价值和用户体验，通过持续的内容输出实现商业转化。

广告以效果转化为核心，而且一般是付费传播，同时具有明确的销售目标，其操作方式通常是通过重复曝光和直接呼吁行动来影响消费者的决策和行为。比如，电视广告中比较常见的“限时折扣，赶快下单”等直接促销信息，旨在迅速激发消费者的购买欲望，促使其立即采取购买行动。

看到这里，我们会发现，内容营销和广告二者最大的区别在于，内容营销在将潜在客户转化为实际客户之前，就已经为其提供了长期且有价值的内容，这种内容的前置性是其独特之处。

公关的主要目标是通过与媒体、公众和利益相关者建立良好的关系，塑造和维护品牌形象，从而提升品牌的知名度和美誉度，赢得公众的支持。公关活动通常包括新闻发布会、媒体关系维护、公益活动参与等，其核心是以品牌声誉和形象管理为中心，所以高度重视与外部利益相关者的沟通和关系维护。例如，当企业面临负面舆论时，公关部门会通过及时、有效的沟通和危机处理策略，来维护品牌的声誉。

第二，从传播方式来看，内容营销通过创作和分发有价值的内容，如博客、视频、直播等，借助社交媒体、自有渠道及 UGC 进行传播，传播成本相对较低。广告则通过付费媒体（如电视、报纸、网络广告）直接向受众传递信息，传播成本较高。公关则主要通过新闻稿、新闻发布会、媒体合作、活动策划等方式，借第三方的客观报道来提升品牌形象，传播成本具有一定的弹性。

第三，从传播时效来看，内容营销的营销效果相对长期，往往是通过持续的内容输出建立信任和忠诚度。广告的营销效果则更为短期且直接，旨在快速提升品牌的知名度或促进销售的转化。公关的效果则是长期的并且具有战略性，通过塑造品牌形象和公众关系来积累信任。

第四，从可信度来看，内容营销的可信度较高，因为其营销内容通常基于价值传递和用户需求。广告的可信度则相对较低，因为根据以往的习惯和认知来看，消费者对广告的接受度较低，甚至有些时候会存在排斥的心理。公关的可信度较高，因为其信息往往来自第三方媒体，具备一定的客观性。

第五，从互动性来看，内容营销具有高度互动性，尤其是在数智时代，用户参与内容创作和传播已经十分普遍。比如，小米社区共创。广告主要是通过大众媒体向受众单向传递信息，所以互动性一般较低。公关的互动性中等，一般来说，主要是通过媒体来与公众实现间接互动。

第六，从信息传递的特点来看，广告的信息通常较为直接、简洁，以强调产品或服务的卖点和促销信息为主。公关传递的信息则更注重客观性和权威性，通过媒体报道和官方声明等方式来传达品牌的价值观和形象。内容营销的信息则更加丰富多样，往往是以讲故事为主的形式来呈现，并且注重品牌和用户的情感共鸣，通过内容的吸引力来引导用户的关注和行为。

综上所述，内容营销、公关和广告在核心与本质、传播方式和时效、可信度、互动性及信息特点等多个维度上存在着明显的不同。说得通俗一点，内容营销就像种树，需要保持耐心、持续浇灌才能够收获用户的信任；广告则像放烟花，追求瞬间曝光，然后促成转化效果；公关则像织网，专注编织品牌的社会关系和形象。

需要指出的是，内容营销、公关和广告三者虽然各有不同，但在现代营销实践当中，同样也存在着联系甚至融合。

一方面，在实际内容营销应用中，内容营销、公关和广告各自在营销活动中都发挥着独特且不可替代的作用，而且三者往往是相互补充的，他们共同构建了现代品牌传播的综合体系。另一方面，当前三者也出现了融合趋势。比如，广告内容化，这一点最典型的案例就是微电影广告；公关内容化，在这方面，比较典型的就是企业纪录片；而信息流推广等模式的出现则凸显了内容广告化的趋势。

在现代营销实践中，明确界定内容营销、公关传播与广告投放的职能边界固然是必要前提，但我们认为，构建三者的协同运作机制或许才是实现营销效能最大化的关键路径。比如，广告凭借其强曝光属性可以快速引爆市场的关注，内容营销通过其深度价值输出可以实现用户的心智渗透，而公关则可以依托权威、客观的声量持续构建品牌的信任资产，在这一过程中，内容营销则起着战略枢纽的重要作用。

三、品牌内容营销的特点和概念

在上文系统界定完内容营销的理论边界之后，下面我们需要对其核心内涵进行科学界定。

虽然当前学术研究与商业实践并未形成统一的定义，但有一点不容置疑，即无论媒介技术如何迭代，不管内容营销形式如何变化，“讲故事”始终是品牌内容营销的底层逻辑，也可以说“内容为王”的本质属性始终未变。

但是，随着数智化技术的发展，以价值内容为基础，跨媒介、场景化、互动性的营销手段运用成了当前内容营销区别于传统内容营销方式的明显之处。这种守正与创新的辩证统一，本质上反映了数智时代内容营销的演进规律：以价值内容为根基，通过技术赋能的生态化运营，实现品牌叙事与用户价值的深度共鸣。在构建具有时代特征的内容营销定义之前，我们首先来聊聊当前品牌内容营销呈现的新特点。

（一）动态演化：全媒体形态的多元整合

在媒介技术持续迭代的推动下，品牌内容营销呈现全媒体形态的动态演化特征。如今，来到了数智时代，品牌内容营销的手段包含了以往出现的所有形式，涵盖了文字、图片、音频、视频、直播等多种形态，从而呈现出前所未有的多样化特点，为品牌与消费者之间的不断互动提供了丰富的载体。

文字内容如品牌博客、新闻稿、电子书等，能够深入阐述品牌故事、产品特性与行业知识，为消费者提供深度信息解读；图片凭直观视觉效果，如海报、插画等迅速吸引消费者的注意力，强化品牌形象；音频内容像播客，可以在消费者碎片化的时间里，轻松传递品牌理念；视频内容包括广告、短视频、微电影等，以生动、动态的形式展现品牌魅力，更具感染力和传播力；直播则通过实时互动，让消费者近距离了解产品，增强参与感与体验感。这种全媒体融合不仅拓展了品牌叙事维度，更实现了用户触点的立体化覆盖。

（二）价值锚定：用户需求导向的内容建构

内容营销的价值性是衡量其成功与否的关键因素。内容营销中的“内容”是一个广义的术语，涵盖营销活动中的所有元素，包括但不限于文字、图像、视频、音频，甚至是发表在讨论区的评论内容等。既然我们强调内容营销的核心在于“内容为王”，那么有价值的内容无疑是品牌内容营销的核心和基础。

品牌营销内容的价值性体现为需求满足、创新表达、实用赋能与情感共振的四维建构模型，具体来说，需要满足以下几个标准。首先，内容必须满足用户最迫切的需求，即针对性要强。这意味着品牌在创作内容时，需要深入了解目标受众的具体痛点、兴趣和期望，从而提供精准的信息或解决方案。其次，内容应具有独特性和创新性，能够在信息过载的环境中脱颖而出，为用户提供与众不同的视角或体验。再次，内容需要具备实用性和可操作性，能够帮助用户解决实际问题或提升生活质量，而不仅仅停留在理论层面。最后，内容应具有情感共鸣，能够触动用户的情感，从而建立品牌与用户之间的深度连接。

（三）生态协同：跨域资源的价值共创机制

数智时代，品牌内容营销已经突破了传统单点传播模式。当前，内容营销资源的整合性与协同创作构成了数智时代传播效能倍增的核心引擎，如今越来越多的品牌认识到了这一点。

资源整合性体现在将多种营销工具和营销渠道进行系统化结合，通过多平台、多形式的协同配合，传递一致的品牌信息。例如，企业可以整合社交媒体、官网、电子邮件等多种渠道，形成统一的内容生态系统。协同创作则强调跨部门合作，将不同领域的专业知识和创意结合，提升内容的创新性和竞争力。比如，品牌方、用户、合作伙伴、关键意见领袖（Key Opinion Leader，KOL）等共同参与内容生产与传播，从不同角度完善内容策略，从而构建价值共创生态。

（四）双向赋权：实时交互的传播范式革新

在数智时代，品牌内容营销的互动性成为品牌与消费者建立深度连接的关键特征。借助社交媒体平台、内容分享平台及其他数字化渠道，品牌能够与消费者展开实时、双向的互动。这种互动不仅体现在消费者可对内容进行评论、分享、点赞等表达自己的观点和喜好，也体现在品牌对消费者的及时反馈和响应上。品牌通过倾听消费者的声音，能够迅速调整内容策略，以更好地满足用户需求，从而形成良好的沟通循环。

例如，品牌在抖音、快手等短视频平台上发布相关短视频内容之后，用户可以通过点赞、评论、转发甚至二次创作等方式与品牌互动，而品牌则能够根据用户的反馈及时调整内容方向和策略。这种互动性不仅提升了用户的参与度和满意度，还通过 UGC 进一步扩大了品牌的传播范围和影响力。此外，品牌还可以通过直播连麦、在线问答、互动游戏、AR 试妆等实时互动内容形式与消费者进行互动，这种高度即时的互动性在品牌与消费者之间建立了情感共鸣的桥梁。

（五）关系重构：信任共建的持续价值输出

“现代营销学之父”菲利普·科特勒在其著作《营销革命 4.0：从传统到数字》中提出，“内容是最新的广告”，在传统广告逐渐式微的当下，内容营销已被人们当作数字经济中未来的广告。不过，与广告这种“推式策略”——通过打断消费者思考或感官体验来硬性传递信息——不同，内容营销则是一种“拉式策略”，其核心在于通过提供有价值的内容吸引消费者，满足他们的需求和兴趣，从而实现转化。如果用一个用户关系模型来表示的话就是“价值吸引—关系培育—信任转化”的渐进式用户关系模型。

具体而言，这种关系体现在平等性和长期性两个方面。内容营销的平等性体现在品牌与消费者的互动关系上。品牌不再将消费者视为单纯的购买者，而是将其视为平等的“合作伙伴”。通过倾听消费者的声音，品牌能够更好地理解他们的需求，并提供满足这些需求的优质内容。内容营销的长期性体现在品牌与消费者关系的持续构建上。内容营销的目标并非短期的销售转化，而是通过持续输出有价值的内容，塑造品牌形象并维护长期的客户关系。总之，数智时代的内容营销改变了品牌与消费者之间的传统关系，与消费者建立起基于信任和情感的长期连接。

（六）数据赋能：构建起精准营销评估体系

在数智时代，品牌内容营销的效果评估成为其核心优势之一。借助先进数字化工具和数据分析技术，品牌能够全面、精准衡量内容营销活动的实际效果，从而为营销策略的优化提供有力支持。比如，监测网站流量、社交媒体互动数据、用户行为数据等多种指标，深入评估内容营销对销售转化和品牌形象的影响。

网站流量和用户行为数据能够揭示用户对特定内容的感兴趣程度和参与情况，追踪用户在网站上的停留时间、页面浏览路径、跳出率等关键指标；社交媒体互动数据则为品牌提供了洞察消费者情感和态度的窗口，点赞、评论、分享等互动行为反映了用户对品牌内容的认可度和参与热情。

综上所述，品牌内容营销在数智时代展现出多样化、价值性、多元化、互动性、平等性、长期性和可评估性等特点。这些特点不仅推动了内容营销的创新与发展，也为品牌在数智时代提供了更有效的营销策略和工具。

其实，内容营销并非一个全新领域。内容营销的3个重要维度是对话、讲故事和顾客互动参与。

对话：与消费者对话，跟他们成为朋友，成为他们的思想领导者，是内容营销赋予企业或品牌的特殊角色。内容营销注重对话，而且是持久对话。

讲故事：也叫作叙事，这在内容营销领域是一个长盛不衰的话题，也是内容营销的重中之重。一个品牌的故事指的是该品牌的历史、发展及一切与品牌相关的话题。品牌可以通过不同形式的内容和渠道组合来给消费者讲故事，以吸引消费者关注，维护与消费者的关系。

顾客互动参与：互动参与是内容营销成功的关键之一，也是内容营销与传统营销的重要区别之一。

单就“讲故事”来说，这是当下很多品牌都擅长做的事情，也是一直都在做的事情。唯一不同的是，过去的企业通过第三方媒体，比如报纸、广播、电视等来讲述品牌故事。而在数智时代，越来越多的企业拥有了自有媒体或者其他的社会化媒体，企业自己就成了内容的生产者和发布者，可以通过自己讲故事来吸引和影响受众。

根据中国互联网络信息中心（China Internet Network Information Center，CNNIC）2025 年 1 月 17 日发布的第 55 次《中国互联网络发展状况统计报告》，截至 2024 年 12 月，中国网民规模已突破 11 亿人，达 11.08 亿人，互联网普及率达 78.6%。显然，我国已经形成了全球最庞大的数字社会，随着用户从被动接受信息转变为主动获取信息，内容营销自然成为最重要的营销方式之一。

基于上文对品牌内容营销的理论溯源、实践研究、理论边界及其特点的分析，我们认为：

从广义的角度看，一切通过“内容”来达到营销目的的活动都可以看作内容营销，它涵盖了营销活动中的所有元素，包括但不限于文字、图片、视频、音频，甚至是发表在讨论区的评论内容等。该定义重在强调内容的多样性和传播渠道的广泛性。

从中性的角度看，内容营销是以创造、传播有价值的内容为核心，通过吸引、教育或娱乐目标受众，间接实现品牌认知提升、用户关系建立及商业转化的长期战略过程。其本质是以内容为载体，从而实现品牌价值的传递。该定义重在强调内容的价值性和与目标受众的关联性。

从狭义的角度来看，内容营销是企业通过自有媒体（如官方网站、微信公众号）持续输出与品牌强关联的专业内容，以建立行业权威性、获取精准用户线索的战术性手段。该定义强调了内容营销的商业目的，即通过内容吸引潜在客户并促使其转化为实际购买者。

不过，内容营销的定义并非一成不变。从动态变化的角度来看，随着技术的不断发展、消费者行为的变化和市场竞争环境的演变，内容营销的定义也将不断调整。

比如，早期内容营销主要侧重于内容的创作和传播，但随着社交媒体、大数据和人工智能等技术的兴起，内容营销开始更加注重个性化、互动性和数据驱动的策略。未来，随着数智技术进一步发展，内容营销将会更加注重与技术的持续融合，比如通过人工智能实现精准内容推荐，以及通过多媒体内容提升用户体验等。

不过，不管如何变化，以用户为中心来进行内容价值创造这一内核不会发生改变。作为一种以内容为核心的市场营销策略，一种品牌与消费者沟通的有效方式，在价值实现路径方面，内容营销致力于赢得消费者的情感认同，进而将其转化为品牌的忠实粉丝、追随者，达成营销目的并获得更高经济效益。

四、品牌内容营销的发展历程

既然内容营销如此重要，那么其发展历程又是怎么样的呢？一般来说，品牌内容营销的发展历程与社会经济、科技进步及消费者行为的演变密切相关。我们按照媒介技术的演变历程，可以将品牌内容营销的发展过程划分以下 4 个非常重要的阶段：传统媒体时代、互联网兴起时代、社交媒体崛起与移动互联网时代、数智时代，每个阶段都展现出独特的形式与手段。

（一）传统媒体时代

在互联网诞生之前，品牌主要通过报纸、杂志、广播、电视等传统媒体直接向消费者传递品牌相关的信息，明显的特点就是传统大众媒体具有强大的影响力，消费者往往只是被动地接受信息，与品牌之间缺乏互动。在这一阶段，品牌营销的方式类似于“规训”，主要目的就是强调品牌优势和产品特点，从而影响消费者的决策和行动。

具体来说，传统广告的价值观念以达成商品销售为目标导向，追求品牌主经济利益的最大化，而忽略了消费者对于广告信息的价值诉求。对消费者来说，传统广告的价值性体现在消除对于商品、品牌信息的不确定性，但传统广告由于以品牌主的利益最大化为重心，因而经常在品牌主的利益驱使下对信息进行夸大或粉饰，严重削弱了传统广告对于消费者的价值性，常常会引发消费者对于传统广告的不信任与反感。

（二）互联网兴起时代

从 20 世纪 90 年代末开始，互联网逐步兴起，进入 Web 1.0 时代，这一时期内容营销平台相对有限，营销方式相对简单，仍以品牌向消费者单向推送信息为主。换言之，品牌仍主导内容的输出。

这一时期以新浪、搜狐、网易等为主的门户网站成为品牌进行内容营销的重要平台。这些网站通过编辑团队整理和发布新闻、信息、产品介绍等内容，用户只能被动浏览，无法进行互动。除此之外，品牌也可以通过建设自己的官方网站，发布产品信息、品牌故事、新闻动态等内容，为消费者提供更全面的品牌信息。

除了网站外，SEM、SEO 技术也开始崭露头角，以谷歌、百度等为代表的搜索引擎网站成为重要的内容营销平台。品牌通过关键词优化等手段，可以提高网站在搜索引擎中的排名，从而增加品牌的曝光度。

与此同时，品牌也开始通过电子邮件进行内容营销。通过订阅邮件列表，品牌可以向用户发送品牌信息、产品推广等内容，从而建立起与用户的长期联系。

在这一阶段，有一个明显的变化，即用户开始自主检索信息，而且初步实现了 24 小时信息的获取。

（三）社交媒体崛起与移动互联网时代

Web 2.0 时代与移动互联网时代，两者在时间上有所重叠，但在技术和应用上各有侧重。

互联网的 Web 2.0 时代约为 2000 年至 2009 年，与 Web 1.0 时代相比，这一时期，互联网开始从静态网页向动态、交互式应用转变。一个明显变化就是博客、Facebook、Twitter、Instagram、微博等社交媒体开始兴起，并开始成为内容营销的渠道。在这样的背景下，用户不再仅仅被动接收信息，还能够主动创作内容和分享内容。

2010 年前后，随着智能手机和移动设备的大范围普及，移动互联网蓬勃发展。在这一阶段，智能手机和平板电脑成为主要的上网设备，用户可以随时随地访问互联网。与此同时，各种移动应用（如微信、抖音、快手等）成为用户获取信息和放松娱乐的主要平台，当然也成为品牌进行内容营销的重要平台。

虽然 Web 2.0 时代与移动互联网时代的技术侧重和应用有所不同

（表 2-2），但二者在内容营销方面的共同点十分明显。比如，都强调 UGC 的重要性；都支持多种内容形式，包括文字、图片、视频、音频等；两者都强调内容的社交互动性、内容消费的即时性等；都鼓励品牌与用户共创内容，通过互动和合作提升用户参与度和品牌忠诚度，从而实现营销转化等。

表 2-2　Web 2.0 时代与移动互联网时代的对比

对比维度	Web 2.0	移动互联网时代
时间范围	约 2000 年至 2009 年	2007 年至今
核心平台	以 Facebook、Twitter、微博等为主，强调社交互动和信息分享	以智能手机、平板和微信、抖音、快手、小红书等移动应用为主，融合即时通信、短视频、社交电商等多种功能
内容形式	文字、图片、视频等多种形式并存，但以文字和图片为主	短视频、直播、图文等多种形式并存，短视频和直播尤其受欢迎
用户参与度	UGC 开始兴起，用户可以发布内容参与和互动，但参与度相对较低	用户参与度更高，随时随地通过移动设备分享生活、参与互动，社交电商和直播带货等形式让用户参与度进一步提升
营销方式	主要通过广告投放、品牌合作、博客营销、社会性网络服务（SNS）营销等方式，较为单一	营销方式更加多样化，包括直播带货、社交电商、KOL 合作、内容营销等，强调互动和个性化

（四）数智时代

2020 年以来，伴随大数据、人工智能、物联网等数智技术的蓬勃发展，信息社会也从信息化走向了数字化再走向了数智化。数智时代是数字化与智能化深度融合的新时代。在这一时期，消费者需求也日益多样化和个性化，所有这一切都催生了内容营销模式的变革。

这一时期，品牌内容营销呈现鲜明的特点：一是能够借助大数据、人工智能等技术，精准分析用户的行为，通过用户画像向消费者提供个性化、定制化内容，从而显著提升用户的参与度和对品牌的忠诚度。二是十分注重多渠道之间的协同效应。比如通过社交媒体平台发布内容，然后引导用户关注企业官方网站或进入品牌社群进行私域沉淀，从而构建全方位的品牌传播网络。三是借助 DeepSeek、ChatGPT 等人工智能技术，实现了内容的自动化生成和自我优化，提高了内容创作的效率和质量。四是 VR、AR 和元宇宙等新技术的发展，使得品牌可以通过沉浸式体验与消费者进行深度互动，增强品牌情感连接。

总体来说，内容营销的发展与互联网的发展是紧密相关的。在这个过程中，品牌内容营销经历了从单向传播逐步演变为双向互动甚至多维协同的过程；媒介技术的不断发展又推动了品牌内容营销继续向个性化和沉浸式体验的方向发展；从用户的角度来看，用户从一开始的接收者变成了参与者甚至是共创者。展望未来，随着媒介技术的不断进步，品牌内容营销将更加注重与消费者的深度互动与情感连接，从而成为品牌与消费者沟通的重要方式。

内容营销的发展历程详见表 2-3。

表 2-3　内容营销的发展历程

阶段	时间范围	核心技术	主要平台	内容形式	用户参与度	营销方式	特点
传统媒体时代	互联网诞生之前	印刷技术、无线电广播技术、广播电视传输技术	报纸、杂志、广播、电视	文字、图片、音频、极少量视频（广播、电视）	被动接收，缺乏互动	单向传播，强调品牌优势和产品特点	品牌主导，消费者被动接受，广告价值导向
互联网兴起时代	20 世纪 90 年代末至 2004 年	Web 1.0	门户网站（新浪、搜狐、网易）、搜索引擎（谷歌、百度）、企业官方网站、电子邮件等	文字、图片、少量视频	被动浏览，有限互动	单向推送，SEO、SEM、电子邮件营销	品牌主导内容输出，用户被动浏览
社交媒体崛起与移动互联网时代	2000 年至 2019 年	Web 2.0、移动互联网	社交媒体（Facebook、Twitter、微博）、移动应用（微信、抖音、快手）	文字、图片、视频、音频、短视频、直播	主动创作、分享、互动	UGC、多渠道互动、社交电商、直播带货	用户生成内容，强调互动和共创，营销方式多样化

续表

阶段	时间范围	核心技术	主要平台	内容形式	用户参与度	营销方式	特点
数智时代	2020 年至今	大数据、人工智能、物联网、VR、AR、元宇宙等	社交媒体、移动应用、元宇宙平台等	文字、图片、视频、音频、短视频、直播、沉浸式体验	深度互动、个性化体验	个性化内容推荐、多渠道协同、AI 内容生成、沉浸式体验	个性化、智能化、沉浸式体验，强调深度互动和情感连接

第二节　品牌内容营销的基本体系

在当今数字化和市场化高度融合的商业环境中，品牌内容营销正逐渐成为企业构建品牌形象、增强用户黏性、促进业务增长的核心驱动力。

通过内容营销的定义，我们可以得知，一家品牌想要脱颖而出，首先必须有明确的目标受众，如果没有明确的目标受众，那么内容就没有针对性，最终的营销效果必然不好。明确了目标受众后，有价值的内容则是基础，如果内容没有价值或者对用户没有用、没有吸引力，那么自然无法吸引到他们。有了目标受众，也有了有价值的内容，接下来自然就是考虑如何制作内容才会更有创意，在哪里发布内容才能让更多用户看到，以及如果效果不好应该如何及时进行调整。

我们之所以选择茶颜悦色作为本章开头的案例导读，就在于该品牌对于内容营销的成功运用。接下来，我们将继续结合茶颜悦色这一品牌，简单分析品牌内容营销的基本方法、品牌内容营销的核心要素，以及其背后的核心逻辑。

一、品牌内容营销的基本方法

茶颜悦色作为新式茶饮行业的领军品牌，凭借其出色的内容营销策略，成功构建了强大的品牌形象并赢得了广泛的用户群体。本部分将结合茶颜悦色这一实际案例，从目标群体洞察、内容策略制定、内容创意与优化、营销效果监测与调整及复盘优化等方面，详细阐述品牌内容营销的基本方法，助力品牌在内容营销领域取得良好成效。

（一）目标群体洞察：剖析消费行为和心理，寻找内容机会点

内容营销的成功始于对目标受众的深入洞察。在内容营销过程中，品牌可以借助多种手段，比如市场调研、大数据分析等，精准把握目标受众的兴趣、需求、行为习惯和心理特征，从而挖掘出有价值的内容机会点，为后续的内容创作提供明确方向。

2020 年，第一财经商业数据中心（CBNData）联合新式茶饮头部品牌奈雪的茶发布了《“数字化进阶”——2020 新式茶饮白皮书》，数据显示，“90 后”与“00 后”消费者成为新式茶饮主流消费人群，占整体消费者的近七成。其中，近三成的“90 后”与“00 后”消费者购买新式茶饮的月均花费在 400 元以上。

茶颜悦色这一品牌正是通过小程序点单数据、社交媒体互动数据等来分析消费者的需求偏好的，这让其精准定位到了年轻消费群体，尤其是对传统文化有浓厚兴趣、追求个性化消费体验的世代和年轻白领，不仅收获了一大批忠实的粉丝，也为后续进行品牌内容营销寻找到了恰当的目标人群和机会点。

（二）内容策略制定：明确沟通内容与平台选择

内容营销这一概念由内容和营销两个核心部分组成。基于前一步对目标受众的洞察，品牌需要制定清晰的内容策略，尤其要明确要与消费者沟通什么内容，以及通过哪些平台进行沟通。

从内容方向的角度，有价值的内容是内容营销的基础，这里的价值内容不仅要对内容传播者即企业有价值，更重要的是对内容接受者有价值。比如，茶颜悦色每一次推出新的产品，都会搭配详细的文化故事介绍，让消费者在品尝茶饮时，获得文化滋养。这种文化内容的输出不仅满足了消费者对新奇体验的需求，还解决了他们在快节奏生活中对传统文化渴望却接触渠道有限的问题，从而吸引了大量文化爱好者。

从平台选择的角度来看，在当前激烈的市场竞争中，如果没有平台这

个展示自我的媒介，企业若想脱颖而出，仅拥有卓越的产品，甚至是贴心的服务、诱人的福利都是远远不够的。茶颜悦色在内容营销过程中就充分利用了社交媒体的传播优势。在小红书上，茶颜悦色发布了大量精美的产品图片、古风打卡场景照片以及用户自制的茶饮创意喝法，吸引了年轻女性用户的关注和分享。在微博上，茶颜悦色通过发起各类相关话题来引发用户的广泛讨论和参与，从而提升了品牌热度等。因此，在品牌内容营销中，可供推广的内容与可供传播的平台二者缺一不可，企业必须积极树立平台思维，尤其是面向移动互联网时代的移动平台思维。

有了平台思维，选择合适的平台，即传播渠道，对于品牌内容营销的效果至关重要。不同的传播渠道具有不同的特点和优势，品牌需要根据自身的目标受众和内容特点，选择合适的渠道进行传播。

一般来说，社交媒体平台适合传播趣味性、互动性强的内容，能够快速引发用户的分享和讨论；专业行业网站和论坛则适合发布有深度、专业性的内容，吸引行业内的专业人士和潜在客户。如时尚品牌可以在小红书上发布精美的穿搭图片和视频，吸引年轻女性用户的关注和分享；而科技品牌则可以在知乎、中国软件开发者网络（Chinese Software Developer Network，CSDN）等专业平台上发布技术文章和产品评测，树立品牌在行业内的一个专业形象。

（三）内容创意与优化：结合策略进行创作，小范围测试迭代

在明确内容方向和平台之后，内容创意成为品牌内容营销的核心环节。品牌需结合既定策略进行内容创意构思，并在小范围内进行测试，以评估内容效果和受众反应。

作为内容制作的先导，创意策划决定了内容制作的方向和风格。品牌需要从独特的视角出发，挖掘与品牌相关的有趣、有价值的话题，为内容注入灵魂。与此同时，内容还应该具有共鸣性，能够引发消费者的情感共鸣。茶颜悦色的创意策划就极具特色，品牌从中国传统文化当中汲取了大量的灵感。比如，其推出的“游园会”系列文创产品，以古代游园场景为主题，将传统建筑、服饰、娱乐活动等元素融入其中，打造出独特的古风美学。这种创意不仅与品牌定位契合，还引发消费者强烈的情感共鸣，让

他们感受到传统文化的魅力。

通过内容引发价值共鸣是品牌与消费者加深价值关系的重要途径。在高度的价值共鸣状态下，消费者便能够开始向品牌方敞开心扉，与品牌方产生真诚的情感与稳固的信任。显然，茶颜悦色将这一点做到了极致。

内容制作是将创意策划转化为实际内容的过程，品牌需要根据目标受众的喜好和传播渠道的特点，灵活运用多种传播形式，如文字、图片、视频、音频等，制作高质量的内容。茶颜悦色对于内容形式的制作就颇具特色。比如，线下门店装修采用古风设计，营造出了沉浸式的消费场景，成为消费者拍照打卡的热门地点。线上则通过制作精美的图片、视频展示产品和品牌文化，在社交媒体上得以广泛传播。

小范围测试即在小范围内发布内容，收集反馈，评估内容营销的吸引力和传播效果，及时调整优化。通过多次的测试和优化，确保内容在正式大规模传播时能够达到最佳效果。茶颜悦色在推出新品或新的文创产品前，往往会在部分门店进行小范围测试。例如，一款新口味茶饮先在少数门店售卖，收集消费者的口味反馈、包装评价等。根据反馈，调整配方、包装设计等，确保产品在大规模推广时能符合大众口味。

（四）营销效果监测与调整：实时追踪数据，放大传播效率

内容发布后，品牌需要实时监测营销效果数据，根据数据反馈进一步调整内容方向，从而最大化放大内容的传播效率。在营销效果监测与调整方面，茶颜悦色就不断通过线上和线下的多维度数据分析和反馈机制，优化营销策略，从而不断提升品牌传播效率和市场表现。

针对营销效果监测与调整，一方面，需要做的就是通过分析数据，评估内容对用户购买决策的影响、对品牌形象的提升效果等，及时发现内容营销中的问题和不足。另一方面，需要做的就是根据监测数据的反馈，及时调整内容方向和营销策略，优化内容质量，拓宽传播的渠道，最终提升营销的效果。

在线上，茶颜悦色充分利用了社交媒体平台的数据分析工具，实时监测品牌内容的传播效果。通过分析点赞、评论、转发量及用户互动率等关键指标，茶颜悦色精准评估内容对用户购买决策和品牌形象的影响。比

如，它就通过社交媒体监测工具，及时捕捉到了负面舆情并给予了迅速响应。就拿“排队时间过长”等消费者反馈的问题来说，品牌通过优化门店布局和推出“单品免费续杯”等特色活动，大大缓解了消费者的等待焦虑，从而也大大提升了用户的体验感。在线下，茶颜悦色则通过线下门店的销售数据和消费者反馈，进一步调整了自身的营销策略。比如，针对消费者反映的“奶沫消杯”问题，品牌在2023年调整了配方，并在内测后逐步推进全线优化，进一步提升了用户的信任度和忠诚度。

（五）复盘优化：总结经验教训，推动持续改进

在内容营销过程中，品牌需要对整个内容营销活动进行复盘，总结经验教训，持续优化内容营销的策略。首先，运营人员需要回顾整个内容营销的活动，分析其成功经验和失败教训，从而总结关键性问题和改进方向。例如，分析哪些内容获得了高关注度和良好的传播效果，哪些内容效果不佳，原因何在。其次，根据最终复盘的结果，对内容策略、创意策划和内容制作等相关环节进行持续优化。例如，调整内容主题、改进创意构思、优化内容制作流程等，不断提升品牌内容营销的效果和效率。最后，将最终复盘的结果应用到品牌后续的内容营销活动当中，从而形成持续改进的闭环，继而达到推动品牌内容营销长期发展的效果和愿景。不断复盘和优化，使品牌内容营销活动更加精准、有效，最终实现品牌与消费者的深度连接和价值共创。

在复盘优化方面，茶颜悦色同样可以给予我们很大的借鉴。茶颜悦色为了突破区域的限制，在2022年“双十一”期间于长沙、武汉等6个核心城市核心商圈推出了以“盛世唐风”为主题的快闪店。通过沉浸式古风场景（如唐代茶肆复原、汉服体验区）、限定产品“唐宫夜宴”系列（含鎏金杯盏造型杯），为用户打造差异化的体验。最终数据显示，此次快闪店的坪效达到了行业平均水平的3倍，这说明在选址和活动设计上其无疑是成功的。但同时也出现了一个问题，二线城市快闪店辐射半径不足3千米，非核心商圈门店日均客流量仅为一线城市的40%。对此，茶颜悦色总结经验教训，于2023年推出了茶颜书院移动体验车，覆盖了15个新进入的城市。由于移动体验车相比固定快闪店更具灵活性，能够触及更多地

区，尤其是二线城市，所以最终新城市首月会员转化率45%，超过了一线城市基准线，取得了理想效果。

通过以上5步流程，品牌可以更系统地进行内容营销。品牌内容营销的基本方法，也可以看作品牌内容营销的核心要素，它们彼此间相互作用和相互影响，共同影响品牌内容营销的效果。品牌只有在以上各个方面精准把控，才能创作出具有吸引力和影响力的内容，最终实现与消费者的有效沟通和互动，提升品牌的知名度、美誉度和用户的忠诚度。

二、品牌内容营销的核心要素

品牌内容营销的核心要素是什么？答案不能一概而论，基于不同的维度可以得出不同的答案。从内容策略的角度，根据上文的分析，可以从明确目标受众、内容主题、发布平台、传播渠道等角度来考量；从内容形式的角度，可以分为视觉类营销、文字类营销、UGC营销、交互类营销和产品即内容营销等；从品牌内容营销目的的角度，可以分为认知类、情感类、推广类、互动类营销等。下面我们就从内容形式的角度来深入分析茶颜悦色品牌内容营销的核心要素是如何呈现的，以及是如何获得成功的。

1. 视觉类内容营销

说起茶颜悦色，大家脑海中的第一反应就是它那具有极高辨识度和美感度的中国风视觉体系，而在视觉内容营销中，产品包装设计又是重中之重。以杯身设计为例，其主视觉采用《千里江山图》《韩熙载夜宴图》等古画局部，不仅体现了浓浓的国风设计，也使得用户手持的奶茶成为一场移动的艺术展。将传统文化符号转化为现代消费语境下的视觉资产，在这一刻更加具象化。

除了产品包装设计，茶颜悦色的门店设计也同样融合了传统文化与现代设计，营造出了沉浸式的消费体验。比如，门店内部装饰以古风为主，悬挂的灯笼、屏风、壁画等，让消费者仿佛置身于古代茶馆。除此之外，主题门店、品牌宣传海报及短视频等诸多视觉类内容也都延续了这种独特风格，强化了用户对品牌的形象记忆，也引得消费者争相分享与打卡。

2. 文字类内容营销

除了视觉上的独特吸引力之外，茶颜悦色的文本也极具特色。比如，“声声乌龙”“风栖绿桂”“素颜锡兰”等颇具诗意的产品命名，赋予了产品浓厚的文化气息。

再比如，茶颜悦色的文案宣传极具张力和吸引力。正如那段独特的“自我介绍”，彰显了满满的品牌自信和文化自豪感：“我不源于英伦午茶，我也做不来美国派，我更不效仿日式茶道。我钟情于中国四千七百年的茶文化，我也大爱潮范十足的现代中国风。喝东西，不盲从，敢不同，原创自设计。我是自成一派的新中式鲜茶，我是天生不一样的现代茶舍，我姓茶颜名悦色。”

除了诗意的命名、独特的文案，茶颜悦色同样十分注重品牌故事和传统文化知识的广泛传播。关注其社交媒体平台的粉丝可以知道，茶颜悦色会通过微信公众号、微博等平台定期发布品牌故事和传统文化知识，比如介绍中国茶文化、古诗词等，不仅传递了品牌的文化价值观，还让消费者在消费过程中感受到文化的魅力。

当然，文字方面的内容营销远不止于此。茶颜悦色在包装、门店装饰、字体设计等细节处也会融入一些富有哲理或趣味的文字，进一步强化品牌的文化内涵，使消费者在消费过程中能全方位感受到品牌的独特魅力，从而增强对品牌的了解和信任。

3. UGC 营销

茶颜悦色之所以能够成为公认的网红品牌，少不了 UGC 的助力。茶颜悦色的产品和门店设计等视觉类内容本身就具有极强的吸引力，这无疑成了 UGC 的重要来源，消费者愿意主动拍照打卡并分享到小红书、微博、抖音等社交平台。

例如，茶颜悦色曾耗时 5 个月，联动数十名青年艺术家为 100 万个茶颜纸杯设计了 11 款主题插画，这些设计不仅具有文化内涵，还通过文案和画面吸引了消费者的关注、消费与打卡分享。显然，这样做的结果就是真实性更强，更容易引发情感共鸣，从而获得其他消费者的信任，激起他们的购买欲。

由于用户的真实体验分享比广告更具说服力，获客成本更低，所以有时候，在用户自发的基础之上，品牌还会鼓励用户发布带有特定标签的内容，然后由品牌官方账号进行转发，从而形成互动。此举不仅成功将消费者转化为品牌的传播者，也为其他潜在的消费者提供了丰富的参考，增强了品牌的口碑效应。

4. 交互类内容营销

茶颜悦色在交互类内容营销上同样采取了丰富多样且极具特色的举措，比如社交媒体平台、线下门店特色内容体验活动等。

茶颜悦色在微博、微信、小红书、抖音等主流社交媒体平台上都拥有官方账号，并且保持着高频次的内容更新和互动。品牌会及时回复用户在评论区和私信中的留言，无论是对产品的咨询、建议还是反馈，都会认真对待并给予回应。比如，微信公众号定期推出官方点单“指北”，小红书上定期推出宠粉抽奖，抖音上“茶颜悦色隐藏喝法”话题播放量更是超过2亿次。

除了线上，茶颜悦色也十分注重线下门店的体验与互动。比如，门店还设置了明信片留言、“留言故事墙”等，顾客可写下自己与茶颜悦色的故事或对品牌的祝福。这些故事不仅成为门店的内容展示，也为其他顾客提供了阅读、分享和互动的乐趣，增强了顾客之间以及顾客与品牌之间的互动。

此外，茶颜悦色的线下门店会定期举办不同主题的内容体验活动。例如“茶文化小课堂”，邀请专业的茶艺师为顾客讲解中国传统茶文化知识，包括茶叶的分类、泡茶的技巧等，并现场进行茶艺表演，顾客可以参与互动，亲身体验泡茶的过程。比如，茶颜悦色曾与《红楼梦》舞剧联名，在南京开设“红楼梦主题店”，举办古风巡游、制作联名团扇等活动，为消费者提供独特的文化体验。再比如，在苏州，茶颜悦色结合苏州古典园林、昆曲等元素，推出了“苏州城市限定礼”，包括茶叶、玻璃杯、拼图、光影卡、冰箱贴、明信片等，此外还有苏州限定纸杯等。

5. 产品即内容营销

产品即内容（Product as Content）是一种营销理念，强调产品本身不仅是功能性的商品，更是一种能够传递品牌价值、情感和文化的内容载体。这种理念认为，产品设计、功能、包装、体验等各个方面都可以成为吸引用户、传递品牌故事和引发共鸣的“内容”。通过将产品打造成具有吸引力的内容，品牌能够更好地与消费者建立情感连接，从而提升品牌影响力和用户忠诚度。

茶颜悦色的产品即内容营销策略，显然就是通过将产品本身转化为传播媒介和文化载体，从而实现了品牌价值与消费者体验的深度绑定。比如，茶颜悦色通过产品设计、体验创新、文化融合和用户互动，将产品本身打造成传递品牌价值和文化内涵的内容载体。这种产品即内容的营销策略，不仅提升了产品的附加值，还通过用户的分享和传播，进一步扩大了品牌的影响力。

综上所述，茶颜悦色通过视觉类、文字类、UGC、交互类和产品即内容等多方面的内容营销策略，成功构建了一个全方位、多层次、立体化的品牌传播体系，这些策略不仅提升了品牌的传播度和知名度，还通过用户的深度参与，增强了用户的忠诚度和品牌的影响力，从而将自身打造成为一个具有特色文化内涵和情感共鸣的品牌符号，在激烈的市场竞争中占据了一席之地。

实际上，尽管内容营销的形式各不相同，但它们的核心目的是一样的，而这显然正是我们所要探究的内容营销的本质所在，即通过创造、传播与用户需求高度契合的内容，构建品牌与用户间的深度信任关系，最终实现品牌的长期发展。如今，内容营销早已不仅是一种以用户为中心的营销策略，同样也是一种与用户沟通的有效方式。

三、品牌内容营销的核心逻辑

基于品牌内容营销的基本方法和核心要素呈现，我们可以清晰地看到，茶颜悦色的成功绝非偶然，而是在品牌内容营销的各个环节都进行了精心布局与有效执行。总体来说，茶颜悦色的成功源于其将传统文化基因与现代营销逻辑深度融合，从而构建了以文化赋能+用户共创+创新竞争+品牌塑造为核心的内容营销体系。这一体系不仅实现了品牌价值的有效传递，更通过用户深度参与形成自发性传播生态，成为新消费品牌内容营销的标杆案例。结合茶颜悦色的品牌内容营销实践，我们认为，其品牌内容营销的核心逻辑可以总结为以下 5 个方面。

1. 以用户为中心，创造价值共鸣

精准定位与深度洞察奠定了成功的基石。茶颜悦色通过深入洞察目标受众的兴趣、需求和文化偏好，将传统文化与现代消费场景相结合，创造出具有独特文化价值的内容，这种“价值先行”的策略，让消费者在享受产品的同时，感受到品牌的文化内涵，从而建立了深厚的品牌信任。除此之外，以用户为中心同样体现在茶颜悦色十分注重 UGC 上，通过高颜值设计（如古风杯身、主题门店）激发用户自发拍照分享，将消费者转化为品牌叙事参与者，形成了内容—传播—引流的闭环。

2. 以文化为内核，进行多元传播

在内容策略上，茶颜悦色始终围绕中国传统文化来展开。无论是新品推出时搭配的详细文化故事介绍，还是在品牌宣传中对中国茶文化、古诗词等传统文化知识的传播，都赋予了品牌深厚的文化内涵，为消费者提供了独特的价值和体验。此外，茶颜悦色成功地将视觉、文字、UGC、交互类等多种内容形式相结合，构建起了全方位的品牌传播体系，这种多元化的互动内容形式，不仅提升了用户的体验感和参与度，还通过 UGC 进一步扩大了品牌的传播范围。

3. 以创新为动力，保持竞争优势

在竞争激烈的茶饮市场中，创新是茶颜悦色保持领先地位的关键因素。在产品上，不断推陈出新，研发新口味茶饮，创造出独特的口感体验，满足消费者日益多样化的口味需求。在内容创作上，持续挖掘新颖的文化元素和创意点，避免内容的同质化。例如，在主题门店设计上，不断融入新的文化主题，从传统的古风元素拓展到与经典文学作品、地方特色文化等相结合，打造出独一无二的消费场景。在营销方式上，积极探索新的渠道和模式，比如品牌通过与青年艺术家合作设计限量版纸杯插画、推出茶颜书院移动体验车等创新举措，持续引领潮流；再比如，利用短视频平台进行创意营销，通过直播展示产品制作过程、分享茶文化知识等，吸

引更多潜在消费者。这种全方位的创新举措，使茶颜悦色始终走在行业前沿，保持强大的市场竞争力。

4. 以数据为驱动，保持精细化运营

茶颜悦色通过数据驱动的方式，实时监测内容的传播效果和用户的反馈，从而实现了精准优化与精细化运营。除了利用社交媒体数据分析工具追踪内容效果（如点赞率、转化率）以及通过线下门店的销售数据和顾客反馈快速调整传播策略之外，尤其值得注意的一点是注重网络舆情的管理与回应。比如，针对排队过长等负面反馈，推出免费续杯等补偿措施，化危机为口碑优化机会。

5. 以品牌为目标，塑造独特形象

茶颜悦色将品牌建设贯穿于内容营销的全过程，致力于塑造具有鲜明特色和高辨识度的品牌形象。从品牌名称、标识到产品包装、门店装修，都围绕中国传统文化这一核心元素进行精心设计，打造出统一且独特的视觉风格，让消费者一眼就能识别并记住品牌。在品牌传播过程中，通过持续输出与品牌文化价值观相符的优质内容，强化了品牌在消费者心中的形象。

通过上述核心逻辑，茶颜悦色成功构建了一个具有深厚文化内涵和高用户黏性的品牌形象。随着数字化技术的不断发展，茶颜悦色有望通过全域整合营销和数字化赋能，进一步提升品牌内容营销的效果。另外，还可以通过 VR 和 AR 技术，为消费者提供更加沉浸式的文化体验。同时，为了避免内容形式和主题的同质化，可以持续优化内容供应链，不断挖掘新的文化元素和创意点，以保持品牌的新鲜感和吸引力，更高效地传递品牌价值，巩固其在新式茶饮市场的领先地位。还有一点就是，国风内容在国内市场优势显著，但出海时可能面临文化折扣，这也是未来可能面临的挑战。

第三节　品牌内容营销的创新价值

在了解品牌内容营销的基本方法、核心要素和核心逻辑之后，若我们将研究视角进一步延伸，就会发现在当前数智化的时代浪潮下，品牌内容营销正在经历着深刻的变革。

一方面，消费者主权崛起，用户从被动接受到拥有了更多主动性，对营销内容的要求变得更高了；另一方面，技术创新驱动之下，营销手段变得日趋多元化了。这些因素的变化促使品牌开始将内容营销作为其战略运营核心的营销策略之一。

不仅如此，在当前，内容营销的创新价值也日益显著，不仅能够提升品牌传播效率、知名度，提升用户忠诚度，实现精准化营销的目标，更通过用户参与、感官认知、技术赋能、资产沉淀，帮助品牌构建可持续发展的竞争优势，从“注意力争夺”迈向“价值共同体构建”，成为无数品牌在激烈竞争中脱颖而出的关键要素。

一、品牌内容营销的必然之路

当前品牌营销正经历数智时代的深度重构，消费者主权崛起与技术创新驱动形成双重变革力量。从用户的角度看，当前消费行为、消费心理及媒介环境都发生着深刻的变化：消费者不再被动接受广告，而是主动选择和参与，同时对营销内容的真实性和情感共鸣也提出了更高要求。与此同时，随着数智技术的蓬勃发展和消费心理的变化，品牌内容营销的手段也在不断创新，而且越来越多元化，跨界营销、情感营销、直播等形式和手段正在逐步成为趋势。这一切都促使品牌必须重新审视与用户沟通的方式，将内容营销作为核心策略，以适应新时代的营销需求。

（一）消费心理的转变：从被动接受到主动选择

过去，消费者的购买决策相对简单，大规模的广告投放往往能直接刺激购买行为。电视广告里明星的一句推荐，报纸上醒目的产品介绍，都可能促使消费者走进商店完成交易。然而，如今的消费决策路径变得错综复杂。

从消费行为的角度看，消费者在购买前，不再仅仅依赖广告信息。身边亲朋好友的亲身使用体验分享，网络达人的产品试用展示，以及小红书等社交媒体上原生的内容分享等，都能直接左右用户的购买意向。这种消费行为的变化表明，单纯依靠广告推动消费的模式已难以为继。

从消费心理的角度看，今天的消费者更渴望品牌以平等、真诚的姿态与其进行交流，而对传统的“说教式”营销免疫，用户真正需要的是一种更易于接受的形式，帮助他们理解产品或服务如何契合自身需求。这种消费心理的变化，要求品牌必须转变沟通语言，以更具吸引力和说服力的内容赢得消费者的心。

从媒介发展的角度看，在数智时代，媒介环境变得极为碎片化。传统的广告投放渠道虽然仍有一定影响力，但已经无法像过去那样一统天下了。如今，消费者不再满足于单纯的信息接收，他们拥有了更强大的信息筛选能力和自主意识。在做出购买决策之前，消费者会主动通过各种渠道，比如社交媒体、电商平台的用户评价、专业评测网站等，收集产品或服务的相关信息，进行深入的比较和分析。消费者的注意力被分散到各个角落，他们在不同平台间快速切换，获取自身需要的信息。

综上所述，当前的媒介环境下，用户消费心理的变化使得品牌必须摒弃以往单向的信息传播模式，转而采用更具互动性、更能满足消费者个性化需求的内容营销方式，以赢得消费者的青睐与信任。

（二）营销趋势的演进：营销手段的多元化创新

随着市场环境的日益复杂和消费者需求的不断升级，叠加数智化技术的不断发展，营销手段的多元创新成为当前品牌脱颖而出的关键。我们看到，情感营销、跨界营销、直播营销、微短剧营销、AIGC 营销等新兴营销方式不断兴起，不仅为内容营销注入了新的活力，也深刻地改变了品牌与消费者之间的互动模式。

在这个信息爆炸的时代，消费者每天都会接触到海量的营销内容，单纯的产品功能介绍和促销活动已经难以吸引他们的注意力。因此，品牌内容营销开始将目光转向消费者的情感需求，试图通过触动消费者的心灵，建立起深厚的品牌情感连接。情感营销的核心在于洞察消费者的情感需求，在内容创作上，一般品牌会从消费者生活经历、价值观、梦想等方面入手，创作出能够触动消费者内心的内容。

随着消费者审美水平的提高和消费需求的多样化，单一领域的营销方式已经难以满足他们的需求。跨界营销通过将不同领域的元素进行融合，创造出全新的消费体验，为品牌带来了新的增长机遇。跨界营销的关键在于找到不同领域之间的契合点，实现资源共享和优势互补，通过联合推广、产品联名等方式，创造出独特的营销内容。例如，喜茶与藤原浩的联名合作，将茶饮与潮流文化相结合，推出了限量版的联名产品和店铺，吸引了众多潮流爱好者和茶饮消费者的关注，实现了品牌影响力的指数级增长。

直播营销作为一种新兴的营销方式，近年来得到了迅猛的发展。随着互联网技术的不断进步和智能手机的普及，直播已经成为品牌与消费者实时互动的重要平台。直播营销的优势在于其即时性、互动性和直观性。品牌可以通过直播打造专属的营销场景，邀请明星、专家等参与直播，增加直播的吸引力和可信度。同时，品牌还可以利用直播平台的数据分析功能，了解消费者的需求和行为，优化直播内容和营销策略。

AIGC 营销是随着人工智能技术的发展而兴起的一种全新营销方式。AIGC 可以通过机器学习和自然语言处理等技术，自动生成文本、图像、视频等各种形式的内容，为品牌的内容创作提供新的思路和方法。其优势在于高效性、个性化和创新性，通过 AIGC 技术，品牌可以快速生成大量的个性化内容，满足不同消费者的需求。

在内容营销的多元化创新趋势当中，微短剧营销作为一种新兴且极具潜力的形式，正在成为品牌与用户建立深度连接的重要手段。微短剧以其“短、平、快”的特点，契合了当代用户碎片化的观看习惯和快节奏的生活方式，所以能够高效地传递品牌信息并且引发情感共鸣。

情感营销、跨界营销、直播营销、AIGC 营销及微短剧营销等新兴的内容营销方式并非孤立存在，而是相互融合、相互促进的。在未来的内容营销中，品牌需要将这些多元化的营销手段进行有机整合，形成全方位、多层次的营销体系。

二、品牌内容营销的价值创新

在数智时代，数智营销的创新价值体现在多方面：

一是提升品牌内容的传播效率。借助大数据技术，品牌能精准定位目标，然后根据不同受众兴趣爱好、消费习惯等，定制个性化内容。这使得传播不再盲目，每一次内容推送都能更靠近潜在客户，避免资源浪费，从而有效提升传播效率，让品牌在激烈的市场竞争中脱颖而出。

二是提升品牌知名度。优质内容是建立品牌权威和信任度的关键。通过创新的内容形式和传播方式，保持优质内容的持续输出，品牌能够在消费者心中树立起独特的形象，赢得消费者的信任与认可，进而增强品牌的市场竞争力。

三是增强用户忠诚度。通过内容共创等方式，让用户深度参与到品牌文化和产品设计等环节，不仅能够激发用户的积极性和创造力，还能让用户在参与的过程中感受到自身价值的实现，从而增强对品牌的认同感和归属感，进一步提升用户的黏性。

四是实现精准营销和销售转化。基于大数据分析的精准定位，品牌可以实现精准的市场细分和目标定位，从而制定个性化的内容营销策略，实现营销效果的最大化。

不过，对内容营销而言，其创新价值除了提升品牌传播效率和知名度、增强用户忠诚度、实现精准营销等方面，关键还在于能通过用户关系深化、感官认知强化、技术赋能及资产沉淀，为品牌构建可持续发展的竞争优势。

（一）用户参与价值：从被动接受到主动共创，降低营销成本

传统营销依赖单向输出，而内容营销则实现了用户从被动接受到主动共创的转变，通过构建参与式场景激发用户创造力，降低边际成本。最常见的就是品牌发起话题或活动，鼓励用户参与内容创作与传播。

例如，星巴克发起“白杯挑战”（White Cup Contest），鼓励消费者在白色咖啡杯上创作涂鸦并上传社交媒体，最终优胜作品被量产为限定杯。活动以0.3%的传统广告成本收获4200万次曝光，用户创作的内容成为品牌传播的核心素材。同样地，以乐高为例，在其推出的“乐高创意平台”上，用户可以上传自己的乐高创意作品，经投票和审核后，优秀作品有可能被制作成官方产品套装。这种方式不仅降低了品牌的营销成本，还增强了用户对品牌的认同感与忠诚度。

这些案例体现了科特勒在“营销 4.0”理论中提出的“消费者即协作者”的论断，通过赋予用户内容生产权，品牌得以突破资源的限制，进而实现裂变式传播。

（二）感官认知价值：多元传播内容相互协同，强化品牌记忆

现代认知科学表明，多感官协同刺激可以使品牌记忆留存率提升65%。品牌通过跨媒介的内容矩阵设计，比如文字、图片、视频等多种形式传递信息，可以从不同感官维度刺激消费者。这种多模态的内容呈现方式，不仅能够有效吸引用户的注意力，还能够加深用户对品牌信息的理解和记忆，进一步提升品牌的感官认知价值。

例如，从多元传播渠道整合来看，品牌可以通过社交媒体发布短视频、在搜索引擎中优化关键词、举办线下体验活动等多种方式，实现信息的全方位覆盖和深度互动。再比如，品牌通过整合多种感官元素，如视觉、听觉、嗅觉、触觉和味觉，能够为消费者提供全方位的沉浸式体验。星巴克就是一个典型案例。通过店内烘焙咖啡豆的香气、舒缓的音乐、温暖色调的装修和舒适的座椅，从多个感官维度营造出“第三空间”的体验，强化了品牌温馨、舒适的记忆点。

总之，感官认知价值的塑造和品牌记忆的强化需要品牌在内容营销中实现多感官体验的整合、多渠道传播的协同来进行信息的传递。当然，具体的内容营销策略远不止于此，比如持续性重复曝光也是强化品牌记忆的手段。通过这些策略，品牌能够在消费者心中留下深刻的印象，并在竞争激烈的市场中脱颖而出。

（三）技术赋能价值：AI 驱动规模化生产，效率与创意双突破

在数智时代，技术赋能对内容营销的创新价值尤为显著，特别是在提高内容生产效率和创意方面。人工智能技术的快速发展正在重构内容生产的效率与创意边界。

例如，一些新闻媒体利用人工智能技术撰写简单的体育赛事报道和财经数据新闻等，而且可以快速生成大量的内容。这种自动化的内容生成不仅加快了信息的传播速度，还极大地降低了人力成本，使得媒体机构能够以更低的成本覆盖更广泛的领域。此外，人工智能技术还能辅助用户进行

创意构思，比如通过分析大量成功的广告案例，为品牌广告创意提供灵感，提升内容创作的质量与效率。

2025年春节期间大火的DeepSeek就是一个典型案例。DeepSeek是一款基于深度学习的内容创作工具，它能够根据用户输入的关键词和风格要求，自动生成高质量的文章、视频脚本和广告文案。这款工具的推出，不仅帮助内容创作者节省了大量的时间，还提高了内容生产的多样性和创新性。DeepSeek的成功应用，展示了AI在内容营销领域的广阔前景，预示着未来内容生产将更加智能化和个性化。

（四）资产沉淀价值：内容IP化与符号化，构建长期竞争壁垒

在注意力经济时代，内容营销的战略价值正在从短期的流量获取转向长期符号资产沉淀，从而构筑起了长期的竞争壁垒。迪士尼的IP运营体系为此提供经典范本：米老鼠形象历经百年演进，通过动画、电影、主题公园等多维内容载体持续焕新，其衍生品年销售额达540亿美元，占集团总营收的38%。当然，更具本土化启示的是故宫博物院IP化转型：将《千里江山图》等文物元素解构为“朝珠耳机”“故宫猫”等现代符号，再配合《国家宝藏》等纪录片的播出，构建文化叙事矩阵，使IP授权收入十年间增长317%，2022年达25亿元。

内容营销的创新价值体现在其通过用户、感官、技术与资产的系统性整合和优化，推动营销范式从“注意力争夺”转向“价值共同体构建”。对于品牌而言，只有不断创新和优化内容营销策略，才能够在激烈的市场竞争中脱颖而出，进而实现可持续发展。

延伸阅读：

[1] MATHEW V, SOLIMAN M. Does digital content marketing affect tourism consumer behavior? An extension of technology acceptance model[J]. Journal of Consumer Behaviour, 2021, 20(1): 61-75.

[2] GARDINER K. The Story Behind “The Furrow”, the World’s Oldest Content Marketing[EB/OL]. (2013-10-03) [2024-06-16]. https://contently.com/2013/10/03/the-story-behind-the-furrow-2/.

［3］张美娟，刘芳明. 数媒时代的内容营销研究［J］. 出版科学，2017，25（2）：8-13，28.

［4］菲利普·科特勒，何麻温·卡塔加雅，伊万·塞蒂亚万. 营销革命4.0：从传统到数字［M］. 王赛，译. 北京：机械工业出版社，2018.

［5］周懿瑾，陈嘉卉. 社会化媒体时代的内容营销：概念初探与研究展望［J］. 外国经济与管理，2013，35（6）：61-72.

［6］中国互联网络信息中心. 第55次《中国互联网络发展状况统计报告》［EB/OL］.（2025-01-17）［2025-06-16］. https://www.cnnic.cn/n4/2025/0117/c88-11229.html.

［7］白华艳，邓文博. 数字时代内容营销的价值实现路径［J］. 华东科技，2024（9）：62-64.

［8］程明，龚兵，王灏. 论数字时代内容营销的价值观念与价值创造路径［J］. 出版科学，2022，30（3）：66-73.

［9］乔·普立兹. 自营销互联网方法：内容营销之父手册［M］. 北京：机械工业出版社，2015.

思考题

1. 内容营销与广告、公关的区别和联系是什么？

2. 什么是内容营销？

3. 结合生活中的几个品牌，说说他们是如何成功运用品牌内容营销的。

4. 内容营销的未来趋势有什么特点？如何理解内容营销的品牌创新价值？

第三章

从情感到情绪：数智时代情绪营销

第三章 从情感到情绪：数智时代情绪营销

第一节 数智时代情绪营销理念

一、从情感到情绪的情绪营销

二、营销理念情绪化的动因：技术变革与需求升级的双重驱动

三、数智时代的情绪营销

第二节 数智时代情绪营销的关键方法

一、情绪洞察：精准捕捉消费者情绪脉动

二、情绪刺激：创造强烈的情绪体验

三、情绪互动：构建深度的情感连接

四、情绪引导：促进情绪的正向转化

五、情绪反馈与优化：持续提升情绪营销效果

第三节 数智时代情绪营销的未来展望

一、可持续发展的情绪营销

二、情绪营销的批判性思考

导读：

据世界卫生组织最新的数据，全球每 8 个人中就有 1 个罹患心理和情绪疾病，冲突地区比例更高。全球性广告集团 Havas 的一项全球性调研（Havas Prosumer Report 2024）则从消费及营销侧，揭示了情绪问题的普遍性。调研结果显示，有超六成先锋消费者认为情绪问题令人担忧。情绪问题，已经成为全球性的普遍社会问题。

在时代浪潮中，当代青年以独特的创造力与多元方式，构建起充满个性的生活图景。学业与职业的双重历练，促使青年不断探索成长路径；社交网络的发展，为他们搭建起交流与表达的广阔平台。这些生活场景催生出丰富多彩的青年亚文化，无论是网络空间里充满巧思的创意表达，还是小众圈层中志趣相投的群体互动，都展现出青年对生活的积极态度与自我价值的追寻。他们通过幽默调侃、兴趣社群等方式，在追求自我认同的同时，也不断创造着新的文化潮流。

与此同时，消费市场精准捕捉到青年群体对情感体验的重视，一系列创新消费模式应运而生。从“围炉煮茶”的惬意社交，到“City Walk”的城市探索，再到治愈系 IP 的流行，这些消费场景不仅满足了人们对品质生活的追求，更成为情感联结与精神满足的载体。在数智时代，消费趋势与情感需求深度融合，品牌积极运用情绪营销，通过富有温度的产品与服务，为消费者带来更具人文关怀的消费体验。这种创新的消费生态，不仅推动了市场的繁荣发展，也为社会注入了活力。

本章学习目标：

1. 明确情绪营销的概念、动因，以及情绪对于消费的影响路径。
2. 掌握情绪营销的方法与逻辑，并能结合案例分析其核心要素。
3. 思考情绪营销的未来发展及其瓶颈突破。

引导案例

Jellycat 于 1999 年诞生在英国伦敦，其初始品牌定位是婴幼儿的安抚玩具和入睡玩具，后来发现这种“安抚”的效果在成年人身上也起着重要作用，于是Jellycat决定将这种玩具所具有的情绪价值提供给成年人。2014年，Jellycat开始转型，从儿童玩具品牌向高端礼品品牌方向转变，这一转变直接扩大了品牌的目标群体，当年轻人开始大量购买Jellycat毛绒玩具并在社交媒体上分享时，Jellycat迅速抓住这一趋势，相继推出多家体验店，包括在伦敦塞尔福里奇百货公司(Selfridges)开设的"炸鱼薯条"主题展台，以及在纽约知名玩具店FAO Schwarz内部打造的美式餐厅风格快闪店，店员们在结账前会表演互动秀，比如翻转Jellycat汉堡或装填毛绒薯条玩具盒。这些活动在TikTok上迅速走红，相关视频最高播放量达2200万次，天猫数据显示，Jellycat 2023年"双十一"销量同比增长44.8%，销售额同比增长超70%，超过迪士尼成为毛绒布艺品类最高销售额宝座的新主人。2024年，Jellycat的打包视频走红网络，陪年轻人"过家家"，成为其提供情绪价值的主要方式。

Jellycat的成功正是因为其瞄准成年消费群体的情绪市场，通过线下线上创造互动体验，迎合成年人对"玩乐体验"的需求。库存有限的饥饿营销方式，让Jellycat以"常年售罄"著称，它不断更换毛绒玩具的设计，营造出一种"追着买"的消费体验。给成年人讲故事，做消费者情绪陪伴的"朋友"，让Jellycat成功出圈。

与此同时，"万物毛绒化趋势"让大量的Jellycat类产品爆火，作为博物馆里的特殊存在，继铜奔马公仔之后，甘肃省博物馆因卖"麻辣烫"再次走红网络。一口毛茸茸的砂锅，掀开锅盖，里面装着西蓝花、娃娃菜、香菇等毛绒版麻辣烫菜品，顾客挑选了心仪的菜品后，工作人员还能现做现卖。近年来，社交媒体热衷于对焦一轮又一轮情绪概念与情绪现象，从"发疯文学"到上海"万梗节"，从精神远方到游乐场心态，从玄学药方到精神悦己。消费品牌也乐于专注社会的真实情绪切片，探索产品功能性以外的情绪价值，以收获用户信任。Jellycat正在成为成年人的社交单品与精神寄托，这种由情绪价值引发商业价值的路径值得我们学习和思考。

第一节　数智时代情绪营销理念

鲍德里亚（Baudrillard）在《消费社会》中指出，符号越来越多地引领着人们的消费导向，从物的消费转向符号的消费，人们不再过多地关注商品本身，而是它所带来的意义。后现代社会理性的过度膨胀、符号的不断复制，导致意义与文化的不断流失，人们对于情绪的表达也越来越呈现出歇斯底里的状态，对情绪与情感的需要也越来越迫切。为适应这种新的情感需求，数智时代的营销也越来越呈现出情绪化的特征，在一定程度上回应着人们的情绪和情感需求。品牌营销的关注点从情感向情绪的转变是技术变革与消费主义深度互动的产物，也是新技术、新时代、新需求的必然要求。

一、从情感到情绪的情绪营销

在数智时代，品牌营销由藏起情感培养转向对即时情绪的刺激，但这种转向的原因是什么？情绪转向后，在数智时代情绪营销究竟有了哪些新的玩法、新的动态和新的特点？在讨论这些关键问题之前，我们有必要先了解一些概念上的问题。什么是情绪？情绪对消费有什么影响？什么是情绪营销？

（一）什么是情绪

心理学上关于情绪与情感的研究由来已久，笛卡儿将情感定义为一系列不同于认知过程的自动性和人类行为，通过精神与身体的二元论，阐述了理性与情感之间的分离。同时情感又包含着心情和情绪，心情的强度相对较低，通常与刺激物无关，而情绪的强度更高，通常与刺激物体有关。

情绪的类型也更为多样。1971 年，埃克曼（Ekman）和弗里森（Friesen）提出基本情绪理论，认为存在快乐、悲伤、愤怒、恐惧、厌恶和惊讶 6 种基本情绪。① 这些短暂的多样的不同情绪类型成为当今数智时

---

① EKMAN P, FRIESEN W V. Constants across cultures in the face and emotion [J]. Journal of Personality and Social Psychology, 1971, 17(2): 124-129.

代品牌营销强有力的抓手。

总之，情感通常被视为一种相对持久的心理状态，与个体的价值观、信念及经历密切相关；而情绪则是对特定刺激的即时反应，具有多样性、短暂性。在营销领域，情感营销强调建立长期的品牌情感连接，而情绪营销则专注于通过特定情感引发消费者的即时反应。数智时代语境下，大数据、人工智能数字平台和社交媒介的崛起，为情绪营销提供了丰富的土壤。情绪营销信息能够通过社交平台迅速传播，与消费者进行实时互动，同时，品牌可以通过实时监测和分析消费者的情绪反应，捕捉即时的消费者情绪需求和未来情绪走向，企业可以依据这些数据灵活调整营销策略，以更好地满足消费者的需求。因此，从情感到情绪的转变不仅反映了消费者心理的变化，也是数智时代技术变革深度交织的产物。

（二）从情绪到情绪营销：情绪成为消费行为的重要影响因素

前面我们讨论了情绪与情感的区别，情绪是一种即时的、易变的、多样的状态呈现，它正作为一种关键的心理影响因素悄无声息地影响着我们的行为。也正因如此，越来越多的学者开始研究情绪对消费行为的影响，越来越多的品牌采用情绪营销的方式与消费者建立沟通的桥梁。

1. 情绪作为一种重要影响因素直接影响消费决策

对消费者购买决策过程的研究表明，在整个决策过程中，不仅理性因素发挥着作用，非理性因素也扮演着非常重要的角色。情绪作为一种非理性因素，影响着消费者的购买决策。福加斯（Forgas）和乔治（George）提出作为个体对刺激的适应性反应，情绪会影响个体的注意、知觉和记忆，并最终影响其判断和决策。① 从心理学角度看，情绪作为一种高强度的、可通过刺激物刺激唤醒的非理性因素，影响着人们的决策。企业可以通过在营销中加入情绪刺激物，引导消费者情绪感知，从而影响其消费决策。

2. 情绪作为一种中介因素影响营销信息的分享行为

同时，情绪被广泛应用于消费者行为领域的研究。沃森（Watson）和

---

① FORGAS J P, GEORGE J M. Affective Influences on Judgments and Behavior in Organizations: An Information Processing Perspective [J]. Organizational Behavior and Human Decision Processes, 2001, 86(1): 3-34.

特勒根（Tellegen）从情绪维度论的角度简化了情绪的构成，将情绪简化为“效价”和“唤起”两个维度。① 积极情绪即具有正效价的情绪，是指受到内外部环境的刺激，个体满足自身需要时产生的具有愉悦感受的情绪，消极情绪即具有负效价的情绪；伯杰（Berger）和施瓦茨（Schwartz）在研究即时口碑和持续口碑时，发现有趣的产品能得到更多的即时口碑，也就是说趣味性通过影响人们的积极情绪引发人们更多的口碑分享行为。②

汉森（Hansen）等则发现对于新闻内容来说，消极情感能促进转发。③因此，积极情绪和消极情绪都会影响信息分享行为。基斯勒（Kissler）认为唤起是一种神经系统的激活状态，有高低两极之分。低唤起或失活的特点是放松，高唤起或激活的特点是专注，高唤起情绪更容易导致分享信息行为。④ 因此，企业可以通过设计营销信息来诱发消费者的高唤起情绪，以提高消费者的信息分享意愿。在此基础上，我国学者李宏和刘菲菲基于情绪分类理论探讨不同类型情绪对消费者营销信息分享行为的作用差异，从“刺激导致情绪，情绪引发行为”的逻辑出发，分析了“信息—情绪—分享行为”这一过程，认为情绪对营销信息的分享具有重要作用。⑤

总之，第一，情绪作为一种高强度的情感，可以通过刺激物进行刺激产生，并可以影响人们的最终决策；第二，情绪有不同的类型，不同类型的情绪可以影响信息分享行为。前人有关情绪的研究对于数智时代营销理念从情感向情绪的转向具有重要意义，情绪营销由此诞生。

---

① WATSON D, TELLEGEN A. Issues in dimensional structure of affect—Effects of descriptors, measurement error, and response formats: Comment on Russell and Carroll[J]. Psychological Bulletin, 1999, 125(5): 601-610.

② BERGER J, SCHWARTZ E M. What drives immediate and ongoing word of mouth? [J]. Journal of Marketing Research, 2011, 48(5): 869-880.

③ HANSEN L K, ARVIDSSON A, NIELSEN F A, et al. Good Friends, Bad News—Affect and Virality in Twitter[A]. Park J J, Yang L T, Lee C. Future information technology[C]. Berlin, Heidelberg: Springer, 2011.

④ KISSLER J, HERBERT C, PEYK P, et al. Buzzwords: early cortical responses to emotional words during reading[J]. Psychological Science, 2007, 18(6): 475-480.

⑤ 李宏，刘菲菲. 基于情绪视角的营销信息分享述评与展望［J］. 外国经济与管理，2018，40（9）：143-152.

（三）情绪营销的概念流变

在市场营销中关于情感与情绪的讨论来源于心理学分类，在其早期发展过程中并未有明显的界定区分。巴里·费格（Barry Feig）最早把“情感”引入营销理论中，在他看来营销世界的力量源泉就是形象与情感，只有了解顾客的内心需求，才能满足他们的要求，是否能建立以需求为据点的战略性品牌模式是决定现代市场营销成败的关键。1998 年，巴里·费格在《市场营销：攻心为上》中提出了“情感营销”这一概念，他认为应该侧重将情感元素融入促销、广告、包装、口碑等策略之中，以此进行情感营销来满足消费者的情感诉求。罗比内特（Robinet）2001 年在《情感营销：豪马公司赢得终身客户的营销技巧》中阐述了情感价值和情感因素在消费过程中的重要性，同时还会影响到消费者的购买决策，因而品牌要注重创造情感价值。随着技术变革及消费者心理的不断发展，情绪逐渐从传统的情感中脱离出来。关于情绪营销的讨论，可以追溯到“体验”一词，体验是消费者情绪的重要来源。2002 年，约瑟夫·派恩（B. Joseph Pine Ⅱ）等人在《体验经济》一书中阐明，当前的经济已经发展到了体验经济时代，消费者体验是产品给消费者带来的意识上的愉悦。① 在鲍德里亚看来，消费不仅是物质需求满足，更是符号价值的获取。然而情绪营销正是通过传播品牌故事、用文化符号构建情感符号，来满足消费者身份认同需求。

如果从体验入手，那么情绪营销本质上就是一种体验关系的营销，情绪营销中，首要目标就是确定强调最佳产品的体验类型。我国学者何怡然认为情绪营销即为了满足定向消费者的需求，用情绪作为引导方式，根据洞察和唤醒让用户与品牌或产品通过某种或多种特有的情绪产生心理关联感，然后设定特有场景来满足用户的表述和宣泄其情绪，最终将该情绪转化为消费行为的一种营销方式。②

基于当下数智化语境，2024 年，崔莉指出情绪营销作用机理即通过洞

---

① PINE B J, GILMORE J H. Welcome to the Experience Economy[J]. Harvard Business Review, 1998, 76(4): 97-105.

② 何怡然. 从直观到内涵的世代交替：融媒体环境下广告的情绪营销战略［J］. 新媒体研究，2018，4（20）：57-58.

察或唤醒消费者的群体情绪，建立消费者和品牌及其产品间的心理关联，实现消费者购买产品的同时能够在网络社交平台表达自己的情绪，消费者的情绪信息通过网络舆情的传播由个体延伸至群体，从而更广泛地将可能引起消费者消费行为的信息传递给更多潜在用户。①

总之，在当下无论怎样定义“情绪营销”，都不能脱离数智化的技术背景，更不能回避“体验”“互动”等关键词。传统实体产业往往通过商业广告直接的情绪刺激内容来激发消费者的购买欲，然而在数智时代，消费者从营销信息的被动接收者转变为传播者甚至是主动创造者，情绪因素在营销信息中的角色也更为重要，情绪营销的方式和效果也更加多元，因此，笔者将情绪营销定义为，品牌为满足消费者的情绪需求和自身品牌建设需要，运用数字化、智能化技术，对消费者情绪需求和信息进行收集，并结合品牌自身营销需要进行情绪信息编码加工，最后通过与消费者的体验互动来满足其情绪需求的传播活动，是以情绪为引导，以满足消费者情绪体验为动因，以互动沟通为方式，以促进销售转化为目的营销方式。

二、营销理念情绪化的动因：技术变革与需求升级的双重驱动

数据显示，情绪问题已经成为全球性问题，如今社会的主导情绪与以往有了较大差异，在消费主义影响下，过高的欲望搭载求而不得的现实，导致大家幸福感较低，焦虑、压力问题屡见不鲜，企业在有利可图的创造和满足需求过程中，需求通过品牌营销输出正向内容，为消费者带来正向引导，于是情绪营销成为一个热点话题。技术变革与需求升级成为品牌营销从情感共鸣转向情绪共振的双重动力。

（一）消费者需求的结构性变迁驱动营销升级

数智化进程中，消费者行为模式与心理诉求呈现深度解构与重构，传统情感营销的宽泛化、稳态化特征难以匹配新时代需求，推动营销策略向即时化、动态化的情绪维度转向。

① 崔莉．基于 SEIR 的情绪营销下网络舆情传播模型及仿真研究［D］．哈尔滨：哈尔滨工业大学，2024.

1. 信息获取方式的碎片化重构认知路径

移动互联网与算法推荐技术的普及，使消费者信息接触场景呈现“多触点、瞬时性、非线性”特征。QuestMobile 数据显示，2023 年中国网民日均切换 App 频次达 67 次，单次注意力驻留时长不足 90 秒。传统情感营销依赖的线性叙事与长期价值观输出，在碎片化场景中难以形成有效触达。消费者需通过即时情绪刺激实现认知截留，倒逼品牌以情绪脉冲替代情感浸润。

2. 生活方式的快节奏催生情绪消费

“Z 世代”群体中，根据 2023 年艾瑞咨询的报告，62%的消费决策产生于 30 分钟内的情绪波动。短视频、直播等即时交互媒介的渗透，使消费行为从“需求驱动”转向“情绪驱动”。品牌需通过高频情绪触点如直播间的氛围烘托、社交媒体的情绪化话题，激活消费者的瞬时决策机制，满足其“即想即得”的心理预期。

3. 高浓度情感需求急需满足

数智时代快节奏、碎片化、爆炸性的信息蜂拥而至，在一定程度上传导给消费者更大的心理压力，负面情绪需要宣泄的出口，由此诞生的是形形色色的网络反叛文化，消费者情感诉求从宏观价值观认同向微观情绪共鸣迁移。“孤独经济”催生的陪伴需求、职场压力衍生的解压需求等新的情感需求诞生，这些新的需求倒逼企业提供新的产品与服务对其进行满足。

（二）技术变革为品牌与消费者情绪交互提供工具

数智技术不仅改变了消费者行为生态，更重构了品牌情绪价值传递的基础设施，使企业在情绪营销中完成“情绪捕捉—分析—响应”的闭环成为可能。

1. 大数据技术赋能情绪捕捉的精准化可能性

情感计算技术在数智时代得到突破，企业可以通过自然语言处理（Natural Language Processing，NLP）、面部微表情识别、生物传感器等技术，实现实时捕捉消费者 142 种情绪维度数据，这使动态情绪图谱绘制成为可能，品牌可借助数据管理平台（Data Management Platform，DMP）整合跨平台行为数据，绘制包含情绪强度、持续时长、触发场景的立体图谱。欧莱雅“情绪粉底”项目通过分析社交媒体情绪数据，实现了产品功效与用户心理状态的精准匹配。这些数据使品牌建立“情绪颗粒度识别—场景化响应”成为可能。

2. 品牌通过交互技术升级强化即时沟通必要性

一方面，新技术的出现诞生了新的情绪体验需求，通过沉浸式情绪场域营造，品牌可有效实现与消费者的沟通，AR、VR 技术可创造多维情绪体验空间，提高了消费者购买意愿，如宜家元宇宙厨房通过场景化情绪设计，使消费者购买意愿提升 3.6 倍。算法推荐引擎则能实现“情绪—内容—场景”的智能适配，抖音情绪化内容推荐准确率高达 78.3%。

另一方面，消费者多变的情绪需求以及对“互动”“沟通”的渴望要求品牌通过交互技术为满足消费者新的情绪需求创造可能。交互技术使得品牌营销从单向情感输出升级为双向情绪对话成为必然趋势，技术在一定程度上正重塑着品牌与消费者的关系。

从情感营销到情绪营销的演进，本质是数智时代“人—货—场”关系的再平衡，一方面是需求侧推动供给侧改革的必然趋势，新的情绪需求要求品牌必须做出新的回应来满足消费者的新需求；另一方面，技术作为一种变革性力量也在重塑着品牌与消费者之间的关系，为消费者创造了新的情绪感知模式和体验。数智技术在帮助品牌为满足消费者新的情绪需求提供了可能的同时，也为品牌通过技术手段创造消费者新的情绪需求提供了技术支撑。

三、数智时代的情绪营销

数智时代，信息传播的速度与方式正经历着前所未有的革命性变化，这一变革深刻地影响着消费者的行为模式和心理需求。在这样的背景下，消费者的消费习惯和情绪变化展现出前所未有的复杂性。面对日益激烈的市场竞争和瞬息万变的市场环境，传统的营销手段已经难以满足企业与消费者之间日益复杂的关系，品牌与消费者建立长期情感联结的成本日益增加。传统营销范式在应对消费者行为离散化、情绪需求层级化等挑战时愈发显现出结构性局限，如今用户接触媒介产品越来越多，品牌记忆度却不断下降。这种传播效率的断崖式衰减，揭示了单纯信息触达策略的失效危机。

而情绪营销以精准的洞察、强烈的情绪刺激、丰富的情绪体验、频繁的情绪互动为特点，为品牌与消费者打通了实时沟通的情绪桥梁。

（一）情绪营销全过程

在数智技术重塑传播生态的今天，消费者决策链路已演变为动态的情绪价值感知系统。情绪营销作为一种新型关系建构范式应运而生，其本质正是通过情绪共振实现消费者全周期价值的激活。消费者的购买心理存在认知、兴趣、考虑、购买、分享复购五个阶段（表 3-1），每个阶段对应着不同的品牌传播与影响途径。

表 3-1　消费者购买心理五个阶段

阶段顺序	消费者购买心理	品牌传播及影响途径
第一阶段	认知	通过电视、网络媒体等广告内容了解品牌并形成初步认知
第二阶段	兴趣	通过社交类媒体如内容营销、达人种草，以及朋友口碑推荐等，对产品/品牌产生兴趣
第三阶段	考虑	通过内容型广告，搜索比较价格、评论等，从而进行决策
第四阶段	购买	通过传统/内容/电商平台，购买
第五阶段	分享复购	通过产品/服务产生新体验，推荐产品及复购

在数智时代情绪营销背景下，在消费者认知进化的五个阶段模型中，每个节点都巧妙地对应着差异化的情绪杠杆支点，推动着消费者从认知到购买的全过程。

第一阶段：认知渗透阶段，数智时代的情绪营销突破传统广告的理性说服框架，运用强烈的情绪刺激激发原始情绪印记，如抖音开屏广告通过 3 秒情绪脉冲，使品牌记忆留存率提升了 3 倍，注意力成为此阶段情绪争夺的焦点。

第二阶段：兴趣唤醒阶段，在社交场域构建情绪感染链，通过 KOL 传播情绪内容，KOL 的情感传递效率较普通用户高 17 倍。小红书所采用的 KOL 传播就是一种“情感种草”模式，通过意见领袖营销消费者对产品的情绪体验与好感度，通过情绪共鸣产生兴趣转化率。

第三阶段：决策催化阶段，采用智能推荐系统通过情绪标签匹配，可有效提高决策效率。品牌在大数据的分析下，可以对“徘徊不定”的消费者给予相关情绪刺激，为其提供相关的咨询互动、比价界面、强情绪引导等，提高其决策效率，实现其从兴趣向购买决策的转化。

第四阶段：体验购买阶段，电商直播间成为即时情绪场域，主播可以通过一定的情绪煽动性术语进行情绪引导，提高消费者在冲动型情绪的诱导下的购买频率。如李佳琦直播间通过“买它、买它”等情绪话术实现对消费者的购买情绪引导，使得其购买率高于传统电商 2 倍以上。

第五阶段：关系沉淀阶段，研究表明，净推荐值（Net Promoter Score，NPS）与情绪记忆强度呈 0.81 正相关，也就是说在一般情况下，情绪记忆强度越大，消费者向他人推荐或复购可能性越高。在数智时代，仅仅依靠品牌自说自话难以说服消费者购买，而个人买家好的消费反馈成为社交平台品牌好感度提升的重要来源，社群传播和人际传播越来越重要，如何刺激使用者将使用过程中愉快的情绪体验转化为再传播的情绪动力，成为品牌情绪营销的重点问题。

这种全过程的情绪链条设计，使得情绪成为品牌资产积累的关键因素，重构了品牌资产的关键路径：从高密度情绪触点到高强度情感共振，最后实现长的品牌记忆存续周期。数智技术赋能的情绪动态图谱分析，帮助品牌能够实时捕捉消费者新的情绪走向和情绪变化。当传统营销困于流量成本攀升时，情绪营销正在创造“情感复利”的新商业范式——每一次情绪互动都在为品牌关系账户储值，最终形成抗周期增长的情感资本。作为一种体验式营销方法，情绪营销不仅代表着新的竞争优势来源，也体现了营销领域从情感到情绪转变的必然趋势。

（二）情绪营销多元化

情绪营销的作用机理是在洞察和唤醒用户群体情绪的基础上，使用户与品牌或产品产生心理关联感，设定特定场景以满足用户表达、宣泄情绪的需求，最终将情绪转化为消费行为。随着数智技术的不断发展，互动性、娱乐性显著增强，用户对信息的接收渠道和传播渠道逐渐拓宽，媒体介质的变化使得产品的营销理念也从“产品为王”转换到了“渠道为王”，最终进化到“用户为王”的阶段，用户由早期被动地、定向地接收传统媒体的产品信息到如今的主动获取产品信息、主动传播产品体验，这种用户主权意识的觉醒驱动用户更愿意表述自己的情绪，促成了情绪营销的新局面。

在数智时代，情绪营销已经摆脱了单打独斗的情感叙事，而是与更多形式的营销手段结合在一起，实现情绪与体验营销、内容营销、节日营销、IP 化营销、跨界营销等多种形式的深层互动，具体体现为全方位的情绪渗透与多元渠道的情绪营销方式。

1. 全方位的情绪渗透

在情绪互动模式下，品牌商借助网络平台来设定场景以供消费者表达与宣泄情绪，消费者购买产品的同时能够抒发内心情绪。相比传统媒体时代个体消费者接收到情绪营销信息却只能进行自我互动的内向传播模式，数智时代情绪互动模式将情绪传播延展至人际传播与群体传播，实现了消费个体与个体之间的信息传播，甚至是消费个体与拥有共同归属感的其他消费群体之间的情绪传播。在网络平台上，消费者以发弹幕、回帖、评论、转发等各种形式与产品品牌进行互动，同时也与其他消费者进行交流，加速了情绪在网络上的发酵与传播，进而实现消费者与产品品牌在情绪上的强关联。

同时，在社交平台上，品牌实现了人格化互动，打通了与消费者情绪沟通的桥梁。品牌方化身网上冲浪达人，以情绪化、人格化的表达与互动，成功与消费者建立情感联结，打造了一个又一个流量话题。在数智时代的情绪营销中，不仅消费者可以通过发弹幕、回帖、评论、转发等各种形式与产品品牌进行互动，品牌账号也通过评论等方式积极回应并引导着消费者的情绪体验，借由这种情绪互动，共创品牌价值，达到情绪营销的目的。比如，蜜雪冰城的账号常常活跃在各种评论区，并以“雪雪我啊……”引发相关模仿，形成情绪话题，得到大量传播。

2. 多元渠道的情绪营销

随着数字化技术的飞速发展，情绪营销已成功迈向全面的传媒融合新媒体渠道，实现了营销渠道的多元化拓展。

当下，情绪营销的渠道不再局限于传统媒体，而是广泛地延伸至新媒体、自媒体等多渠道传播领域。在新媒体方面，社交媒体平台如微信、微博、抖音等，凭借其庞大的用户基数和强大的传播能力，成为情绪营销的重要阵地。品牌可以通过发布图文、视频等多样化内容，精准触达目标受众，激发他们的情感共鸣。例如，抖音上的一些创意短视频广告，以幽默风趣或感人至深的情节，迅速吸引用户的关注，让用户在欢笑或感动中对品牌产生好感。

自媒体的兴起也为情绪营销注入了新的活力。各类自媒体博主凭借自身独特的风格和影响力，与粉丝建立起紧密的情感连接。他们通过真实的产品体验分享、生动的故事讲述，将品牌的情绪价值传递给粉丝。

在不同的渠道中，消费者都能接收到品牌传递的情绪信号，从而在一定程度上使得用户的情绪浓度和共鸣得到全方位的提升，情绪营销的效果也得到显著增强。品牌不再是单向地向消费者输出信息，而是通过多元渠道与消费者进行深度互动，让情绪营销真正融入消费者的生活之中，将情绪营销植入到消费者的生活场景之中，从而带来新的体验与价值。

3. 多样化的情绪激活

前面我们提到，1971 年，埃克曼和弗里森提出基本情绪理论，认为存在快乐、悲伤、愤怒、恐惧、厌恶和惊讶 6 种基本情绪，不同情绪组合也会形成新的情绪。如今，随着社会的快速变革，衍生出了更多样化、更复杂的情绪，可被捕捉的情绪已经达到上百种，这些情绪更加难以洞察和把握，但这些新的情绪反映也引领着一些文化现象，这些消费文化在网络上快速传播发酵，为品牌情绪营销提供了新的抓手。

多样的情绪类型给予了品牌在情绪营销中更多的发挥可能，品牌情绪营销不仅可以在正面基础情绪如快乐上做文章，也可以在此基础上进行进一步的细分，需要结合不同场景进行细化。有久别重逢的快乐也有畅想未来的快乐，比如好利来通过对怀旧情绪的精准把握，推出了裱花小蛋糕，这种简单小蛋糕成功激活了消费者童年的记忆，童年的纯真和快乐通过味蕾和视觉成功回归，带来了极高的销量和较多的好评；除了怀旧情绪，未来营销也是一大亮点，可口可乐利用人们对未来的期待，与好利来联名推出“未来3000年”的味道，与AI共创生成可口可乐新的包装，引发消费者的情绪向往。同样，孤独、悲伤、迷茫也可以成为品牌情绪营销的出发点，“发疯文学”“疗愈经济”等则成为情绪激活的桥梁，由此产生的陪伴、疏导也深受消费者青睐。多样化的情绪营销手段使得产品情感与品牌形象在消费者心中更加立体化、形象化。

（三）情绪营销动态化

数智时代，一方面，基于大数据和人工智能技术，实时的数据捕捉能力增强，消费者情绪趋势和反馈收集更加及时，这使得情绪营销的定位更加精准，情绪人群的锁定和持续推送更加完善，这为品牌根据大数据变动而灵活调整情绪营销策略提供了可能，同时，一个情绪营销策略的落地，必须以营销数据的反馈、消费者情绪反馈作为重要参考因素，一旦出现引起消费者不满或者出现可加码刺激的新可能，必须进行策略的动态调整；另一方面，新媒体时代，行业内情绪营销信息传播更为迅速，需要企业持续进行情绪引导和刺激，消费者对新玩法的需求也更为迫切，更为多样的情绪变动需要结合灵活的情绪营销手段，这也要求企业实时紧跟行业动态进行策略调整，来获得消费者对品牌信息接受的高可能性。

同时，情绪本就是即时的、动态的、持续变化的，当下更是如此，因此情绪营销策略也必须动态调整、持续把控。数智时代，消费者认知方式的碎片化导致其情绪更加多变，比如，2023年热议的“E人”“I人”、CityWalk、发疯文学，2024年流行的“淡人”“浓人”“电子布洛芬”等这些热梗作为表面符号，背后指向的，其实是各种情绪，比如自我认同、压力释放等，看似发疯的行为，最终的目的，其实是消费者的自我疗愈。因此，品牌对消费者注意力的争夺要求品牌必须以消费者情绪变化为导向，实时动态调整，为消费者创造新的玩法和体验。

情绪营销作为一种新的营销风向，被广泛融合应用于多种营销方式之中，因此创新成为情绪营销的关键因素。创新在数智时代不仅体现在质量的有趣性上，更体现在速度的高效上，创意无界、实时创新是新时代品牌能为消费者所记住的关键因素，因此动态调整必不可少。

数智时代消费者的情绪表现形式多种多样，而真实的消费者情绪，就隐藏在社交广场里，最直观的，就是社交网络上流行的各种热梗热词，网络文化动态发展所映射的就是其背后消费者情绪的动态变化。情绪类型的多样化、情绪捕捉的动态化，以及新媒体传播的全时化特征，要求品牌与消费者进行实时沟通。情绪营销，本就是一个与人进行持续情绪对话的过程，这要求品牌要通过数据推导消费者画像背后的情绪心理变化，并合理预估，形成动态化的营销策略调整。

第二节　数智时代情绪营销的关键方法

在数智时代，情绪营销的核心在于通过精准的情绪洞察与策略设计，激发消费者的即时情绪反应，并将其转化为长期的情感联结与消费行为。近年来各类情绪营销取得了成功，然而其背后并非偶然，品牌营销的成功是成功的情绪洞察、情绪刺激、情绪互动、情绪引导的结果。

一、情绪洞察：精准捕捉消费者情绪脉动

品牌营销要想获得成功，前期的消费者洞察必不可少，顾名思义就是要注重对消费者情绪趋势的重点考量。数智时代为消费者情绪洞察提供了技术支撑，同时，网络文化的瞬息万变则为情绪的洞察提供了抓手。Jellycat 的成功来自其对消费者情绪的深刻洞察和情绪价值需求的精准把握，这正是其市场定位从婴幼儿转向成年人的主要原因，Jellycat 通过对这种“疗愈经济”的超前理解，赢得了消费者的消费和情感回馈。而大数据、人工智能等数智技术的发展，为这种消费者情绪捕捉提供了更为精细化的技术基础和预测可能。

（一）网络文化：消费者情绪捕捉新的有力抓手

数智时代，要想成功预测并捕捉消费者的情绪，网络文化是一个非常好的抓手，多种多样的网络文化背后就是真实的消费者情绪，大家普遍想

在时代洪流中塑造内核稳定的自我。结合热门的社会现象看，人们用表情包表情达意，在动物身上寄托情感，通过烧香、求符、算命寻找未知的确定。反过来，这些物、事、行动，也为品牌进行情绪营销提供了有力的社交切入点。品牌要成为“疗愈经济”的一部分，就要基于消费趋势和消费情绪，做各种不同形式的营销组合。

近年来，围炉煮茶、“搭子”文化等话题被持续讨论，映射出的就是消费者对陪伴需求的重新定义，品牌如何陪伴消费者成为一个重要问题。以动物话题为例，大批动物园里的动物成功走红，短视频里宠物类博主大量激增，证实了宠物经济的强大发展前景，从内核稳定、被年轻人奉为精神领袖的卡皮巴拉，到成都大熊猫繁育研究基地的大熊猫花花……动物世界成为成年人的情绪栖息地，也更多地呈现出情绪价值外溢的潜力。

在情绪营销方面，出圈的网红动物，首先成为品牌情绪营销借势的对象。以卡皮巴拉为例，Jellycat 推出水豚毛绒玩具，星巴克上架水豚杯子，喜茶与南京红山森林动物园推出联名周边……与网红动物绑定形象，品牌周边也有了治愈功能、网红特质。

其次，动物们也能为品牌移情搭桥牵线。像大众对喜茶、盒马等品牌认领动物的善举，以及淘宝、名创优品关爱流浪动物行动的赞誉，也说明对动物的暖意关怀终会带来用户的好感。消费者真实的情绪需求就隐藏在其社交广场里，需要品牌进行深度挖掘。

（二）技术手段：辅助用户画像与情绪标签化

利用大数据技术实时监测社交媒体、电商平台、在线社区等多渠道的消费者言论和行为数据，捕捉消费者的情绪关键词、情感倾向和情绪热点。例如，通过分析社交媒体上的用户评论、表情符号使用频率、话题热度等，挖掘消费者对特定产品或事件的情绪反应。结合自然语言处理等技术，对文本数据进行情感分析，识别消费者的情绪正负极性、情绪强度以及情绪类型（如喜悦、愤怒、焦虑、期待等），从而精准把握消费者的情绪动态。

基于消费者的基本属性（年龄、性别、地域等）、消费行为（购买频率、偏好品类等）和情绪数据，构建多维度的用户画像。为每个用户群体赋予情绪标签，如“焦虑型消费者”“怀旧型消费者”“兴奋型消费者”等，以便在营销策略中精准定位目标受众，为其提供个性化的情绪推送和情绪价值体验。通过大数据等算法不断优化用户画像和提高情绪标签的准确性，品牌能够动态适应消费者情绪的变化，精准把握消费者消费文化走向，为个性化的情绪营销提供数据和智能支持。

二、情绪刺激：创造强烈的情绪体验

在确定了消费者的情绪动向之后，品牌需要采取合适的情绪刺激方式，引导消费者接受并成功被这种刺激所质询，因此，基于市场情绪调研之后的情绪刺激设置方式和情绪体验营造是非常重要的。

（一）感官联动刺激

在色彩方面，可以选择与目标情绪相匹配的色彩作为品牌视觉元素，色彩不仅能够吸引消费者的注意，还能引发潜意识中特定的情绪反应。在听觉方面，可以在广告、视频或线下活动中选择符合品牌情绪定位的音乐或音效。音乐与色彩是相互联系的，他们都可以触发人的情绪状态，声音的节奏、旋律和音调都能与消费者的情绪产生共鸣。品牌可以利用这一特性，借音乐与色彩调动消费者情绪反应，从而进行情绪营销。玩偶采用柔软的面料和温暖的色调，搭配精致的包装设计，让消费者在触碰和观赏时感受到治愈和温暖。

调动感官联动，不只要发挥听觉与视觉对情绪的影响，更要不断放大多方感官，联动触觉、嗅觉、味觉等，为消费者创造新的情绪体验。

（二）故事化与场景化营销

一方面，品牌可以通过情感故事植入，讲述品牌背后的故事、消费者的使用故事或虚构的情感故事，引发消费者的情感共鸣。故事中融入成长、爱情、友情等元素，使消费者在故事中找到自己的影子，从而增强对品牌的情感认同。

另一方面，品牌采用场景化体验设计，根据目标情绪，设计与消费者生活场景相关的营销场景。场景化体验使消费者更容易将情绪与品牌联系起来。

Jellycat 通过赋予玩偶人格化的故事背景，如“Please look after me”（请照顾我）的吊牌标语，激发消费者的情感共鸣。品牌还通过场景化设计，如限时体验店中的“过家家”打包服务，让消费者沉浸在童年的幻想中，获得情感上的慰藉。

三、情绪互动：构建深度的情感连接

与消费者进行情绪互动是品牌运用情绪营销的关键，需要品牌积极采取消费者熟悉且热爱的方式和渠道，成功与消费者进行情绪沟通，比如采用一些熟悉的表情包等方式，拉近与消费者的情感距离，为其情绪抒发找到切口，进行情绪交流。而且数智时代消费者需要持续的情绪价值供给，品牌的陪伴式情绪互动成为重要理念。

（一）品牌拟人化陪伴式情绪互动

在数智时代，消费者对情感联结的需求愈发趋向具象化与人格化。品牌通过赋予产品人格特质，构建全天候的陪伴关系，能够有效突破传统营销的单向沟通壁垒，实现深层次的情绪共鸣。品牌往往通过对人格化 IP 的深度塑造，将产品转化为具有独立性格的“情绪伙伴”，通过人格设定建立情感投射对象。人的负面情绪需要发泄，快乐情绪需要分享，对于品牌来说，陪伴成为与消费者持续对话的关键，品牌不仅要提供情绪价值，更要成为消费者的“朋友”，一个具有情绪并且有回应的“朋友”，因此，品牌拟人化成为近年来品牌营销的重要方向，这种人格化所想要构建的就是与消费者情绪互动。

（二）线上线下融合的情绪互动

鼓励消费者在社交媒体上分享与品牌相关的情绪体验，如使用产品后的感受、参与品牌活动的快乐等。通过点赞、评论、转发等互动方式，增强消费者与品牌之间的情感联结。品牌官方账号积极回应消费者的评论和私信，及时解决消费者的情绪问题，传递品牌关怀。这种双向互动不仅能够提升消费者的品牌忠诚度，还能通过口碑传播扩大品牌影响力。Jellycat 鼓励消费者在社交媒体上分享与玩偶有关的故事和照片，年轻人将 Jellycat 作为情感宣泄出口，通过表情包、梗图二创，形成 UGC“自来水效应”，

Jellycat“茄总”当选表情包富翁。这些内容不仅丰富了品牌的情感内涵，还通过用户的自发传播扩大了品牌的影响力。品牌官方账号也积极回应消费者的分享，进一步提升了消费者的品牌忠诚度。

在线下活动中采取合适的情绪设计，如举办线下体验活动、主题展览、快闪店活动等，为消费者创造沉浸式的情绪体验。同时实现线上线下的联动，将线下的情绪体验延伸到线上，通过线上直播、社交媒体话题互动等方式，扩大活动的影响力。

四、情绪引导：促进情绪的正向转化

基于社交大数据的情绪分析，16—30岁的消费者更追求快乐和满足、兴趣与热爱，同时期望被治愈。相比其他年龄段，他们更追求“刺激”，也更关注自我实现，惊喜和期待能给他们带来更多积极情绪，比如各种“搭子”；同时，社交关系里，他们更追求自身及他人的独特，独特能带来更多正向情绪；孤独的年轻人，更期待温暖和陪伴，这是所有情绪中占比最大的部分；此外，他们还期望得到鼓励与认可。这种多元化的情感需求，为品牌情绪营销提供了大方向。为消费者找到情绪出口，与消费者建立长期的情绪交流和沟通固然重要，但怎样将消极情绪通过积极引导转化为正向情绪，如何将情绪化的发泄转化为品牌实实在在的情感价值与销售业绩，更是重中之重。

（一）对正面情绪的唤醒加强

虽然心理学中定义的基础情绪只有六种，但在数智时代情绪营销的语境下，消费者情绪其实很多。每种情绪大类也可以按场景细分，比如快乐就有很多种，包括悦己的快乐、怀旧的快乐等。以怀旧的快乐为例，因为怀旧能产生快乐的回忆，它成为众多快消品牌吸引“80后”“90后”消费者的热门题材。雪碧从“82年的拉菲”古早梗里找到灵感，推出了“82年的雪碧”，复古包装致敬1982年，引来一众热议。

品牌可以对正面情绪进行全面激活，采用正向积极的情绪引导方式，使品牌传播更具感染力。Jellycat在品牌传播中融入情感化的语言和视觉元素，通过广告和社交媒体内容传递“治愈”“温暖”“陪伴”的核心价值。

在产品设计、包装设计、服务流程中融入情绪化元素，为消费者创造愉悦、惊喜和满足感。通过情绪化的用户体验设计，引导消费者将积极的情绪与品牌紧密联系在一起，从而促进消费者的情绪从短暂的刺激转化为长期的情感认同。

（二）对负面情绪的正向化解

同样，消费者也有负面情绪需要被品牌治愈，目前常见的负面情绪主要集中在四类上：抑郁、压力、孤独和不确定感。

一方面，品牌可以选择合适的方式对消费者的这些负面情绪进行疏导。比如近两年，瑞幸咖啡、泡泡玛特等快消、时尚品牌发起的多巴胺营销，就是通过鲜明色彩带动积极联想，调动消费者的正面情绪。

另一方面，品牌也可以为消费者提供一个压力释放的情绪出口，这方面做得非常出彩的就是肯德基的“疯狂星期四”。“疯狂星期四”最初只是一个促销打折活动，2021 年，社交媒体兴起了玩梗、接梗和“发疯”的风潮，肯德基意识到消费者喜欢，便决定放大这一现象，顺势做了“疯狂星期四”盛典，让消费者在社交媒体上 PK 各种段子并助推其持续发酵，从而形成了现象级的火爆效应。

值得一提的是，面对孤独情绪，品牌需要做的就是研究陪伴。陪伴也有很多种类型，有人选择养宠物，寻求小动物的陪伴；有人选择“搭子”，在轻社交中找到同频伙伴。彪马洞察到这个趋势，就巧妙地充当了“搭子”牵线员，联合小红书推出“集食行乐搭子”，全网召集美食“搭子”、City Walk“搭子”。消费者在彪马德训鞋活动地图上的 5 家店中任选一家消费后，拍照打卡、带话题词发布小红书笔记，即可获得限量奖品。此次活动曝光量达 8900 万次，主推的德训鞋搜索量同比提升 80 倍，品效兼得。

情绪价值，代表着能给人带来美好感受的能力。营销是一门关于人的学问，情绪营销，就是一个与人进行情绪对话的过程。发现情绪走向、解决情绪问题、提供情绪价值是当下消费者对品牌的要求，更是品牌赢得消费者青睐的关键。

五、情绪反馈与优化：持续提升情绪营销效果

品牌需要对情绪营销的整个流程和成果进行复盘和反馈，大数据等数智化技术给予了这一过程更多的可能。经过复盘和优化，品牌有机会持续提升情绪营销的效果。

（一）情绪营销效果的检测与反馈

品牌建立多渠道的情绪反馈收集机制，包括在线调查、用户评论分析、社交媒体监测、线下活动反馈等，通过这些渠道收集消费者对品牌情绪营销活动的反馈，了解消费者的情绪反应和改进建议；利用数据分析工具对情绪反馈进行量化分析，评估情绪营销活动的效果。通过分析消费者的情绪评分、分享率、参与度等指标，品牌可以判断情绪营销活动是否达到了预期目标，并根据消费者的情绪反应优化策略。

（二）基于情绪反馈的动态策略优化

根据情绪反馈分析结果，及时调整情绪营销策略。如果发现消费者对某种情绪刺激反应不佳，可以重新设计情绪体验；如果发现情绪互动环节不够活跃，可以优化互动方式。持续迭代情绪营销，使其更加精准地满足消费者的情绪需求。通过不断优化，提升情绪营销的效果和效率，在品牌与消费者之间建立更稳固的情感联结。针对消费者对怀旧情绪的需求，Jellycat 设立了“不想说再见的老朋友们”页面，收录退市玩偶的故事，进一步强化与消费者的情感联结。

在数智时代，情绪营销的成功不仅依赖于精准的情绪洞察和策略设计，还在于品牌与消费者之间持续的情感互动和反馈优化。通过以上基本方法，品牌可以更好地利用情绪的力量，与消费者建立深度的情感连接，实现从情绪到情感的深度转化，进而实现品牌价值的提升和市场竞争力的增强。

第三节　数智时代情绪营销的未来展望

在当今数字化、智能化浪潮的席卷下，情绪营销已然成为企业在市场竞争中脱颖而出的关键利器。它借助数智技术和新媒体的强大力量，在品

牌与消费者之间搭建起一座沟通的桥梁，为品牌提供了与消费者情绪交流以增加其情感资产的渠道，也满足了消费者的情感需求，为其提供了情绪价值。

一方面，情绪营销借助数智技术成为当下企业进行情绪捕捉和情绪营销传播的主要方式，情绪营销成功的关键在于为品牌和消费者赋能，创造出显著的增量价值。通过精准洞察消费者内心深处的情绪需求，并巧妙地将这些情绪元素融入产品与品牌传播之中，企业能够引发消费者强烈的情感共鸣，进而使其建立起深厚且稳固的品牌忠诚。另一方面，我们也必须以理性的态度对情绪营销进行批判性思考。情绪价值与产品使用价值之间的平衡问题亟待深入探讨，情绪引导的度和方向有待谨慎把握。

一、可持续发展的情绪营销

情绪营销要持续为品牌创造价值，为消费者创造新体验，因此需要不断升级优化。在未来，伴随着新技术、新需求、新动向的发展，情绪营销必定也会呈现出新的趋势。

（一）行业标准和情绪营销规范更为完善

情绪营销的深化发展必须建立在行业自律的伦理框架之上。当技术能够精准捕捉、分析甚至预测消费者情绪时，品牌方需警惕“情绪操控”的伦理风险。一方面，企业需要主动设立情绪应用边界，主动界定情绪营销的可为与不可为，避免利用焦虑情绪制造非理性消费，如过度渲染容貌焦虑以推销美容产品，或滥用大数据进行情绪剥削，应始终将“正向情绪供给”作为红线。另一方面，企业应自发推动行业标准建设，明确用户情绪数据的采集范围、存储周期与共享规则，对高危情绪数据实施分级管理，确保消费者在享受情绪服务时，其心理隐私不被侵犯，并将情绪健康影响纳入产品全生命周期评估，以是否能满足消费者的正向情绪需求作为产品成功与否的重要考量因素。

（二）从消费者情绪洞察到消费者情绪引领需求升级

情绪营销的终极目标不应止步于满足现有需求，而应通过持续研究实现需求升级，引导消费者向更高阶的情感层次进化，以实现从消费者情绪需求倒逼产品升级到品牌为消费者创造新的情绪价值来促进消费者的需求层次的转型。

一方面，需求洞察向需求预见进化。借助进一步发展的大数据分析和人工智能技术，超越当下的数据分析，洞察人性深处的永恒渴望。企业能够在技术方面更深入了解不同消费群体的情绪偏好和行为模式，要着力强化情绪价值与产品核心价值的有机融合。在突出产品情感魅力的同时，持续提升产品的质量与性能，让消费者在获得情感满足的同时，切实感受到产品的实用价值，从而实现从情绪认同到理性消费的自然过渡。

另一方面，产品创新向价值创新跃迁，品牌应成为消费者情绪生活的“共创者”而非“供应商”，营销活动向生活方式共建转型，通过情绪价值设计创造新需求层次，打造品牌情绪生态，帮助消费者建立情绪成长机制，陪伴消费者成长为情绪自由的人。

（三）从附加情绪价值到情绪成为商品本身

情绪正逐渐成为一种可以独立交易的商品。品牌不再仅仅满足于通过产品或服务传递情绪价值，而是开始将情绪体验本身作为核心产品进行设计和销售。一方面，情绪商品化将不仅仅局限于传统的营销领域，而是与健康、教育、娱乐等多个领域进行深度融合，目前一些文旅品牌开始推出情绪疗愈，以及通过专业的场景设计、情感引导和互动体验，直接为消费者提供情绪服务。这种模式下，情绪不再是产品的附属品，而是成为消费者购买的核心目标。另一方面，一些以情绪服务为主要经营内容的品牌崛起，这也使得现有品牌将不再仅仅关注单一的情绪体验，而是致力于构建一个完整的情绪生态系统。通过整合多种情绪体验和服务，品牌可以为消费者提供更加丰富和连贯的情绪旅程，从而在消费者心中建立起更加稳固的情感地位。

未来的情绪营销将呈现双向赋能的新形态：消费者不再是被动的情绪营销接受者，而是通过品牌搭建的情绪成长体系，逐步实现从“情绪消耗”到“情绪自由”的进阶；企业将超越短期销售转化，通过创造社会情绪福祉获得长期品牌溢价。情绪营销将成为企业与消费者实现共赢的重要营销范式。但同时更需要在技术创新和伦理规范之间找到平衡，以实现可持续的发展。

二、情绪营销的批判性思考

情绪是把双刃剑，正面情绪会激发人们对生活的热爱与向往，而负面情绪如果利用不好就会使人陷入泥潭，品牌在运用情绪营销时也是如此，对于正面情绪的激活固然必不可少，但对于负面情绪的抒发、化解更需要仔细把握。营销不能顾此失彼、舍本逐末，品质永远是第一位的，要明白消费者至上，不能因为一味地追求情绪渲染、一味沉迷于消费者情绪冲动带来的销售转化就沾沾自喜，情绪营销中需要情绪渲染，更需要理性思考。我们将从三个“平衡”来阐述情绪营销现存的或者可能出现的问题。

（一）品质与渲染的平衡：“网红”变“长红”的关键

在实际的市场操作中，部分企业过度聚焦于情绪的渲染，而在一定程度上忽视了产品本身的品质与功能提升。这种倾向可能会导致消费者在购买后产生心理落差，对品牌的长期信任造成损害。直播电商的发展，带来了一大批新兴的中小微企业，许多企业选择重金与网红大V合作，进行直播带货。直播间里，灯光璀璨，滤镜加持，每一款产品都被赋予了“完美”的光环，在网红直播间的情绪渲染之下，许多消费者出现冲动购买行为，而收到货却面临着“买家秀”与“卖家秀”相关甚大的尴尬境地。以某直播间为例，不同品类的退货率会有区别，服装品类在40%—60%之间，美妆品类为20%—30%，家居品类20%左右，3C家电品类在10%—20%之间，其中冲动消费后的理性考量占据部分原因，也有产品质量参差不齐导致的退货。一些网红品牌，凭借极具感染力的情绪营销在短期内引发购买热潮，但由于产品质量不过关，很快便在市场上销声匿迹的例子屡见不鲜。因此，品质优良才是品牌赢得消费者、实现长期发展的重要原因，如此情绪营销作为一种锦上添花的技法，才能推动其从“网红”到“长红”的发展。

（二）理性与情感的平衡：情绪引导不能肆意妄为

正如尼尔·波兹曼（Neil Postman）在《娱乐至死》中所警示的那样，在电视和网络媒介的影响下，一切内容都倾向于以娱乐化的方式呈现，人们在追求情感满足的过程中，容易陷入被营造出来的情绪或情感幻象之中。消费者可能会因为一时的情绪冲动而做出购买决策，而并非基于对产品实际价值的理性判断。这种过激的情绪刺激在短时间内可能会形成巨大的话题效应并转化为突飞猛进的产品销量，许多直播已经出现了情绪引导的结构性话术和剧情，直播话术框架的教程更是在互联网上信手拈来。但是当消费者逐渐解构商家的情绪诱导套路时，必然会陷入拒绝沟通的祛魅反抗，甚至可能会对品牌产生厌恶情绪，影响品牌的未来发展。品牌情绪营销在"快、准、狠"的基础上更需要真情实感的交流、细水长流式的陪伴，情绪引导不能肆意妄为，一定要建立在对品牌长期发展的理性分析之上，要为消费者解决情绪问题，而不是一味地"煲鸡汤"、虚情假意地创造消费情绪幻象，这样必然会被消费者的反抗情绪反噬。

（三）情绪与价值观的平衡：把握好情绪激活的"度"

品牌在做情绪营销时，必须以传递正面价值观为根本遵循，消费者存在负面情绪，需要为其找到情绪出口，而不可一味地迎合消费者的负面状态以获得话题流量。同时在一些特定情绪文化的利用和传播上，务必要把握好度，选择合适的结合方式和方法，不可出现价值观上的唯心主义。做营销，要格外注意传播上的分寸尺度，好的营销，需要找到文化的契合点，同时内容与形式又不致有太重的文化色彩，需要把握好情绪与价值观的平衡，找到情绪激活的"度"。

情绪营销要想长期发展，离不开在感性驱动下的理性考量，这是完成消费者从即时情绪刺激下的非理性购买决策到回归理性后对品牌建立好感度实现长期品牌情感的关键。情绪营销在未来的可持续发展，需要对感性情绪的动向捕捉，更需要整个行业未来发展的理性考量，需要一种平衡。

延伸阅读：

［1］让·鲍德里亚. 消费社会［M］. 刘成富，全志钢，译. 南京：南京大学出版社，2014.

［2］BAGOZZI R P，GOPINATH M，NYER P U. The Role of Emotions in Marketing［J］. Journal of the Academy of Marketing Science，1999，27(2)：

184-206.

[3] 巴里·费格. 市场营销：攻心为上［M］. 王国新，译. 孙丕晋，校. 上海：上海人民出版社，1998.

[4] 斯科特·罗比内特. 情感营销：豪马公司赢得终身客户的营销技巧［M］. 北京：华夏出版社，2001.

[5] CHAUDHURI A. Consumption Emotion and Perceived Risk：A Macro-Analytic Approach[J]. Journal of Business Research，1997，39(2)：81-92.

[6] 朱薇. 消费者市场情绪营销管理［J］. 合作经济与科技，2023(1)：78-79.

思考题

1. 情绪营销经历了怎样的发展变迁？

2. 什么是情绪营销？

3. 针对不同的情绪，品牌在进行营销时应怎么做？

4. 数智时代情绪营销有哪些新的营销案例，这些案例有什么共同特点？

第四章

从借势到共创：品牌跨界营销

第四章 从借势到共创：品牌跨界营销

第一节 跨界营销概述

一、从跨界到跨界营销

二、从传统跨界联名到数智时代跨界营销

第二节 数智时代跨界营销的关键方法

一、数智时代跨界营销的关键步骤

二、数智时代跨界营销的核心理念

第三节 跨界营销的未来展望

一、“跨界”走向“无界”，打破传统行业边界

二、借势走向共创，打造全新跨界营销生态

导读：

当下消费者结构在不断更迭，“Z世代”作为消费的生力军正在不断崛起，抓住年轻人的喜好就能赢得更多的机会。面对这样的情况，企业不得不寻求新的方式保持多元化发展，通过不同风格调性相互碰撞，从而吸引年轻的消费者，而跨界就是一个很好的方式。跨界营销不仅能打破品牌在消费者心中固有的品牌定位，塑造新的品牌形象，还能增加品牌话题，吸引年轻消费者的注意力，引发他们自发的讨论。随着数字化与智能化的飞速推进，信息传播与市场营销格局历经深刻变革，跨界营销顺势成为企业创新发展、提升品牌影响力的核心策略。传统营销受限于产品与服务的单一沟通维度，而新媒体平台及大数据技术的崛起，为企业跨界合作带来前所未有的契机。跨界营销通过整合多元领域资源，融合不同文化元素，塑造全新消费体验，有效拓展产品价值边界与市场范畴。其本质是以消费者需求为导向，通过数智技术赋能为消费者带来新体验，为品牌带来新价值。

本章学习目标：

1. 理解跨界营销的核心理念与演变逻辑，梳理跨界营销的主要类型及数智时代下的新特征。

2. 掌握数智时代跨界营销的实践方法论。

3. 分析跨界营销的未来趋势与问题反思。

引导案例

2023年9月4日，瑞幸咖啡与贵州茅台启动战略合作，共同宣布推出新产品“酱香拿铁”，在营销过程中通过线上、线下相结合的方式，对“酱香拿铁”进行宣传。在线上，发布广告短片及相关的延伸话题，如“喝了酱香拿铁，还能开车吗？”并且在瑞幸咖啡抖音直播间、微信小程序中发放优惠券。在线下，瑞幸咖啡多家门店都装饰成与贵州茅台基调色相同的红色，营造宣传氛围；同时，极为醒目的“茅台风”的手提袋也摆满门店，与线上联动宣传。

瑞幸咖啡通过与茅台联名的方式推出“酱香拿铁”，不仅满足了年轻人对多样化口味的需求，还增加了品牌的时尚感和潮流性。这种年轻化的市场定位和与时俱进的市场策略，使茅台和瑞幸咖啡能够更好地吸引年轻消费者，提升品牌的吸引力和竞争力。同时，茅台和瑞幸咖啡的跨界展示了跨界营销在品牌合作、创新营销及品牌年轻化方面的巨大潜力。这种精准抓住消费主力的策略，不仅为品牌带来了更广泛的关注和认可，也满足了消费者对新奇和特色的追求。

品牌双方以“美酒加咖啡，就爱这一杯”为口号，让年轻人以极低的价格，开心终于喝上“年轻人的第一口茅台”；让中年人基于茅台的背书，好奇尝试了“中年人的第一杯瑞幸拿铁”。近年来，社交网络存在大量体现年轻人矛盾行为的热搜话题，年轻人在“丧”“躺平”“反内卷”“打工魂”等文化中寻求解压与平衡，其中“早C晚A”成为一个新的概念，而“酱香拿铁”将早前流行的“早C晚A”融合进来，用“酒与咖啡”投射年轻人“沉醉与清醒”的两种精神状态，在此次事件中，成功撬动年轻人的情绪共鸣。

“酱香拿铁”上线后，取得了巨大的市场反响。9月4日，单日销量就突破了542万杯，单品首日销售额突破1亿元。在股价方面，据美股粉单市场，9月5日瑞幸咖啡股价持续走高，截至当日收盘，瑞幸咖啡股价报33.60美元，涨5.07%，总市值超90亿美元；9月4日下午，茅台股价震荡上行，最高涨幅1.5%，截至收盘涨超0.81%，市值涨约200亿元。这一次联名合作，是一次极具创造力和前瞻性的大胆尝试。作为中国国酒的茅台，近年来一直致力于走年轻化和时尚化的道路，而瑞幸咖啡作为咖啡界的领跑者，从未停止寻求突破和创新的步伐。

瑞幸咖啡和贵州茅台的跨界合作不仅是在产品层面的结合，更是在品牌形象、市场策略等多方面的深度融合。这种跨界合作模式打破了传统营销的思维定式，为品牌带来了更多的创新机会。瑞幸咖啡凭借其时尚、年轻化的品牌形象和消费群体，与贵州茅台传统、高端的形象形成了互补，使得双方的合作更具吸引力。

成功背后的原因，是双方品牌的深思熟虑。通过跨界营销，贵州茅台希望让更多年轻人知道茅台，“种草”茅台，逐渐实现对年轻人市场的占领。而瑞幸咖啡的诉求则是跨界品牌营销，打破原有的用户圈层，向中老年用户渗透，通过与茅台的联名，提高品牌溢价。如此，双方的营销目标相互契合，达成合作势在必行。此次营销的成功也证实了跨界营销在数智时代有其独特的优势，其价值共创也不仅仅停留在两个品牌之间的产品共创，更体现在和消费者的价值共创，同时新玩法、新趣味带给消费者的是体验的迭代升级，新体验成为跨界产品和品牌深受消费者喜爱的重要原因。

第一节　跨界营销概述

在当今快速变化的商业环境中，企业面临着前所未有的机遇与挑战。随着消费者需求的日益多元化和个性化，传统营销模式已难以满足市场的复杂需求。跨界营销作为一种创新的营销策略，应运而生并迅速发展。从最初的异业合作，到如今数智时代下的跨界营销，其内涵与实践方式都经历了深刻的变革。从最初的借势合作，到如今的深度共创，跨界营销的核心从单纯的产品或品牌联合，逐渐转向价值共创与体验共创。这种转变不仅为企业带来了新的增长动力，也为消费者创造了全新的价值体验。在数智时代，跨界营销正成为企业实现突破与创新的关键路径。

一、从跨界到跨界营销

早在 1999 年，德国运动品牌彪马就提出了“跨界合作”的营销理念。他们与德国奢侈品牌 Jil Sander 展开合作，共同研发推出高端休闲鞋。这一举措打破了人们对彪马品牌的刻板定位，使彪马品牌被赋予了时尚的新内涵，也为整个运动品牌市场带来了新的思路和方向，许多运动品牌开始采用跨界的方式来获取消费者的认可。进入数智时代，消费者的产品选择更加多样化，人们的购物标准也变得更加多元化。市场竞争日益激烈，新颖的营销手段和方式不断被人们发现和运用，跨界营销作为为消费者带来新体验的营销方式，逐渐受到了广泛的关注和应用。

（一）跨界营销的概念流变

跨界（Cross Over）一词最初是篮球术语，指运动员胯下交叉运球。此后，跨界引申为音乐上的混搭，意思是不同的音乐风格混合交融在一起。跨界（Cross-Boundary）一词出现在艺术领域，解释为不同学科进行合作、融合，继而达到创新目的的创作手法。近几年，市场经济的快速发展带动商业模式与营销形式的多样化，企业通过跨界合作寻求持续竞争优势，跨界一词也被推广应用到商业界。

随着时代和消费者需求的改变，跨界指不同领域之间的合作。营销本身是一个关键的跨界合作角色，这个角色重新定义了营销组织的构成，整合了企业内外部的价值创造流程和网络。这意味着营销本身就无法与跨界完全脱离开来。跨界营销的概念起源于共生营销（Symbiotic Marketing），即两个及以上品牌或企业为实现资源共享和优势互补，增强市场开拓、渗透和竞争能力而达成的短期或长期的共同开发市场的合作联盟关系，它强调不同品牌或行业之间的资源共享和优势互补。在共生营销的基础上，学者们提出了联合营销（Co-Marketing）、品牌联盟（Brand Alliance）、协同营销（Collaborative Marketing）、营销联盟（Marketing Alliance）等概念。加斯曼（Gassmann）和泽斯基（Zeschky）认为跨界就是企业根据现有的需求突破原有的惯例来实现企业的价值增值。① 这些内容均强调了多主体性、资源共享，是企业采取的营销方式。跨界营销就是指依据不同产业、不同产品、不同偏好的消费者之间所拥有的共性和联系，把一些原本没有任何联系的要素融合、延伸，彰显出一种与众不同的生活态度、审美情趣或者价值观念，以赢取目标消费者好感，从而实现跨界联合企业的市场最大化和利润最大化的新型营销模式。

在我国引入市场经济（以改革开放为始）和融入世界经济（加入世界

① 黄春萍，王芷若，马苓，等. 跨界营销：源起、理论前沿与研究展望［J］. 商业经济研究，2021（4）：80-82.

贸易组织）之后，市场竞争日趋激烈，行业和行业之间、企业和企业之间在相互渗透、相互影响的同时，彼此也在进行着潜移默化的交融，甚至很难界定某个企业或者某个品牌的单一属性，跨界正在成为各行各业普遍关注的问题。

1998 年，约瑟夫·派恩提出体验经济，将顾客从被动的价值接受者转变为价值创造的积极参与者，与企业共同创造价值。价值共创成为企业塑造新核心能力的战略导向。共同创造体验是价值共创的基础，价值共创过程以个体及其体验创造为核心，企业必须十分关注共创体验的质量，而非产品与过程的质量，共创体验的质量又取决于企业与顾客互动的基础设施。价值共创理论的诞生，强调体验不再是顾客的个体行为，而是企业与顾客的共创行为，企业与顾客的角色趋于融合，致力于共同创造独特的个性化体验。因此，价值共创贯穿整个企业与顾客互动和共创体验的形成过程，共创体验涵盖了体验的认知与情感两个层面。

因此，从价值共创视角出发，跨界营销的内涵至少包含跨界和融合两个方面：跨界即跨出自己所在的行业界限；融合即与其他品牌合作产生新的价值，或者融入新的元素丰富品牌内涵、产生新的用户体验。

关于跨界营销的概念学界争论颇多，一是伙伴间联盟的目标可能设在任何营销层面；二是很难界定跨界营销中的“界”。尽管如此，毋庸置疑的是无论怎样定义跨界营销都不可否认其多主体性、资源共享性，也不能回避“融合”“增值”等关键词。

所谓跨界营销是两个或两个以上不同领域的品牌，基于市场目标的一致性，通过创新的方式，联合使用品牌要素，达到延伸和发展品牌核心价值、增强差异化竞争优势的目的。跨界营销包括“跨界”和“融合”两方面内涵，品牌跨越到不同行业，使原本没有联系的品牌元素融合、延展，生成新的品牌内涵，彰显出与众不同的生活态度、审美情趣或者价值观念，共同创造消费者新价值和新体验，从而实现双赢。

（二）跨界营销的类型

在移动互联的营销环境下，跨界营销也从传统的跨行业合作逐渐变得越来越灵活、越来越有趣，其类型也越来越丰富，类型划分也越来越多种多样。从跨界角度看，有以娱乐为目的的趣味性跨界，也有基于相同客户群的品牌跨界；有两个品牌之间的跨界，也有多个品牌之间的跨界；有不同领域之间的跨界，也有同一领域之间的跨界；有元素跨界，也有产品跨界。从营销方面看，可以按照渠道划分，可以按照场景划分，也可以按营销目的划分，还可以按营销方式划分。

在概念性界定的过程中，依据不同的分类依据和标准，可以得到不同的分类结果。并且由于这一过程没有限制，不同的人主观上采用的依据因人而异，最终一定能产生多种多样的分类方法。在这些分类中，有些有益，有些无益，而具体采用哪个分类标准，要根据现实情况的需求性。品牌跨界营销的目的是通过与其他品牌或产业合作，创造协同效应，实现品牌价值的提升和创新。因此，根据品牌的跨界手段，本书主要从两个方面区分跨界营销的类型，一种是产品跨界，一种是场景跨界。

1. 产品跨界

产品跨界是指产品方向不同的两个及两个以上品牌利用各自长处，合作进行新产品的开发，推出新的产品或服务，以满足消费者多样化的需求，是品牌跨界最常见的形式。产品跨界改变了产品的属性，通过不同品牌合作，使产品重新焕发生机，树立不同于以往的品牌形象，既给老用户以不同的体验，也以新的面貌吸引了新的用户。比如，瑞幸咖啡与贵州茅台跨界合作，推出了“酱香拿铁”，以“美酒加咖啡，就爱这一杯”为口号，为消费者带来了更加独特和有趣的餐饮体验。

2. 场景跨界

移动互联网的发展使得用户所处的时间、空间和情境构成了特殊化、个性化的消费场景，场景将用户的日常生活分解为由不同需求构成的片段。场景跨界是指将品牌或产品植入到不同的场景中，以实现品牌或产品的增值和升级。场景跨界可以帮助品牌或产品更好地与消费者建立联系，提高品牌或产品的知名度和影响力。比如，网易云音乐与亚朵酒店合作推出以“睡音乐”为主题的酒店，将网易云音乐的元素深度植入到酒店的设计中，探索“音乐+酒店”的跨界合作方式。

二、从传统跨界联名到数智时代跨界营销

跨界，在营销传播领域意味着创新原有价值，打破原有规律和固定习惯，采用全新方式运行的一种手段，它会使企业在一个新的生存空间里通过转化自己的原有技能而大放异彩，也能使一个新的品牌在迈上行业巅峰的道路上花费极短的时间。品牌的价值不仅在于产品本身的质量和特性，更重要的是品牌所代表的文化、理念以及与消费者的情感连接。在当前市场环境下，消费者的需求越来越多元化、个性化，单一品牌或行业难以满足消费者的全部需求。跨界营销通过整合不同品牌、行业的资源，突破传统的行业界限，将不同领域的元素融合在一起，创造出新的价值和体验。这种营销方式可以帮助品牌拓展新的市场领域、吸引更多的潜在消费者，同时也能提升消费者的满意度。

在数智时代背景下，品牌跨界并非简单的复制、组合、嫁接，而是彼此找到共同的品牌价值语言、共性和包容力。跨界营销正以前所未有的速度和规模重塑着品牌与消费者之间的关系，将其从传统的边界限制中解放出来，向更加个性化、沉浸式的体验转变。数智时代下跨界营销在打破边界、创造体验方面呈现出新的趋势，这种新趋势的溯源不可绕过技术与共创体验两个维度。

（一）数智时代跨界营销的新变革：技术的生态重构

数字化、智能化技术的迅猛发展不仅重塑了信息传播的方式，更深刻地影响了市场营销的格局。大数据与人工智能技术双重驱动，在跨界主体双方前期的匹配度论证和调研上，提供了更精准的数据服务和支撑，提高了跨界营销的成功率。跨界营销作为数智时代的一大亮点，正逐步打破传统行业的界限，成为企业寻求创新、增强品牌影响力的重要手段。

传统跨界营销模式下，企业与消费者之间的沟通往往局限于特定产品或服务。社交媒体、短视频平台及大数据应用的兴起，为企业提供了前所未有的跨界合作机遇。跨界营销通过整合不同领域、不同文化的资源，创造出全新的消费体验，不仅丰富了产品内涵，更拓宽了市场边界。

在数智时代，跨界不再仅仅是品牌之间的简单联合，而是基于用户需

求的深度整合与共创。企业通过精准把握消费者心理，运用新媒体平台的数据分析能力，实现精准营销，为消费者带来前所未有的个性化体验。

1. 从符号叠加到价值共生

传统品牌联名往往通过 Logo 联署、限量产品等显性符号的叠加制造话题，其本质上是注意力经济的产物。在传统的品牌联名过程中，更多是在原有的产品基础上增添一定的联名元素，比如一些品牌与迪士尼的合作，都是将迪士尼的 IP 形象应用于其常规产品的包装或标识之中，依赖双方的品牌溢价实现短期销售爆发。而数智时代跨界营销强调“隐性基因”的深度融合，通过用户数据画像的交叉分析，挖掘不同领域品牌在用户体验、场景延伸或技术能力上的互补性，强调给用户新的玩法。好利来和《光与夜之恋》的合作便是如此，看似两个完全没有交集的品牌，却因“甜蜜”的共性和二次元甜蜜幻想与三次元甜蜜味觉体验的互补为消费者打造了新的场景延伸体验。

2. 从单向传播到数据闭环

传统的品牌联名的传播多依赖媒介投放的线性传播，其效果评估停留于曝光量、话题热度等表层指标。数智时代跨界营销则构建了“需求洞察—场景共创—体验迭代”的动态闭环，运用数智技术，真正实现通过跨界营销，将消费者需求、互动体验、营销传播与未来的产品研发全过程结合起来。通过社交平台的话题引爆，同时借助大数据对用户生产的海量内容进行爬取分析，对跨界营销的消费者态度和未来走向进行评估，借助大数据模型，让共创体验不仅仅是跨界营销的终点，更成为产品需求洞察、研发升级新的起点。

3. 从流量收割到关系再造

传统联名追求短期的流量虹吸效应，容易陷入“联名疲劳”的困境。数智时代跨界营销通过建立跨品牌用户社群之间的深度连接，重塑消费者关系网络。耐克与 Roblox 手游的合作方式，不仅包括设计虚拟球鞋皮肤，还通过运动数据与游戏成就系统的打通，把用户在不同场景中的行为数据转化为统一的数字身份，最终形成跨界的忠诚度体系。这种关系网络的搭建，使品牌从单次交易节点转变为用户数字生活的持续性价值节点。

数智时代营销范式发生根本转变，跨界营销正超越单纯的营销战术，进化为以用户为中心的商业生态构建模式，从传统品牌联名的“资源互换”浅层合作到数智时代跨界营销的“生态重构”的战略升级，这种以体验为核心、以跨界为手段的营销策略，不仅提升了消费者的参与度与忠诚度，更为企业带来了持续增长的商业价值。

（二）跨界营销的新特点：价值共创下的新体验

全球化推动了信息技术的应用，而信息技术作为跨越边界的载体能够动态促进企业跨越边界的行为。移动互联网所带来的去中心化和随时随地随身互联分享、开放互动的优势进一步促进了企业跨越边界的行为，用连接一切的方式改造和重构传统产业，从而推动了传统经济与互联网的跨界与整合。跨界营销的核心原则有以下三点：以用户体验为基点、以匹配的合作对象和合作方式为起点、以整合营销传播为终点。展望“互联网+泛娱乐”时代的 IP 跨界营销，其中游戏和衍生品成为重要内容，同时“关联”和生态化营销将会成为跨界营销常态，互联网与传统行业、信息空间与现实空间、新旧产业之间不断地跨界与融合，企业不再故步自封，而是积极地拥抱互联网，在多元化的领域里开展产业布局和跨界合作，打造生态化的营销环境，多领域产业布局、多元化跨界合作成为主要特征。

随着数智时代到来，跨界营销在客户定位、价值创造及边界体验方面也出现了新的变化趋势，打破边界、共创体验、深度融合成为数智时代跨界营销的关键词。在这一背景下，跨界营销作为一种创新的营销策略，正展现出越来越强大的生命力。

1. 价值：共创与共享

在传统营销模式下，企业与消费者之间往往是一种单向的价值传递关系。然而，在数智时代，跨界营销彻底颠覆了这种模式，将价值共创与共享作为核心理念，为跨界双方带来了前所未有的新价值与新体验。

在数智时代，跨界合作的深度和广度得到了前所未有的拓展。不同领域的品牌或 IP 之间通过资源共享、优势互补，实现了价值的协同共享。这种跨界合作为品牌注入了新的活力。通过与跨界合作伙伴共享数据资源，借助大数据分析，品牌能够更全面地了解消费者的多维度需求，实现精准定位和个性化营销。这种数据驱动的营销模式不仅提高了营销效率和转化率，还为品牌的产品创新和服务优化提供了有力支持，使品牌能够更好地满足消费者的个性化需求。

同时，社交媒体、短视频平台等新媒体渠道的兴起，为 UGC 提供了广阔的空间。消费者不再仅仅是品牌营销的被动接受者，更是品牌传播和价值共创的重要参与者。通过社交媒体、短视频平台等新媒体渠道，消费者能够与品牌进行深度互动，参与到品牌的内容创作和产品设计中。这种深度参与不仅增强了消费者的体验感和归属感，还促进了品牌与消费者的共同成长。

2. 边界：模糊与融合

数字化、智能化技术的快速发展，特别是互联网、大数据、人工智能等技术的融合应用，极大地拓宽了跨界合作的边界。这种跨界合作不仅体现在产品层面，更深入到品牌理念、文化价值的融合上。通过共享资源、共同创造价值，品牌能够触及更广泛的受众群体，实现品牌影响力的最大化。

在数智时代，跨界营销的边界变得越来越模糊。品牌传播从传统的局限于特定的渠道和平台，在数智时代，逐渐转变为从单一渠道扩展到多渠道整合营销。企业不再局限于传统的广告渠道，而是充分利用短视频、直播、社交媒体等多种新媒体形式，实现跨平台整合营销。

此外，在数智时代，消费者不再只是被动的接受者，而是成为品牌传播的重要参与者，品牌与消费者之间的界限逐渐模糊。消费者通过社交媒体等渠道自发生成内容，成为品牌传播的重要力量。这种消费者参与度的提升不仅增强了品牌的认知度和美誉度，还促进了品牌与消费者之间的深度互动和共同成长。

3. 体验：互动与创新

在数智时代，跨界营销的最终目标是为消费者提供沉浸式的体验和持续的体验升级。借助 VR、AR 和人工智能等技术，企业能够为消费者创造身临其境的产品体验。例如，通过 AR 技术，消费者可以在家中虚拟试穿服装或预览家居产品，这种沉浸式体验不仅增强了消费者的购买意愿，还提升了品牌与消费者之间的互动性。

同时，跨界营销还注重体验的持续升级。企业通过不断收集用户的反馈和行为数据，优化产品和服务，为消费者提供更加个性化、智能化的体验。例如，品牌可以通过用户反馈调整跨界合作的方向，推出更符合消费者需求的产品组合或服务模式。此外，跨界营销还通过不同领域品牌的合作，引入新的元素和创意，为消费者带来新鲜感和惊喜感。例如，某品牌与知名艺术家合作推出限量版产品，不仅提升了产品的艺术价值，还为消费者带来了独特的收藏体验。这种沉浸式与持续升级的体验模式，使跨界营销在数智时代更具吸引力和竞争力。

随着数智技术的不断发展和消费者需求的不断变化，跨界营销将呈现出更加多元化、个性化的趋势。品牌将更加注重与消费者的互动和沟通，通过创造独特的消费体验来建立品牌与消费者之间的情感连接。同时，品牌也将更加注重跨界合作的深度和广度，通过共享资源、共同创造价值来推动行业的创新与发展。

数智时代跨界营销不再局限于产品、服务或渠道的简单组合，而是正在从边界的消融向体验的升级转变。跨界营销将会以创造独特的消费体验为核心，建立品牌与消费者之间的情感连接。通过打破传统行业的界限，跨界营销将推动行业的创新与发展，为消费者带来更加个性化、沉浸式的消费体验。

第二节　数智时代跨界营销的关键方法

数智时代，跨界营销绝不仅仅停留在某一个行业之内或是元素的简单挪用，跨界的范围和其创造的可能都在不断扩大，但是同时也面临着一定的风险，高昂的营销成本让许多企业望而却步。那么在当下，如何做好跨界营销，降低失败风险呢？这个问题需要深入探讨。

一、数智时代跨界营销的关键步骤

在信息爆炸的数智时代，跨界营销作为一种创新的营销策略，正以其独特的魅力和无限的潜力，引领着市场营销的新潮流。跨界营销通过不同行业、不同品牌之间的合作，打破传统界限，实现资源共享、优势互补，为消费者带来前所未有的新鲜体验。从跨界的整个流程来看，有几个关键组成部分：首先，洞察用户需求；其次，明确跨界目标、筛选跨界对象；再次，建立内在联系；最后，实现跨界，为消费者提供新体验。

（一）洞察用户需求

一个成功的营销活动，首先一定来源于对用户的深刻洞察。通过大数据分析和人工智能技术，企业能够深入了解目标客户的行为习惯、兴趣偏好及消费能力，从而实现内容的个性化推送。这种精准定位不仅提高了营销效率，还增强了用户体验的连贯性和一致性。无论是茅台和瑞幸咖啡对于年轻人对高端酒类好奇的精准洞察，还是好利来和《光与夜之恋》对年轻女性消费者“仪式感消费”需求升级的精准把握，都证实了精准的用户洞察作为一个品牌营销活动的起点的必不可少。数智时代，通过大数据和人工智能技术，对消费者的画像绘制越来越精准，“Z 世代”所具有的求新心理，要求这些品牌不断进行产品创新和体验升级来获得新一届消费者的青睐。瑞幸咖啡与茅台联名，就是在这洞察到消费者这种追逐新体验的趋势之下的成熟选择，这种精准的洞察为后续营销活动与消费者价值共创奠定了基础。

（二）明确跨界目标

明确跨界目标是数智时代跨界营销的重要一环，这包括确定营销活动的核心目的、预期效果及目标受众。在数智时代语境下，这一目标应更加聚焦如何通过跨界合作提升品牌知名度、增强用户黏性、促进产品销售或是塑造品牌形象。通过大数据分析，精准定位目标客户群体，并利用新媒体的独特优势，不仅将跨界产品、服务精准推送给目标群体，还要将其以生动的趣味的方式推向潜在客户。明确跨界目标很重要，这是整个跨界活动的起点。以瑞幸咖啡和茅台的跨界营销为例，瑞幸作为国内领先的咖啡品牌，拥有庞大的年轻消费群体和强大的线上线下载体。茅台作为中国顶级白酒品牌，具有深厚的文化底蕴和高端品牌形象。双方在品牌调性、市场影响力和目标受众上具有高度的互补性。瑞幸咖啡希望通过与茅台的合作，塑造品牌的高端形象，同时收获一定的中老年客户群体；而茅台则希望通过瑞幸咖啡的渠道和年轻化营销策略，吸引更多年轻消费者，年轻群体是未来茅台消费的重要用户，茅台无疑是在预先培养年轻人对其品牌的忠诚度。这种互补性为跨界合作提供了坚实的基础。

（三）筛选跨界对象

选择合适的跨界合作伙伴是跨界成功的关键。这一过程需综合考虑合作伙伴的品牌调性、市场影响力、受众群体及双方品牌的契合度。数智时代，品牌间的合作不再局限于同行业，而是跨越到看似不相关的领域，寻求新的增长点。筛选过程中，还需评估合作双方的资源互补性，确保合作能够产生“1+1>2”的效果。两个品牌的合作已不仅仅是相互借势，更是要在共创、共赢之中实现自身品牌增量，因此，选择合适的合作对象和合作方式十分重要。

在品牌跨界营销中，仅仅追求合作品牌的知名度是远远不够的，企业必须对潜在的跨界伙伴进行全面、深入的评估和了解，从而合理预估跨界合作可能带来的风险与机遇。这种评估不仅涉及品牌的市场表现和知名度，还包括品牌的文化、价值观、目标客户群体、产品特性及品牌调性等多个方面。贵州茅台集团作为中国白酒界的“扛把子”，成立于 1998 年。2024 年，茅台集团实现营收 1871.9 亿元，同比增长 13.3%，利润总额 1207.7 亿元，同比增长 10.2%。而瑞幸咖啡成立于 2017 年，是一家中国咖啡连锁品牌，总部位于厦门。2023 年，瑞幸咖啡的总净收入为 249.03 亿元，在年销售规模上首次超过星巴克（中国），成为中国市场最大的咖啡连锁品牌，是一个年轻有活力且发展势头强劲的品牌。同时，瑞幸咖啡近年跨界活动频繁，成功案例比比皆是，茅台与之合作在一定程度上保证了跨界营销的成功率。

1. 品牌调性的契合

品牌调性是指品牌所传达的个性、风格和情感价值。在跨界合作中，两个品牌必须具有高度契合的品牌调性，这样才能在合作中“玩到一起”，共同创造出符合双方品牌定位的营销内容。瑞幸咖啡和茅台就是利用了“美酒+咖啡”“早 C 晚 A”的产品可搭性，进而相互结合开发出“酱香拿铁”新产品，也正是这种可结合点让其跨界营销大有可为。在这方面不得不提好利来，好利来也是跨界营销的忠实爱好者，在 2024 年与恋爱乙女游戏《光与夜之恋》的合作就体现了这一点，他们将恋爱的甜蜜与蛋糕的甜蜜相结合，这种品牌调性的契合增添了跨界营销成功的可能性。

2. 优势互补，实现共赢

跨界合作的成功不仅依赖于品牌调性的契合，还需要双方能够实现优势互补。理想的跨界合作应该是双方各自发挥自身的核心竞争力，共同创造出新的价值和体验。茅台和瑞幸咖啡的联名就成功实现了优势互补。瑞幸咖啡作为国内领先的咖啡品牌，拥有庞大且活跃的年轻消费者群体和强大的线上渠道优势，其品牌定位时尚、新颖，能够快速触达年轻消费者。而茅台作为中国顶级白酒品牌，具有深厚的文化底蕴和高端的品牌形象，其品牌价值和品牌影响力在中高端市场具有无可比拟的优势。通过合作，茅台借助瑞幸咖啡的渠道和年轻化营销策略，成功吸引了更多年轻消费者，进一步拓展了消费群体；瑞幸咖啡则通过与茅台的联名，提升了品牌的文化内涵和高端形象，增强了品牌溢价能力，同时满足了年轻人“第一口茅台”的体验需求。这种优势互补不仅为消费者带来了全新的“咖啡+白酒”体验，也为双方品牌创造了巨大的市场价值，实现了真正的双赢。

3. 全面评估与风险预估

在选择跨界对象时，企业需要进行全面的市场调研和风险评估。这包括对合作品牌的市场表现、品牌声誉、消费者反馈及潜在的市场变化进行深入分析，以免跨界营销因一方公司的信誉危机而带来失败风险。无论是瑞幸咖啡和茅台的合作，还是好利来与《光与夜之恋》的跨界合作，在合作对象的选择上都注重考量对方品牌在业界的口碑和近期表现，这是营销活动得以成功的基础。

（四）建立内在联系

跨界营销的核心在于建立两个或多个品牌之间的内在联系，这种联系可以是共同的价值观、文化理念，或是通过创意策划形成的故事线索。独特的品牌调性，趣味地结合在一起，不断挖掘品牌间的内在联系，并形成跨界营销的独特叙事内容与情感故事。在新媒体平台上，利用内容营销、社交媒体互动等手段，可以有效传达这种联系，增强消费者的认知和情感共鸣。建立内在联系的关键在于创新和真诚，让消费者感受到合作不仅仅是商业行为，更是对某种理念的共同追求。

在品牌跨界营销中，创意是成功的关键，但这种创意不能是生硬的“嫁接”，而是必须符合消费者的接触习惯和接受心理。好的跨界创意需要满足以下原则：第一，相关性（Relevance），即跨界创意必须满足消费者的实际需求，能够引发积极的品牌联想，丰富品牌形象；第二，接受度（Receptivity），创意要易于理解且易于接受，避免让消费者费力揣摩其意图；第三，影响力（Response），跨界合作的新形象应与原品牌形象相匹配甚至提升品牌形象；第四，识别度（Recognition），跨界后的品牌应能有效识别目标客户，并被客户轻松识别，从而增强客户的品牌忠诚度；第五，关系（Relationship），跨界营销应通过创意与消费者建立或强化关系，这种关系的主导权在消费者手中，而创意的作用是帮助品牌在消费者的选择中保持优势。以好利来与《光与夜之恋》的跨界营销为例，好利来首先进行了产品叙事化，将甜品按游戏角色进行专属主题设计，如“萧逸·星空玫瑰蛋糕”，包装盒内附角色手写信，将游戏剧情延伸至现实场景；其次实现沉浸化体验，在线下门店布置游戏主题装置，消费者购买甜品可解锁限定游戏道具，形成“消费—游戏”双向导流；最后在内容上实现共创，邀请玩家参与甜品命名、周边设计投票，让用户成为跨界合作的共创者。

同时，在创意策划的过程中要积极对优势共性因素进行升级挖掘、创造，形成独特的传播创意，凸显双方跨界的新玩法、新乐趣。在跨界中，不仅仅实现品牌的互动，也实现与消费者的共创，获得共赢。

（五）提供新体验

茅台与瑞幸咖啡的合作成功让年轻消费者的“第一口茅台”体验成为可能，这种新体验成为消费者为之买单的主要原因。在数智时代，消费者的参与感和体验感被提升到了前所未有的高度。跨界营销应致力于为消费者提供新颖、独特、富有互动性的体验，这是吸引他们关注和参与的关键，品牌可以通过 AR、VR 技术打造沉浸式体验，或是开展线上线下融合的互动活动，个性化、游戏感、沉浸式、娱乐性将始终贯穿数智时代跨界营销的新体验之中。好利来与《光与夜之恋》的跨界合作，通过数智技术将游戏 IP 深度融入现实消费场景，为消费者打造了虚实交织的情感体验，同时为双方品牌创造了用户圈层互渗与价值共生的新模式，好利来在全国 353 家门店设置游戏角色人形立牌，玩家可打卡拍照并解锁限定游戏道具。部分主题门店还布置了与游戏剧情呼应的场景，如“光启市心动甜品店”，店员全程以“设计师”称呼顾客，甚至为角色立牌披上雨衣，营造“跨次元陪伴”的沉浸感。

总之，数智时代跨界营销不再仅仅是品牌相互借势，而是品牌双向赋能与消费者的价值共生。品牌一方面需要梳理双向赋能的生态思维，跨界不仅是资源互换，更是共同构建用户情感生态；另一方面需要实现长期价值沉淀，将短期流量转化为可持续的用户资产。未来，随着技术的不断进步和消费者需求的日益多样化，跨界营销将继续演化出更多元、更精彩的形态。跨界营销必须突破边界，以用户为中心、以体验为核心打造联动的营销生态圈。

二、数智时代跨界营销的核心理念

数智时代，品牌进行跨界营销，一方面可以增加产品本身的趣味性和玩法，给用户带来新的体验感和使用满足感；另一方面，两个品牌通过跨界合作不仅仅能将各自的销售渠道和传播渠道共享，更能在这种跨界创新中为彼此提供新价值，各自实现自身价值增量转化。数智时代下，品牌跨界的玩法越来越多，但万变不离其宗，核心就是以用户为中心，为用户提供新体验，为品牌创造新价值。

（一）以用户为中心，为消费者提供新体验

品牌跨界营销的创意必须基于对消费者行为和偏好的深入理解，而不是品牌自身的主观臆断。通过满足相关性、接受度、影响力、识别度和关系等关键要素，跨界创意能够有效增加品牌与消费者之间的接触点，逐步构建积极的品牌认知，形成良性互动的品牌网络。这种以消费者为中心的创意策略，能打通品牌与消费者沟通的桥梁，提升品牌的市场表现，使品牌在激烈的市场竞争中脱颖而出。

1. 以互动为核心，以趣味为目标，满足新的用户体验

在数智时代的品牌跨界营销中，以用户为中心的理念被赋予了新的内涵，核心在于通过互动与趣味性来满足消费者对全新体验的追求。整体用户体验强调品牌与消费者之间全方位的互动关系，而不仅仅是单一的营销活动。它涵盖了从产品获取、使用到用户服务，再到品牌对社会的影响等多个层面。这种全面的体验要求品牌从传统营销的狭隘视角转向构建与消费者的长期互动关系，通过持续的互动传递品牌价值，增强消费者对品牌的认同感。

个性用户体验则进一步强调互动的趣味性和个性化。品牌跨界营销需要将消费者视为具有独立人格的个体，而非简单的数据集合。通过精准洞察消费者的兴趣和需求，品牌能够设计出更具趣味性和吸引力的互动形式，以消费者期望的方式提供产品和服务。这种以互动为核心、以趣味为目标的策略，超越了传统的市场细分，转而根据消费者的行为和偏好进行分类。品牌通过与消费者建立情感共鸣，传递一种生活方式和象征性的意义，从而在消费者心中构建独特的品牌形象。最终，品牌的价值不再仅仅依赖于产品的功能，而是由消费者与品牌共同创造的综合感知所决定。

2. 创造、挖掘用户新需求：从满足需求到引领需求

在数智时代，品牌跨界营销的核心价值在于创造新的消费需求。跨界营销不再仅仅是满足消费者现有的需求，而是通过深度洞察和创新思维，挖掘并激发消费者尚未意识到的潜在需求。品牌通过跨界合作，整合不同领域的资源和优势，为消费者提供全新的价值选择和体验。例如，瑞幸咖啡与茅台的“酱香拿铁”合作，不仅满足了消费者对咖啡和酒类饮品的双重需求，还通过“含茅量”等热梗引发了广泛讨论，创造了新的消费场景和话题。这种创新不仅为消费者提供了新的消费理由，还通过情感共鸣和文化认同，增强了消费者对品牌的认同感和忠诚度。品牌跨界营销通过创造新的消费需求，推动产品和品牌的持续创新，为消费者带来全新的生活方式和价值体验。

品牌跨界营销的成功不仅在于满足现有需求，更在于创造新的消费需求。在数智时代，品牌需要通过跨界合作，找到与消费者心理需求相契合

的点，实现深层次的情感连接和互动。例如，小米与宜家合作，将智能家居设备引入家居零售场景，不仅满足了消费者对智能家居的需求，还通过整合双方的优势资源，提升了产品的竞争力和用户体验。这种跨界合作通过创造新的消费需求，实现了品牌与消费者的共创共赢，为品牌在激烈的市场竞争中赢得了更大的发展空间。品牌跨界营销通过不断创新和探索，为消费者提供了新的消费理由，同时也为品牌自身带来了持续的创新动力和市场机会。

（二）以创造增量为目的，为品牌创造新价值

在跨界营销中，单纯的流量获取或短期曝光已难以满足品牌的长期发展需求。真正的跨界合作应以创造增量为核心目的，通过创新的模式和策略，为品牌带来新的价值增长点。这种增量不仅体现在销量和市场份额的提升上，更体现在品牌认知度、用户忠诚度及品牌资产的长期积累上。

以瑞幸咖啡与茅台的“酱香拿铁”联名合作为例，双方的合作并非简单的品牌叠加，而是通过深度共创，挖掘出全新的消费场景和用户需求。瑞幸咖啡凭借其强大的线下门店网络和线上渠道优势，为茅台提供了触达年轻消费群体的全新入口；而茅台的品牌背书和文化内涵，则为瑞幸赋予了更高的品牌价值和文化深度。这种合作不仅在短期内创造了巨大的销量和话题效应，更在长期内为双方品牌带来了新的用户群体和市场空间，实现了品牌价值的增量。

从品牌认知度来看，跨界合作通过整合双方的渠道资源和用户基础，能够快速扩大品牌的传播范围。瑞幸咖啡和茅台的合作不仅吸引了大量传统咖啡消费者和白酒爱好者的关注，还通过社交媒体的广泛传播，触达了更广泛的潜在用户群体，提升了品牌的知名度和影响力。

在用户忠诚度方面，跨界合作通过创造独特的消费体验，能够增强用户对品牌的认同感和归属感。消费者在尝试“酱香拿铁”这一创新产品时，不仅体验到了全新的味觉享受，还感受到了品牌之间的文化碰撞和创意融合。这种独特的体验让用户对品牌产生了更深层次的情感连接，从而提升了用户忠诚度。

从品牌资产的长期积累来看，跨界合作能够为品牌注入新的文化内涵

和价值主张。茅台通过与瑞幸咖啡的合作，进一步彰显了其年轻化、时尚化的全新品牌形象；瑞幸咖啡则借助茅台的文化底蕴，提升了自身的品牌深度，向高端形象迈进。这种品牌价值的提升不仅有助于短期的市场表现，更为品牌的长期发展奠定了坚实的基础。

因此，跨界营销的核心在于通过创新的合作模式和深度的价值共创，为品牌创造新的增量。这种增量不仅体现在短期的市场表现上，更体现在品牌长期的竞争力和可持续发展能力上。只有以创造增量为目的，跨界合作才能真正为品牌带来新的价值和生命力。

第三节　跨界营销的未来展望

随着数智技术的飞速发展和消费者需求的不断演变，跨界营销正站在新的历史起点上，展现出前所未有的广阔前景。未来的跨界营销将深度融合技术赋能与生态共创，打破传统行业边界，推动品牌与消费者、品牌与品牌之间的深度互动与价值共享。一方面，智能化技术如大数据、人工智能、VR 和 AR 将为跨界营销注入新的活力，实现从精准定位到沉浸式体验的全方位升级。品牌能够通过深度洞察消费者需求，提供个性化、智能化的产品和服务，同时借助沉浸式技术为消费者打造身临其境的体验，进一步增强品牌与消费者之间的情感连接。另一方面，跨界营销将从单次合作走向长期生态构建，品牌与品牌、品牌与消费者之间的关系将更加紧密。品牌跨界将从浅层的资源共享走向深度的价值共创，消费者也将成为品牌价值共创的常态化参与者，通过社群互动、UGC 等方式深度融入品牌生态。同时，跨界合作将跨越更多领域，实现科技、文化、娱乐、教育等多领域的深度融合，创造出更多元化的消费场景和体验。

一、“跨界”走向“无界”，打破传统行业边界

未来，跨界营销将从“跨界”走向“无界”，打破传统行业边界，实现线上线下融合、多场景无缝衔接的无界化体验。品牌将通过文化融合与体验创新，满足消费者对品质生活和情感共鸣的追求，推动行业创新与发

展。在这一过程中，品牌需要具备敏锐的市场洞察力、创新的思维模式和高效的执行力，才能在激烈的市场竞争中脱颖而出，实现可持续发展。跨界营销的未来充满无限可能，而“无界”将成为其最终的归宿，为品牌和消费者创造更多价值，推动商业生态的全面升级。

传统行业之间的界限被彻底打破，品牌将不再局限于自身所处的领域，而是通过跨领域、跨文化的融合，创造出全新的消费场景和体验。品牌将通过整合不同领域的资源和优势，打破行业壁垒，实现从产品到服务、从线上到线下的无缝衔接。同时各类营销手法之间也呈现出了融合的趋势，跨界营销越来越多地与情绪营销、内容营销等营销方式结合在一起。这种“无界”的融合不仅为消费者提供了更加丰富多样的选择，也为品牌带来了更广阔的市场空间和创新机会。在未来，行业边界和企业边界将会突破，取而代之的是以消费者体验为中心的，围绕体验展开的连续性和持续性合作。

二、借势走向共创，打造全新跨界营销生态

未来的跨界营销将从传统的借势合作迈向深度共创，构建一个全新的跨界营销生态。在这一生态中，品牌与品牌、品牌与消费者、品牌与社会之间将形成更加紧密的互动关系，共同创造价值。

在过去的跨界营销中，品牌之间的合作更多是基于短期的借势，通过联合推广或限量版产品吸引消费者的关注。然而，随着消费者对品牌体验和情感连接的期望不断提高，这种浅层次的合作模式已难以满足市场需求。未来的跨界营销将更加注重深度共创，品牌将通过长期的战略联盟，实现资源共享、优势互补和价值共创。

品牌与消费者之间的关系也将从单向的传播转变为深度的互动。消费者将不再是被动的接受者，而是品牌价值共创的重要参与者。通过 UGC、社群互动、众包设计等方式，品牌将与消费者共同打造品牌故事和产品体验，实现品牌与消费者之间的深度绑定。

这种从借势到共创的转变，不仅为品牌带来了更持久的竞争力，也为消费者创造了更有意义的体验，推动跨界营销从短期的营销手段向长期的

生态构建转变。

在未来，跨界营销将不再局限于传统的行业合作模式，而是通过“无界”的融合和深度共创，打破传统边界，构建一个全新的跨界营销生态。在这个生态中，品牌将通过技术赋能和体验创新，满足消费者对品质生活和情感共鸣的追求，推动行业的创新与发展。

延伸阅读：

［1］杨玉.“互联网+”时代的跨界营销研究［D］. 哈尔滨：黑龙江大学，2018.

［2］黄嘉涛. 移动互联网环境下跨界营销对价值创造的影响［J］. 管理学报，2017，14（7）：1052-1061.

［3］LEE A. Symbiotic Marketing［J］. Harvard Business Review，1966，44（6）：59-71.

［4］雷良. 基于 4C 理论的跨界营销分析［J］. 商场现代化，2022（3）：51-53

［5］陆朦朦，方爱华. 移动阅读品牌跨界营销探析：概念、元素与模式［J］. 出版广角，2018（19）：32-35.

［6］王涓. H&M 跨界营销探究［J］. 现代物业（中旬刊），2010，9（2）：75-77.

思考题

1. 数智时代如何赋能品牌跨界营销？
2. 跨界营销在数智时代呈现出哪些新的特点和趋势？
3. 在数智时代品牌跨界营销需要注意哪些问题？
4. 品牌在跨界对象的选择上应该考虑哪些方面？
5. 结合优秀的跨界营销案例，想一想其成功的要点在哪里。

第五章

从短视频到微短剧：
品牌微短剧营销

第五章 从短视频到微短剧：品牌微短剧营销

第一节 品牌微短剧营销综述

一、品牌微短剧营销的兴起

二、品牌微短剧营销的发展历程

三、微短剧营销的现存生态

第二节 品牌微短剧营销的创新价值与策略方法

一、品牌微短剧营销的受众分析

二、品牌微短剧营销的创新价值

三、品牌微短剧营销的策略方法

第三节 品牌微短剧营销的挑战与监管

一、核心挑战

二、微短剧行业的监管政策与法规

导读：

随着移动技术的飞跃，短视频已成为当代生活不可或缺的一部分，过去的10年中，我们见证了品牌短视频营销的热潮汹涌。众多品牌纷纷拥抱这一新兴媒介，通过短视频的创意展现来推介新品、深化用户联结，并巧妙地在品牌与用户间编织情感纽带。近年来，微短剧的兴起又为品牌营销领域带来了新风潮，品牌微短剧营销案例日益增多。

根据《中国网络视听发展研究报告（2025）》，截至2024年12月，我国短视频用户规模为10.40亿人，短视频使用率达93.8%。这一数据背后，是品牌营销范式的革命性转变——根据《2024微短剧营销市场洞察与投放指南》，2024年有348家品牌选择与微短剧合作，其中231家品牌是首次投放，同比品牌投放微短剧数量飙升了141%。

短视频营销已从辅助渠道跃升为核心战略阵地。以抖音平台为例，其6亿日活用户中，品牌企业号数量突破800万。珀莱雅“开学”主题系列短片单季播放量破5亿次，带动相关产品销量激增180%；星巴克通过场景化短视频实现新品曝光量提升300%，印证了短视频在用户触达效率上的绝对优势。

值得关注的是，微短剧正在重构内容营销生态。艾瑞咨询数据显示，2023年品牌定制微短剧市场规模突破100亿元，同比增长317%，用户规模达3.8亿。典型如2025年谷雨定制的微短剧《以爱之名》，上线仅一个月，正片总播放量就突破5.1亿，集均播放量超3000万，点赞量458万，登上抖音短剧榜第一，带动抖音App下载量单周激增40%。这种兼具故事性与商业信息的载体，正在创造平均45%的完播率和18%的转化率，远超传统广告形式。

在这一数智化浪潮中，品牌巧妙借势，选取贴近大众喜好的短剧题材，起用性价比高的网红演员，同时采用精简高效的制作方式，既实现了成本的有效控制，又显著提升了品牌知名度。数智时代的微短剧营销，已超越了传统3—5分钟短视频的范畴，它凭借紧凑的情节高潮、引人入胜的戏剧冲突，以及略显夸张的演技风格，牢牢吸引消费者的目光，进一步强化了品牌与消费者之间的情感黏性。

此模式下，品牌以情感共鸣为内核，微短剧为载体，不仅精准触达目标消费群体，更在企业与品牌之间构建了持久的正面影响，实现了长尾效应的最大化，为品牌的持续成长铺设了坚实的基石。

本章学习目标：

1. 系统理解品牌微短剧营销的核心逻辑与行业生态，明确品牌微短剧营销的定义与特征，掌握品牌微短剧营销兴起的背景动因。

2. 深度解析微短剧营销的创新价值与策略方法，结合案例，提炼微短剧营销的创新价值，学习设计完整的微短剧营销方案。

3. 批判性应对微短剧营销的挑战与合规风险，学习识别微短剧营销的核心痛点，并提出针对性解决方案。

4. 探索微短剧营销的未来发展方向，结合行业动态，反思微短剧营销的长期价值与局限性，提出可持续发展的实践建议。

引导案例

韩束与姜十七“韩束宇宙”（植入式）

韩束作为国内知名的美妆品牌，近年来通过微短剧营销成功实现了品牌形象的升级与销量的突破。自2022年起，韩束与头部短剧达人姜十七合作，推出了《以成长来装束》《心动不止一刻》《一束阳光一束爱》《全是爱与你》《你终将会红》5部短剧，累计播放量近50亿，并带动爆款产品全渠道销量突破150万套，多次登顶抖音美妆榜单TOP 1。这一案例不仅展现了微短剧在品牌营销中的强大潜力，也为美妆行业提供了可借鉴的实践经验。

（一）微短剧的内容策略：品牌理念与热门题材结合

韩束的微短剧以“职场、逆袭、独立、底气”为核心关键词，通过“大女主”设定和励志剧情，精准捕捉了女性用户的情感需求。例如，《以成长来装束》通过讲述女主在职场中的成长故事，传递了韩束“关爱女性、国货之光、中国科研实力”的品牌理念。这种将品牌理念与热门题材相结合的内容策略，不仅增强了剧情的吸引力，还通过情感共鸣提升了用户对品牌的认同感。

（二）达人合作与品牌人设塑造

韩束选择与头部短剧达人姜十七合作，充分利用了达人的影响力和粉丝基础。姜十七作为抖音平台的知名短剧创作者，其作品以高质量内容和强烈的情感共鸣著称。通过与姜十七的合作，韩束不仅提升了短剧的传播效果，还通过达人的形象为品牌注入了年轻化、时尚化的元素。此外，韩束通过 5 部短剧的系列化内容，逐步塑造了“关爱女性、国货之光、中国科研实力”的多维品牌形象，成功刷新了观众对品牌的固有印象。

（三）产品植入与场景化营销

韩束在微短剧中巧妙地将产品信息与剧情场景相结合，避免了传统广告的生硬感。例如，在《心动不止一刻》中，韩束“红蛮腰”系列产品被自然地融入女主的职场生活场景，通过“产品使用+效果展示”的方式，增强了用户对产品的认知和信任。这种场景化营销策略，不仅提升了产品的曝光度，还通过剧情的情感张力强化了用户对品牌的记忆点。

（四）直播带货与销量转化

韩束将微短剧与直播带货相结合，实现了品牌曝光与销量转化的无缝对接。在短剧上线期间，韩束通过抖音直播间进行产品推广，利用短剧的热度和达人的影响力，吸引了大量用户参与互动。根据公开数据，韩束“红蛮腰”系列产品在直播期间实现了全渠道销量 150 万套，并多次登顶抖音美妆榜单 TOP 1。这种“短剧+直播”的营销模式，不仅提升了用户的参与感和购买意愿，还通过高互动性实现了销量的快速增长。

第一节　品牌微短剧营销综述

一、品牌微短剧营销的兴起

在短视频生态的蓬勃发展中，一种新的内容形式——短剧，逐渐崭露头角并成为品牌营销的重要阵地。短剧，作为短视频领域的延伸与深化，不仅继承了短视频的短小精悍，更在叙事完整性和情节吸引力上实现了显著提升。它融合了短视频的即时传播特性与长视频的故事讲述能力，为用户带来了全新的观看体验。

根据国家广电总局的定义，“微短剧”是指单集时长从几十秒到 15 分钟左右，有着相对明确的主题和主线、较为连续和完整的故事情节的网络视听节目。

微短剧的兴起最早可追溯到 2012 年的《屌丝男士》，它以独特的幽默风格赢得观众的喜爱，自此微短剧这一形式出现在大众视野。随后，2013 年优酷推出的短剧《万万没想到》，单集最高播放量达 4000 万次以上，证明了微短剧的巨大市场潜力。2018 年，爱奇艺首次推出的每集仅 3—4 分钟的竖屏喜剧《生活对我下手了》再次掀起热潮，其播放总量连续 4 周稳居爱奇艺总榜前五，剧集初步展露出向“短”发展的趋势。2012—2018 年，这一时期网络微短剧以制造笑点的轻喜剧作为自己的 IP 消费点，但总体制作标准较为驳杂，表现为时长不长、类型单一且质量参差不齐。

2020 年是微短剧商业化元年。年初，首个微信付费微短剧小程序上线，标志着微短剧在商业化路径上的探索逐步展开。在这一时期，部分品牌开始尝试品牌植入、合作剧集等，探索营销新形态。各大平台加速布局微短剧赛道，推出多项激励机制，积累用户基础。

2023 年，微短剧行业快速攀升，爆款微短剧层出不穷，独立微短剧 App 纷纷涌现，各视频平台也开始加大对微短剧的激励力度。同时，微短剧出海成为新风口，一些微短剧在海外市场获得了广泛的关注和好评，进一步推动了行业的全球化进程。

在碎片化传播与沉浸式消费双重驱动下，微短剧营销正重构品牌内容传播格局。《中国网络视听发展研究报告（2025）》显示，截至2024年12月，微短剧用户规模达6.62亿人，半年增长率高达14.8%；使用率为59.7%，仅半年时间，微短剧独立应用的人均单日使用时长就从90分钟涨到101分钟，其“高密度叙事+强情绪触点”传播特性，催生出区别于传统广告植入的内容营销新形态。

品牌微短剧的核心竞争力在于构建“内容-商业”的共生关系：通过7—10分钟叙事单元完成品牌价值转译，实现用户从娱乐消费到品牌认知的深度渗透。头部品牌实践显示，优质微短剧的千人成本（Cost Per Mille，CPM）仅为信息流广告的1/5，但品牌记忆度提升2.8倍，形成“内容即触点，剧情即货架”的新型营销链路。如蜜雪冰城的微短剧《雪王的穿越日记》（图5-1）通过IP人格化叙事，带动相关产品线销量环比增长217%；肯德基《重生之吃货皇后惹不起》运用跨次元叙事，使新品脆皮鸡周销量突破120万份。

图5-1 蜜雪冰城微短剧《雪王的穿越日记》

当前品牌微短剧营销已形成三大进阶形态：其一为场景化叙事，如太二酸菜鱼构建“门店剧场”模式，将消费场景转化为剧情场域；其二为IP资产开发，典型如茶百道联合头部达人打造《爱有百道新鲜》，实现播放量3天破亿的传播突破；其三为数据驱动创作，京东《拜年大会》通过用户行为数据反哺剧本创作，使转化率较常规广告提升19倍。这些实践印证了微短剧营销正在突破传统植入逻辑，向品牌资产沉淀与用户关系建构的深层价值演进。

二、品牌微短剧营销的发展历程

（一）短视频营销的演进与微短剧的萌芽（2019—2021年）

随着短视频平台的流量红利逐渐消退，用户对碎片化娱乐内容的审美疲劳显现。传统15秒短视频因时长限制难以承载完整叙事，品牌营销逐渐面临创意同质化、用户黏性不足的困境。在此背景下，3—5分钟单集、连续剧情的微短剧开始萌芽。

2021年12月，国际美妆品牌倩碧率先试水，冠名快手平台微短剧《狐系女友惹不起》，以奇幻爱情题材植入彩妆产品，累计播放量突破1.5亿次，开创了品牌微短剧营销的先河。在此阶段，微短剧以平台自制为主，内容多为低成本UGC，品牌合作形式以简单冠名和贴片广告为主，尚未形成系统化营销链路。

（二）内容专业化与品牌深度介入阶段（2022—2023年）

2022年被称为“微短剧商业化元年”，美妆、个护等消费品牌开始将微短剧纳入核心营销策略，推动内容制作向专业化、IP化转型。

2022年11月，丸美冠名的都市情感剧《靠近双子星》成为现象级案例。该剧通过“剧情种草+直播间转化”模式，精准植入明星产品小红笔眼霜，带动品牌搜索量提升141%，眼霜单品搜索量激增20倍。

2023年4月，韩束与MCN机构银色大地合作推出《心动不止一刻》，聚焦职场女性议题，深度绑定达人姜十七。3部冠名剧集累计播放量超30亿次，直接推动“红蛮腰”系列产品销量突破150万套。

在这一阶段，品牌微短剧营销进一步实现模式创新。品牌负责人客串剧情（如韩熙贞创始人出镜《破浪》）、剧集CP空降直播间等跨场景互动成为标配。

（三）全球化扩张与产业链成熟阶段（2024年至今）

随着微短剧的受众规模逐渐扩大，微短剧营销进而从国内市场延伸至全球，形成“内容出海+本土化制作”双轮驱动模式，头部平台通过差异化策略突破地域与文化壁垒。

例如，点众科技旗下出海平台 DramaBox 在日本市场实现单月 390 万美元流水，并通过 AIGC 技术优化多语种翻译，将“霸道总裁爱上我”等中式叙事框架融入西方超自然元素（如狼人、吸血鬼设定），在欧美市场引发观看热潮。中东地区则成为新兴增长极，本土化团队将阿拉伯传统家族伦理与强情节反转结合，制作出《迪拜之恋》等定制剧集，单部播放量突破 5000 万次。与此同时，枫叶互动（Crazy Maple Studio）以“IP 矩阵+生态协同”模式打通产业链，其短剧平台 ReelShort 与互动游戏 Chapters、网文平台 Kiss 形成内容联动，在北美市场构建了“短剧引流—IP 衍生—用户沉淀”的商业闭环。这种全球化布局不仅推动了中国文化符号的软性输出，如古风服饰、茶道等元素通过《长安十二时辰》微短剧改编版进入东南亚市场，更带动了数字贸易模式创新，九州文化与美国 MCN 机构合作的“乘风计划”即通过联合制片、流量分成等机制，实现了从内容输出到产业标准共建的跃迁。

三、微短剧营销的现存生态

微短剧作为一种新兴的数字内容形式，近年来在短视频平台的推动下迅速崛起，成为品牌营销的重要工具。微短剧以其短小精悍、剧情紧凑、情感共鸣强的特点，吸引了大量用户的关注，同时也为品牌提供了全新的营销场景和机会。以下从制作主体、内容生产、商业模式、政策加持 4 个方面，分析微短剧营销的生态现状。

（一）制作主体多元

当前微短剧营销的生态展现出多元主体的制作模式。抖音、快手、淘宝等头部平台积极利用“短剧+电商”的创新模式，不仅丰富了内容生态，更推动了商业化的快速发展。例如，快手与京东携手推出的 AI 主题短剧《重生之我在 AI 世界当特工》就是这一模式的成功实践。与此同时，美妆、个护、食品饮料等行业品牌方成为微短剧投放的主力军，其中美妆品牌的合作比例更是显著提升了 18%。洁丽雅等传统品牌也紧跟潮流，通过“品牌 IP 化短剧+直播”的组合拳，实现了单场商品交易总额（Gross Merchandise Volume，GMV）突破 500 万元的佳绩。此外，地方政府也积极参与其中，西安、杭州等地纷纷布局“微短剧之都”，旨在通过微短剧产业的发展，推动地方数字经济与文旅产业的深度融合，为区域经济发展注入新的活力。

（二）内容生产与题材迭代快

当前微短剧营销的生态在内容生产与题材迭代方面展现出新的趋势。横店等地已经形成了高效的“7 天一部剧”工业化流水线生产模式。这种规模化、标准化的生产模式使得微短剧的制作成本迅速攀升至百万级别，标志着微短剧产业正逐步向更专业、更精细的方向发展。在题材方面，女性向情感剧依然占据主流市场，但家庭题材作品也开始崭露头角，吸引了大量观众的关注。同时，AI、悬疑等创新类型的微短剧也在不断试水，为观众带来了多元化的选择。值得注意的是，头部制作机构正积极推动微短剧的精品化转型，他们引入明星演员与专业制作团队，致力于将内容从单一的“猎奇爽感”提升为更具深度与品牌价值的“品牌化叙事”，这一转变不仅提升了微短剧的艺术品质，也为微短剧营销开辟了新的发展空间。

（三）商业模式多样化

品牌微短剧营销方式涵盖了广告植入、直播带货和付费订阅 3 大方面。具体而言，品牌可以通过定制或与现有微短剧合作，巧妙地将产品信息融入剧情中进行广告植入，如韩束与姜十七的合作案例，有效提升了品牌曝光度并提高了销量。此外，微短剧与直播带货的结合也成为一种有效的商业化手段，通过剧情热度引导用户进入直播间，实现销售转化，肯德基便是利用这一模式创造高 GMV 的典范。另外，部分平台还推出了微短剧的付费订阅模式，用户付费后可以解锁全集或独家内容，抖音的“短剧付费”功能为创作者提供了新的盈利渠道。

（四）政策红利加持

在当前微短剧营销的现存生态中，政策红利成为微短剧蓬勃发展的重要推手。随着广电总局一系列反哺政策的深入实施，各大平台积极响应，纷纷将高达 70%的流量资源向优质微短剧内容倾斜，这一举措不仅显著提升了微短剧作为品牌营销新阵地的投资价值，更为行业带来了前所未有的跨界合作机遇。政府部门与行业协会的主动介入和积极参与，更是为微短剧的发展注入了新的活力。例如，“跟着微短剧去旅行”创作计划的推出，成功联动多个省份的文旅厅，不仅丰富了微短剧的内容创作，也为品牌提供了政企合作的新典范，进一步挖掘并拓展了微短剧市场的巨大潜力和广泛影响力，为行业的规范化、可持续发展奠定了坚实基础。

第二节　品牌微短剧营销的创新价值与策略方法

一、品牌微短剧营销的受众分析

品牌微短剧营销的迅速崛起离不开对用户消费心理的深入理解。微短剧作为一种有着相对明确的主题和主线、较为连续和完整的故事情节的网络视听节目，其独特的内容形式和商业转化对用户心理产生了深远影响。通过分析微短剧用户的行为特征，品牌可以更加准确地选择合适的微短剧营销模式，从而更加迅速触达目标受众，提升转化率。

（一）年轻化与女性主导：情感驱动的消费群体

微短剧的核心受众为18—40岁青中年群体，占比近80%。其中18—23岁用户对校园、职场题材的微短剧偏好显著，反映出其对现实议题的代入感需求。另外，女性用户占比超60%，尤其在美妆、家庭情感类短剧中占比达70%以上，如百多邦《我和女儿坐同桌》微短剧中，女性观众占70%。类似美妆、日用品牌应当深挖女性的情感需求，通过剧情设计及角色塑造来影响消费决策。

此外，用户通过微短剧内容满足情感投射需求，如家庭矛盾、职场逆袭等剧情激发共情，进而对品牌价值观产生认同。美妆品牌谷雨《大过年的》这一微短剧通过家庭场景传递品牌温度，进一步加深用户对谷雨品牌理念的认知。

（二）下沉市场崛起：高渗透率与强触达性

相比之下，新一线和二线城市用户更偏爱都市情感、职场题材，这与品牌的高端化营销策略相契合。这一类型品牌的用户日均观看微短剧时长超过 30 分钟，且他们观看的 80%以上内容通过短视频平台触达，这便要求品牌利用平台算法优化实现精准投放，如借助快手、抖音的“短剧+直播”闭环模式。例如，在肯德基的《重生之吃货皇后惹不起》微短剧上线的同时，肯德基邀请剧中男女主角进入抖音直播间，通过真人 CP 沉浸式边演边带货的方式，进一步提升了用户的参与感和互动性。直播期间，肯德基抖音官方直播间创造了开播以来的最高 GMV，实现了品牌曝光与销量转化的无缝对接。这种营销模式不仅在微短剧播放过程中高渗透、强触达品牌的精准用户，而且通过“短剧+直播”的方式提升了品牌的销售转化率。

（三）内容偏好与行为转化：从观看到消费的链路缩短

在题材偏好上，微短剧市场呈现出娱乐化与功能性导向的分层，搞笑、甜宠类短剧引领流量，而医疗、教育类短剧则通过剧情植入进行产品功效教育。在消费决策路径上，冲动型消费显著，45%的用户因剧中产品植入直接产生购买意愿，尤其以快消品转化率最高；同时，社交裂变效应明显，用户通过弹幕、评论区分享观剧体验，构建了从“观看—讨论—购买”的社交化消费闭环。例如，韩束在微短剧中巧妙地将产品信息与剧情场景相结合，这种场景化营销策略，不仅通过剧情的情感张力强化了用户对品牌的记忆点，还完成了“观看—讨论—购买”的社交化消费闭环。

（四）技术赋能下的行为特征：碎片化与互动性

在数字时代，用户呈现出碎片化的阅读习惯及消费特征。品牌需适应用户碎片化消费习惯，如在通勤、午休等场景投放 3—5 分钟短剧并在剧情高潮处植入关键信息；同时，满足用户对交互式体验的需求，如通过分支剧情选择和弹幕互动等功能增强用户黏性。品牌应根据目标用户特征选择差异化策略，体现“内容即消费”的趋势。例如，美妆品牌可针对女性下沉市场推出家庭情感类定制剧；科技品牌则可通过悬疑剧情植入产品功能，吸引高知青年群体。微短剧用户特征的本质是数字时代“内容即消费”的具象化体现。

二、品牌微短剧营销的创新价值

品牌微短剧营销在数字品牌营销领域展现了诸多创新价值。其低成本且高效传播，完美适配用户碎片化观看习惯，实现深度品牌渗透。故事化叙事与沉浸式体验激发情感共鸣，强化品牌认知。算法定向推送与社交裂变效应确保用户精准触达与高效转化。同时，品效销合一的营销闭环与 IP 长效运营价值，为品牌资产沉淀提供支撑。政策红利更保障了品牌微短剧营销的可持续发展，为数字品牌营销开辟新路径。

（一）传播效率高：低成本撬动大流量

品牌微短剧以其高投资回报率著称，单集制作成本通常在几万元至数十万元之间，远低于传统影视广告，却能借助平台流量扶持获得千万级曝光。如《月陨回声》仅以 30 万元成本便收获超 2 亿播放量，用户触达效率大幅提升。同时，其 3—10 分钟的时长设计完美适应短视频时代用户注意力特点，日均观看时长超过 60 分钟的重度用户占比达 42%，品牌信息可在通勤、休息等高频场景中实现深度渗透。

（二）内容穿透力强：情感共鸣驱动品牌认知

品牌微短剧利用故事化叙事优势，通过强情节、快节奏的剧情设计，将品牌价值融入人物成长或产品使用场景。例如，韩束在微短剧中巧妙地将产品信息与剧情相结合，有效提升了销量。同时，采用第一视角拍摄、互动剧情等沉浸式体验构建手段，增强用户代入感，成功吸引大量用户访问官网，实现流量显著增长。

（三）用户触达精准：圈层共振实现高效转化

在数智时代，品牌利用抖音、快手等平台的算法定向推送机制，依托用户画像数据实现地域、兴趣、消费能力的多维度精准投放。如母婴品牌通过母婴垂类微短剧定向触达 25—35 岁女性用户，使转化率大幅提升。同时，微短剧的社交裂变效应显著，用户自发进行二次创作，形成 UGC 传播链，进一步扩大了品牌影响力。

（四）商业生态融合：全链路营销闭环构建

品牌通过微短剧实现了品效销三合一的营销目标，支持从内容观看直接跳转到商品橱窗和直播带货。如丸美定制短剧《双 A 夫妇又美又飒》，剧中女主设定为丸美集团的千金，剧外官方发起“丸美四抗”的话题，用户点击话题便直接跳转到品牌官方直播间，可实现一键购买，创造了丸美的销售佳绩。同时，优质微短剧还能发展为系列 IP，持续为品牌资产增值，如文旅微短剧播出后，相关景区季度客流同比增长 73%，形成文旅消费新地标。

三、品牌微短剧营销的策略方法

（一）内容创新：深度连接消费者

1. 精准定位，直击受众内心

每个品牌都有独特基因，不同目标受众兴趣偏好和消费心理各异。品牌微短剧创作需深度剖析品牌特性，精准洞察受众需求。例如，完美日记针对追求时尚潮流的年轻群体，在微短剧中融入街头潮流文化、先锋电子音乐元素，打造充满活力与个性的内容，吸引年轻消费者关注，提升品牌知名度。

2. 故事为魂，传递品牌理念

在信息爆炸时代，消费者抵触直白广告，故事却能直抵人心。花西子以中国传统神话故事为蓝本创作微短剧，在剧情推进中巧妙融入品牌倡导的东方美学文化理念和价值观念，让消费者沉浸故事的同时，自然接收品牌信息，实现深度沟通与情感共鸣。

3. 情感共鸣，拉近品牌距离

情感是连接品牌与消费者的桥梁。围绕亲情、友情、爱情等永恒主题创作微短剧，能触动消费者心灵。例如，百雀羚的微短剧聚焦家庭情感，以细腻情感和真实情节引发强烈共鸣，增强消费者对品牌的认同感和好感度。

（二）形式创新：打造沉浸式体验

1. 互动升级，赋予观众主导权

打破单向传播模式，设置选择题、投票、抽奖等互动环节，让消费者深度参与剧情发展。芒果 TV 的一些品牌微短剧通过互动，极大提升了消费者的参与感和体验感，增强了品牌与消费者的互动黏性。

2. 竖屏制作，契合移动习惯

随着智能手机普及，竖屏观看成主流。众多品牌微短剧顺应趋势，采

用竖屏拍摄制作，画面与手机屏幕完美适配，提升观看便利性和用户体验，使品牌微短剧触达更广泛受众。

3. 系列化布局，持续吸引关注

制作系列化品牌微短剧，通过连贯且富有悬念的剧情吸引消费者持续关注。腾讯视频播出的某品牌系列微短剧，每集巧妙设置悬念，激发观众好奇心和追剧欲望，有效提高品牌忠诚度和影响力。

（三）传播创新：构建多元传播矩阵

1. 多平台分发，全面拓展版图

将品牌微短剧分发至抖音、快手等短视频平台，以及微信、微博等社交媒体平台。不同平台用户群体和传播特点不同，多平台分发可全面覆盖潜在受众。

2. KOL 合作，借势提升曝光

与各领域知名 KOL 合作，借助其在粉丝群体中的高影响力和号召力。例如，李佳琦推荐某品牌微短剧后，该微短剧迅速获得大量关注，曝光度和传播效果显著提升，吸引更多潜在消费者。

3. 话题营销，引发社交热潮

紧密结合社会热点和流行话题创作品牌微短剧。鸿星尔克在河南暴雨期间，除慷慨捐赠外，还结合热点推出相关微短剧，引发消费者广泛关注和热烈讨论，迅速提升了品牌知名度和美誉度，形成话题传播效应。

第三节　品牌微短剧营销的挑战与监管

微短剧虽以火爆的发展态势、可观的市场规模开辟了品牌营销的“新赛道”，为影视行业创作者打开了新的创作空间，但整体上看，品牌微短剧营销在题材选择、内容策划、人力开发等方面仍面临现实挑战。

一、核心挑战

（一）剧本创作与 IP 衍生的突破性挑战

品牌微短剧营销面临的突破性挑战主要体现在剧本创作与 IP 衍生两大

方面。好的剧本是微短剧精品化的开始，而 IP 衍生则是微短剧产业价值的延伸。在剧本创作阶段，由于网络文学与微短剧有着相近的“基因”，不少品牌微短剧都以网络文学为创意来源。2022 年 2 月发布的第 49 次《中国互联网络发展状况统计报告》显示，“网络文学+短剧”成为网络文学 IP 改编的热门赛道。

然而，这一融合亦带来挑战：品牌微短剧在采纳网络文学“人设标签”时，可能牺牲了作品的艺术深度，导致角色缺乏典型性，观众往往记得剧情，却忘却人物。此外，部分网络文学作品存在原有情节模板化、人设雷同、故事同质化等问题，一旦被改编为品牌微短剧，可能进一步加剧内容的同质化现象，影响观众的新鲜感和品牌认知。

品牌微短剧的兴起对传统广告营销同样构成了冲击。随着消费者将更多碎片化时间投入品牌微短剧中，传统广告形式的曝光机会无疑被压缩了。同时，资金与人才向品牌微短剧领域的倾斜，促使传统广告业进行自我调整，去除冗余，寻求创新。

在 IP 衍生层面，品牌微短剧虽展现出从影视 IP 中挖掘新可能的潜力，如电视剧《去有风的地方》衍生的品牌微短剧《我的归途有风》和电影《雄狮少年》的衍生作品《超越吧！阿娟》均收获了积极反馈，为品牌与影视资源的深度融合开辟了新视角。但长远来看，随着更多品牌涌入微短剧市场，如何在保持品牌特色的同时，与传统影视内容实现差异化共生，成为亟待解决的关键问题。品牌微短剧与传统影视营销如何精准定位，避免内容雷同，促进两者间的良性互动与协同发展，将是未来品牌微短剧营销面临的重要挑战。

（二）题材选择与品牌营销的适配性挑战

品牌微短剧营销在题材甄选层面所遭遇的挑战，无疑是对其策略深度与创意边界的一次严峻考验。当前市场中的品牌微短剧，虽凭借猎奇情节、社会热议度及即时吸引力，在瞬息万变的媒介环境中迅速捕获了受众的注意力，但这一系列举措还有很多不容忽视的问题。

首要挑战在于社会责任感的缺失。品牌在选择诸如霸道总裁、猎奇爱情等题材时，往往未能充分考量其对社会风气可能产生的导向作用，这不仅难以彰显品牌正面的价值导向，更可能对社会文化环境造成不良影响，进而削弱品牌形象的社会认可度。品牌作为社会文化的塑造者与传播者，理应承担起引领正向价值观、促进社会和谐发展的重任，而非盲目追逐短期利益，忽视其作为社会成员的基本责任。

其次，内容同质化现象已成为制约品牌微短剧营销效果的关键因素。当前市场上的微短剧题材单一，缺乏创新与突破，这不仅限制了优质内容的产出，更使得品牌微短剧在激烈的市场竞争中难以脱颖而出。品牌应勇于探索新的叙事手法与题材领域，以差异化的内容策略吸引目标受众，从而在竞争激烈的市场环境中占据有利地位。

再者，品牌在选择微短剧题材时，往往过于追求即时效应与眼球经济，而忽视了题材与品牌调性、产品特性的契合度。这种做法虽能在短期内吸引大量粉丝关注，但长期来看可能因缺乏品牌特色与文化底蕴而丧失受众的信任与忠诚度。品牌应深入挖掘自身核心价值与独特魅力，选择能够彰显品牌个性、传递产品特性的题材进行创作，以实现品牌与受众之间的深度情感链接。

（三）选角多样性与专业性的挑战

品牌微短剧营销的成功与否，与其在制作层面的质量与成本控制、内容体量规划、拍摄节奏的把握及专业拍摄团队的构建存在着千丝万缕的紧密联系。在这一新兴领域中，微短剧的选角策略展现出了高度的多样性、灵活性与显著的“平民化”特征，其主演阵容往往由来自不同背景的非职业演员构成，而这些演员的专业素养与表现力，直接成为衡量品牌微短剧营销质量的关键指标。

具体而言，当前微短剧市场在选择演员时，主要呈现出三大趋势：一是倾向于选取自带“流量效应”的网络红人，如拥有庞大粉丝基础的带货主播、自媒体博主、时尚界模特等，凭借他们在社交媒体上的广泛影响力，能够为微短剧带来初始的关注度和话题热度；二是重用那些具有微短剧拍摄经验，尤其擅长演绎特定角色类型的演员，如频繁出演“霸道总裁”角色的专业户，他们的表演风格与角色设定高度契合，能够迅速引起观众的情感共鸣；三是大胆起用新人演员，为微短剧注入新鲜血液与未知的可能性。横店作为中国影视产业的璀璨明珠，汇聚了全国最大规模的影视领域新文艺群体，其中注册“横漂”人数已近 14 万，涵盖了从专业演员、群众演员到模特、美工、制片人、导演等影视产业链的各个层级与环节的从业人员。尤其值得注意的是，在关于微短剧的新闻报道中，频繁提及“横漂”群体投身微短剧创作的生动个案。一方面，微短剧的蓬勃兴起为“横漂”们提供了前所未有的出镜机会，乃至“破圈”的契机，非职业演员们质朴而富有生命力的表演风格，为尚处于初创阶段的微短剧带来了别样的艺术魅力与风格特质；另一方面，部分创作者在表演与制作经验上的欠缺，也导致了微短剧市场出现了作品粗制滥造、质量参差不齐的问题，使得不少微短剧如同流水线产品一般，缺乏独特的艺术质感与深度。

如此参差不齐的演员阵容与团队素质，无疑对品牌微短剧营销的质量产生了直接影响。在当前缺乏统一选角标准与成熟制作体系的背景下，如何提升微短剧的整体制作水平，确保每一部作品都能精准传达品牌理念与产品特性，成为未来品牌微短剧营销面临的重大挑战。因此，构建一套科学、高效的选角机制与制作流程，培养一支具备专业素养与创新精神的制作团队，将是推动品牌微短剧营销持续健康发展的关键。

（四）VR 技术应用的探索性和限制性挑战

在微短剧这一新兴艺术形态初露锋芒之际，其制作门槛相对较低，仅需一部智能手机搭配基础的照明设备，便能基本满足拍摄需求。然而，随着微短剧领域逐渐步入精品化发展的快车道，品牌微短剧营销的整体要求也开始水涨船高。对于品牌微短剧营销而言，微短剧的创作质量需迈向更高层次，画面需追求更为唯美与清晰的视觉效果，技术层面亦需达到更为严苛的标准。在此背景下，一些富有前瞻性的创作者开始积极探索将 VR 技术融入微短剧创作之中，旨在通过技术手段为微短剧的故事世界赋予更为丰富的内涵与表现力。

以《柒两人生》（图 5-2）为例，作为国内首部采用虚拟制片技术的微短剧，该剧巧妙利用 LED 虚拟影棚代替传统实景拍摄，生动呈现了缆车即将坠落的惊险场景，营造出浓郁的悬疑氛围，从而取得了令人瞩目的传播成效。然而，尽管 VR 技术在微短剧领域的运用展现出了巨大的潜力，但当前仍面临着诸多现实挑战与限制。

图 5-2 《柒两人生》微短剧海报

一方面，在产业层面，针对“虚拟现实+微短剧”的布局已初具规模。以爱奇艺为例，该公司在横店建有先进的虚拟拍摄棚，成功将 LED 屏幕模拟与迭代的绿幕抠像等虚拟拍摄技术应用于多部微短剧的制作之中，为行业树立了标杆。另一方面，对于众多小型制作公司而言，受限于高昂的成本，扩展现实（Extended Reality，XR）虚拟拍摄技术如同“镜中花、水中月”，虽近在咫尺却难以触及，这无疑成为制约其创作的一大瓶颈。

此外，由于 XR 虚拟拍摄技术尚处于市场快速扩张的初级阶段，其与微短剧制作的适应性仍有待进一步提升。具体而言，使用 XR 虚拟拍摄技术拍摄的微短剧，对演员的表达技巧及演员与虚拟角色的互动提出了更为严格的要求，演员不仅需要具备扎实的表演功底，还需具备与虚拟环境相融合的能力，这无疑增加了创作的难度与复杂性。因此，如何在保证创作质量的同时，有效降低成本、提升技术适应性，成为当前品牌微短剧营销面临的重要挑战。未来，随着技术的不断进步与市场的日益成熟，品牌微短剧营销有望在 VR 技术的赋能下，开创出更为广阔的发展空间与无限可能。

二、微短剧行业的监管政策与法规

随着短剧行业的迅猛发展，国家相关监管部门已逐步建立起涵盖内容创作、传播机制、技术应用等全链条的监管体系。2022 年 11 月，国家广播电视总局办公厅发布《国家广播电视总局办公厅关于进一步加强网络微短剧管理 实施创作提升计划有关工作的通知》，明确将网络微短剧纳入网络视听节目管理体系，标志着行业正式进入规范化发展阶段。该政策通过“系统治理+专项整治”的组合拳，对低俗擦边、内容注水、价值导向偏差等问题进行重点整治，截至 2023 年 2 月，已下线微短剧 25300 多部。

在内容创作层面，《网络视听节目内容审核通则》对短剧创作提出明确要求：建立“选题策划、剧本创作、拍摄制作、成片审查”的全流程审核机制，重点强化对都市情感、悬疑推理等热门题材的价值引导。针对 IP 改编乱象，规定强调，网络文学 IP 改编需取得完整授权链条，禁止“洗稿式”改编行为，这对品牌微短剧的 IP 开发模式提出了更高合规要求。

技术应用方面，《5G 高新视频–沉浸式视频技术白皮书（2020）》等政策文件出台，通过设立“国家广播电视总局实验室”等创新平台，引导虚拟制片、实时渲染等前沿技术在短剧领域的转化应用。2023 年 8 月施行的《生成式人工智能服务管理暂行办法》对 AI 剧本生成、数字人演员等新兴业态设定了数据安全与伦理审查的双重门槛，推动技术应用的规范化进程。

未成年人保护成为政策关注焦点。《未成年人网络保护条例》要求建立短剧分级管理制度，对含有恋爱交友、校园暴力等元素的微短剧，强制实施“青少年模式”过滤机制。某知名短视频平台因未有效拦截未成年人观看违规短剧，于 2023 年 5 月被处以 150 万元行政处罚，彰显了监管力度。

在产业扶持层面，国家广播电视总局联合财政部设立“网络视听节目精品创作传播工程”，对弘扬中华优秀传统文化、展现科技创新的精品短剧给予最高 500 万元创作补贴。北京、杭州等地相继出台区域性扶持政策，通过建立微短剧创作基地、提供税收优惠等措施，引导行业向专业化、精品化转型。

这些政策法规的密集出台，正在重构短剧行业的生态格局：一方面通过“红黑名单”制度倒逼内容质量提升，另一方面借助“放管服”改革释放创新活力。报告显示，政策调控后备案微短剧的剧本平均修改次数从2.3次增至5.7次，单集制作成本同比上涨46%，标志着行业已进入“提质减量”新阶段。如何在政策框架下平衡创作自由与社会责任，将成为决定品牌微短剧营销可持续发展的关键因素。

延伸阅读：

[1] 钟瑞贞. 短视频内容生产及可持续发展的对策研究 [J]. 今传媒，2021，29（5）：19-21.

[2] GENG X, HE J. Research on Short Video Marketing Path of Traditional Handicrafts[C]. //6th International Conference on Economics, Management, Law and Education (EMLE 2020). Atlantis Press, 2021: 247-250.

[3] 夏珍珍. 移动短视频营销情境下消费者冲动性购买行为影响因素研究 [D]. 合肥：安徽大学，2020.

[4] 赵鑫，李金玉. 我国科技期刊短视频营销推广的现状、问题及对策 [J]. 中国科技期刊研究，2020，31（8）：915-922.

[5] 王晓红，包圆圆，吕强. 移动短视频的发展现状及趋势观察 [J]. 中国编辑，2015，(3)：7-12.

思考题

1. 数智时代如何赋能品牌微短剧营销？
2. 数智时代品牌微短剧营销需要注意哪些问题？
3. 结合优秀的品牌微短剧案例，简述其成功的要点。
4. 你认为品牌微短剧营销是否有利于品牌的长期发展？

第六章

从精准到狂欢：直播营销

第六章 从精准到狂欢：直播营销

第一节 直播营销的兴起

一、直播营销兴起的原因
二、直播营销的发展历程
三、直播营销的现状
四、直播营销的特征
五、直播营销的未来发展趋势

第二节 直播营销的基本类型

一、达人直播模式
二、店铺直播模式

第三节 直播营销的伦理与法规

一、法律监管体系的刚性约束
二、平台规则的精细化实践
三、主播责任与伦理准则
四、技术赋能合规治理
五、直播营销负面案例分析

导读：

在数字经济与智能技术深度融合的今天，直播营销已从一种新兴媒介形式演变为重塑商业生态的核心引擎。早在2023年，中国网络表演（直播）用户规模就已突破8.16亿人，《中国网络表演（直播与短视频）行业发展报告（2024—2025）》显示，2024年中国网络表演（直播）行业市场营收规模达2126.4亿元，较2023年同比上涨1.5%。这一数据的背后，既是技术革新与消费习惯变迁的共振，也是企业数字化转型中不可忽视的战略机遇。

未来，直播营销将更深地融入AI驱动的数据洞察与自动化运营，形成“内容—技术—用户”的闭环生态，VR、元宇宙、脑机接口等技术的接入也会让直播营销焕发出新的光彩。但行业的可持续发展不仅要追求商业利益，还要平衡社会责任，一方面，平台需通过算法优化与政策扶持（如抖音的九大商家扶持举措）推动公平竞争；另一方面，品牌需以用户价值为核心，避免短视的流量博弈。

作为数智时代品牌营销的“新基建”，直播不仅是销售渠道，更是品牌叙事、用户共创与价值观传递的枢纽。唯有在技术创新、内容深耕与合规治理中寻求平衡，方能实现从“流量狂欢”到“长效增长”的跨越。

本章学习目标：

1. 了解直播营销的发展历程，掌握直播营销的现状及未来发展趋势。

2. 明确达人直播和店铺直播两种直播模式的优劣，掌握直播策略的选择和操作方法。

3. 对关于直播营销的法律法规、平台规则及监管逻辑有清晰的认知，并能够在实际应用中规避法律风险，在平台监管下提升直播营销效果。

引导案例

在数字化与智能化深度交融的当下，直播营销已成为品牌推广和销售转化的关键领域。直播营销借助实时互动、场景化展示等特点，突破了传统营销的时空局限，重构了消费者与品牌的沟通模式，为品牌营销带来了全新的机遇与挑战。

董宇辉所在的直播间堪称直播营销领域的典型成功案例。董宇辉凭借深厚的文化底蕴、独特的双语直播风格，在竞争激烈的直播带货领域崭露头角，成功塑造了极具影响力的个人 IP。在直播过程中，他并非单纯推销产品，而是将知识、故事与商品介绍精妙融合。比如在介绍农产品时，他会分享乡村生活的点滴，让观众在购买产品的同时，产生强烈的情感共鸣。这种别具一格的直播方式，吸引了海量粉丝，使直播间长期保持高人气。

从店铺直播间层面来看，依靠董宇辉个人 IP 的强大影响力，无论是“东方甄选”还是“与辉同行”，都实现了销售额的迅猛增长。在董宇辉的带动下，直播间多次跻身直播带货排行榜前列，诸多商品一经推荐便迅速售罄。其成功不仅源于优质的产品，还在于通过董宇辉的个人魅力赢得了消费者对品牌的信赖。这一案例充分彰显了在直播营销中，个人 IP 与店铺直播间相互赋能的巨大潜能，为品牌营销开拓了新的路径与方向。

第一节 直播营销的兴起

据国家统计局数据，2024 年，我国社会消费品零售额实现 487895 亿元，比上年增长 3. 5%；网上零售额 155225 亿元，同比增长 7. 2%。其中，实物商品网上零售额 130816 亿元，增长 6. 5%，占社会消费品零售总额的比重为 26. 8%。中国网络视听节目服务协会发布的《中国网络视听发展研究报告（2025）》的最新数据显示，截至 2024 年底，我国网络直播用户规模达 8. 33 亿人，与 2023 年相比，增加了 1737 万，已占我国网民总数的 75. 2%，增加幅度达到 0. 5 个百分点。网络直播又细分为电商直播、游戏直播、真人秀直播、演唱会直播、体育直播等类别。观看网络直播成为人们的生活常态，网络直播成为品牌及企业营销的重要手段。

一、直播营销兴起的原因

当我们聊起直播营销的时候，首先要认识到直播是一种建立在网络技术等所构建的平台之上的信息传输模式，直播营销则是将这种信息传输模式应用到品牌营销的场景之中。互联网技术的迅猛发展，提升了网络带宽，推动了移动设备普及，再加上抖音、快手、小红书等互联网平台的兴起和平台经济生态的建立，直播不再只被电视台等少数机构使用，而是被更多的品牌或公司所用。除此之外，美颜、特效等技术创新及 AIGC、VR 等技术的应用，也让直播变得更有趣，受到消费者的关注和喜爱。

除了技术动因外，直播营销的方式契合了用户消费心理，即消费者参与网络直播营销，不仅满足产品信息需求，还满足社交、娱乐和自我表达需求。从从众心理来看，消费者在看到众多人参与直播互动、购买推荐产品时，容易受到群体行为的影响，进而跟风参与。在直播间里，大量的点赞、评论和购买行为形成一种群体效应，让消费者觉得跟随大众选择是安全的。消费者追求实惠的心理在网络直播中也得到了充分体现。直播间常常推出限时优惠、折扣、赠品等福利活动，这对价格敏感的消费者具有很大吸引力。从社交互动心理角度，消费者渴望在直播中与主播和其他观众交流互动。马斯洛需求层次理论提到，社交需求是人类较高层次的需求之一。在直播过程中，消费者通过与他人互动，分享自己的观点和体验，获得认同感和归属感，满足了社交需求。巴赫金的狂欢理论也表明，直播间打破了传统的等级秩序，消费者能自由平等地参与互动，享受轻松愉快的氛围，进一步强化了这种社交互动心理。此外，消费者在直播中还存在自我表达心理。他们通过发表评论、参与话题讨论等方式，展示自己的个性和观点，实现自我价值，比如在直播间分享产品使用感受，对主播提出建议等，都是消费者自我表达的体现。

在竞争激烈的市场环境下，品牌需要更有效的营销方式来吸引消费者、提升知名度与销量。传统营销方式如电视、平面广告缺乏互动和精准性，难以满足品牌与消费者深度沟通的需求。网络直播营销具备实时互动、直观展示、精准触达的优势，能让品牌与消费者直接交流，及时了解需求反馈，以便调整策略。从整合营销传播理论看，网络直播整合多种传播渠道和营销手段，实现品牌全方位传播，通过展示产品、增强互动、分享到社交媒体来扩大影响力，实现品牌传播与销售转化双赢。

二、直播营销的发展历程

（一）萌芽阶段（2009—2015 年）

从发展、兴起及成熟等阶段看，2009—2015 年，直播电商发展处于萌芽期。导购网站美丽说和蘑菇街作为以内容为驱动的导购社区，分别于 2009 年和 2011 年上线，用户可在社区内推荐、分享、评论商品，同时可将自己发布的或感兴趣的图文内容转发到微博、QQ、豆瓣等流量更大的社交平台。内容的参考价值让社区吸引消费者浏览，加上导购分佣激励网红、时尚博主、模特等入驻，导购社区逐渐形成 PGC（Professional Generated Content，专业人士内容输出）驱动的社区生态，即优质内容创造者、加工者在社区内分享自己对商品的见解与体验，用户被内容吸引购买后，其获得佣金回报。该内容生产者就是带货网红的前身。2015 年开始，一大批直播 App 出现，资本不断涌入市场，直播电商在资本和技术支持下得到进一步发展。

（二）快速发展阶段（2016—2020 年）

1. 直播电商元年（2016 年）

2016 年，电商行业投资者看到了直播电商的发展前景，纷纷开始加入直播大军，直播电商行业生态开始形成，电商直播产业链开始建立。这一年，代表性的电商平台与短视频平台陆续上线直播功能。1 月，快手上线直播功能。3 月，蘑菇街上线视频直播功能，扶持旗下直播艺人的孵化和经纪业务。直播平台通过打通“直播+内容”，提升用户黏性，获取流量变现。5 月，淘宝直播正式成立。9 月，京东正式推出直播业务。电商行业直播大潮开始，因此 2016 年被认为是直播电商元年。此后，电商和社交两类平台积极探索推动直播电商发展。

2. 直播生态形成（2017—2019 年）

2017—2018 年，主播群体数量剧增，直播 MCN（Multi-Channel

Network，多频道网络）机构涌现。一大批网红开始尝试电商直播，如李佳琦；MCN 机构可获得平台的专属资源和政策倾斜，并通过持续运营，不断提升旗下账号矩阵规模和活跃度，扩大自有品牌影响力，提升商业价值；行业逐渐分化并走向精细化运营，直播电商开始逐步整合主播与供应链资源。2018 年开始，直播电商进入快速发展阶段。以淘宝直播为例，《2019 年淘宝直播生态发展趋势报告》显示，2018 年淘宝直播平台带货超 1000 亿元，同比增速近 400%，创造了千亿级的市场。抖音、快手等短视频社交平台也于 2018 年进入直播电商领域。2018 年 6 月，抖音购物车第一批 100 个内测账号入驻，随后范围不断扩大。可见，这一阶段直播带货金额快速放量，主播、MCN 机构均迎来发展机遇，众多平台推出直播电商业务。2019 年，传统电商企业全面进军直播电商，直播电商行业进入爆发期。艾瑞咨询《2020 年中国直播电商生态研究报告》显示，2019 年，直播电商整体成交额达 4512. 9 亿元，同比增长 200. 4%。同年 1 月，淘宝推出淘宝直播独立 App；6 月，网易考拉推出“考拉 ONE 物”全网达人招募计划。直播电商成为电商行业的新风口，几乎所有做电商的企业都投入到了直播行业。

3. 全民直播时代（2020 年）

新冠疫情期间，传统线下销售模式受到严重冲击，直播成为重要的带货方式，拼多多 App 开启干部直播带货模式，聚划算 App 与明星打造“综艺+卖货”的沉浸式明星直播形式，抖音从短视频业务拓展至直播带货业务，直播电商步入全民时代。2020 年 4 月 23 日，商务部新闻发言人表示，据商务部大数据监测，2020 年第一季度电商直播超过 400 万场。大规模明星参与直播带货，政府机构、电视台加入直播带货大军。2020 年 3 月，罗永浩入驻抖音，首次直播带货成交额超 1. 7 亿元；同年 4 月，淘宝直播红人李佳琦被央视财经邀请访谈并联合央视主持人朱广权组成“小朱配琦”组合，一同做湖北公益专场直播，一场直播创下 4014 万元销售额。据中国互联网络信息中心数据显示，截至 2020 年 12 月，我国网络直播用户规模达 6. 17 亿，其中，电商直播用户规模为 3. 88 亿，较 2020 年 3 月增长 1. 23 亿，占网民整体的 39. 2%。但受流量、供应链等因素影响，电商在直播媒介下的商业模式终会分化，因为直播电商的本质仍是电商，只是通过直播形式帮助消费者降低选择成本，并在购物过程中与消费者双向互动达到更好购物消费体验。

（三）规范发展阶段（2021 年以来）

网络直播以其内容和形式的直观性、即时性和互动性，在促进经济社会发展、丰富人民群众精神文化生活等方面发挥了重要作用。与此同时，网络直播行业也存在主体责任缺失、内容生态不良、主播良莠不齐、充值打赏失范、商业营销混乱、青少年权益遭受侵害等问题。为促进网络直播行业健康有序发展和消费者权利的切实保护，国家出台了相关监管法规。

2021 年 4 月 23 日，国家互联网信息办公室等七部门联合发布《网络直播营销管理办法（试行）》（以下简称《办法》），对直播带货行业术语和定义、“带货”产品的商品质量、直播场景软硬件要求、网络主播的行为规范、MCN 机构的服务规范、行业企业的经营管理、内容发布平台合规性、产业孵化器和培训机构的准入条件、行业诚信体系建设、监管部门的监督管理等都做出规范要求。针对社会舆论广泛关切的消费者权益保护问题，《办法》明确了相关监管措施：直播营销平台应当及时处理公众对于违法违规信息内容、营销行为的投诉举报。消费者通过直播间内链接、二维码等方式跳转到其他平台购买商品或者接受服务，发生争议时，相关直播营销平台应当积极协助消费者维护合法权益，提供必要的证据等支持。《办法》于 2021 年 5 月 1 日起实施，为网络交易的科学有效监管提供制度性保障，明确打击如刷单、流量造假、虚假营销、商业诋毁等不正当竞争行为，加大对直播购物的法律约束和诚信约束，特别是明晰平台和主播的责任。直播电商监管新规又“严”又“细”，无论是直播平台还是主播，都应合法合规进行直播电商活动，不得触碰法律红线、侵犯消费者合法权益。否则，必然受到相应的处罚。可以预见，这些网络交易监管法规将给直播电商行业带来正面的引导，促进行业规范化发展。

三、直播营销的现状

随着互联网的快速发展，自媒体已经成为新时代的发展潮流，并影响着人们生活的方方面面。网络直播以一种新型的传播方式迅速发展起来，吸引了越来越多人的加入，这也使得直播的形式及内容越来越丰富多彩。网络直播在原有的互联网优势的基础上，可以将产品更加详细直观地展示给消费者，使得营销行为公开透明化，提升了消费者对企业的信任感，也为我国的经济发展提供了更多的可能性。

（一）网络直播营销规模持续扩大

当前，电商经济高速发展，网络直播营销已成为网络直播中拥有用户规模最大的直播类别，据 2025 年中国互联网络信息中心（CNNIC）发布的第 55 次《中国互联网络发展状况统计报告》，截至 2024 年 12 月，我国网络直播用户规模达 8.33 亿人，较 2023 年 12 月增长 1737 万人，占网民整体的 75.2%。网络直播用户明显增多，网络直播形式也逐渐多样化。随着我国经济的不断发展，人们生活水平不断提高，消费需求日益加强，因此，电商行业在未来仍旧会以较快的速度前进，行业市场规模也会不断扩大。

2019 年至 2022 年，中国直播电商行业市场规模显著增长。根据网经社数据，在这 4 年时间里，市场规模从 2019 年的约 4437.5 亿元增长到 2022 年 3.5 万亿元，增加了约 3 万亿元。这一数字增长说明了这个行业经历了惊人的发展，其中起到关键作用的是各大直播电商平台的快速崛起以及消费者对于直播购物的热情。与此同时，各大直播电商平台也在不断发展壮大，通过不断优化服务、提高用户体验，来满足消费者的不同需求和购物心理。可以说，直播电商行业的崛起不仅是电子商务的一个重要转型方向，也代表着全新的消费模式和商业逻辑的兴起。

（二）网络直播营销模式逐渐成熟

分析中国产业调研网发布的数据可以发现，网络直播的市场规模逐渐扩大，越来越多的企业加入网络直播营销行业，为企业带来了巨大的经济效益。随着行业的不断发展，网络直播营销模式逐渐成熟，企业可以更好地借助网络平台对产品进行推广销售，在降低企业营销成本的同时，也拓展了新客户。除此之外，网络营销可以让企业树立良好的企业形象，让顾客更清楚地了解到商品信息，方便顾客进行购买。

（三）网络直播营销内容逐渐丰富

网络直播营销内容从一开始的过于单一逐渐变得丰富多彩。在人们通常的认知里，网络购物就是购买“看得见、摸得着”的实物，通过网络交易将自己喜欢的东西买回家。随着网络营销模式的逐渐成熟，营销的内容也越来越丰富，人们可以通过网络直播购买虚拟的账号及进行账号充值。例如，在李佳琦的直播间就可以购买旅游套餐、景点门票等虚拟商品，打破了以往只能购买实体物品的刻板印象，极大丰富了网络直播营销的内容。

四、直播营销的特征

1. 社交属性显著

直播营销借助社交媒体的力量，极大地扩大了品牌的影响力和传播范围。消费者在直播间分享购物体验、评价产品效果，能够吸引更多用户关注和参与。同时，品牌与网红或其他品牌的合作直播，也有助于拓展市场份额。例如，某运动品牌与知名健身博主合作直播，共同推广运动装备，吸引了大量健身爱好者的关注，产品销量大幅提升。

2. 实时性强

与传统营销方式不同，直播营销能够实时展示产品和服务，使消费者第一时间获取最新信息。这种实时性不仅激发了消费者的购买欲望，还提升了品牌的知名度和美誉度。如某手机品牌的新品发布会采用直播形式，实时展示手机的新功能和特性，直播期间产品预定量远超预期。

3. 互动性突出

直播过程中，品牌、主播与消费者可以直接互动，解答疑问、解决顾虑，增强消费者对品牌的信任和忠诚度。同时，通过开展抽奖、送礼品等活动，能够吸引更多消费者参与，提高品牌曝光率和销售额。例如，在美妆直播间，主播会实时解答观众关于产品使用方法和肤质适配性的问题，增强了消费者的购买信心。

4. 视觉冲击力强

相较于传统的文字和图片广告，直播能够更直观地展示产品特点和优势。消费者可以通过直播画面清晰了解产品的外观、功能和使用方法，从而更准确地做出购买决策。例如，家居直播间通过 3D 建模和实景展示，让消费者身临其境地感受家具的摆放效果和空间适配性。

五、直播营销的未来发展趋势

（一）新技术融合趋势

1. 元宇宙赋能沉浸式体验

元宇宙相关技术为直播营销带来了沉浸式的购物体验。品牌可以在元宇宙中搭建虚拟直播间，消费者通过佩戴 VR 设备进入，与虚拟环境中的产品和主播进行互动，实现更加真实、立体的购物感受。例如，天下秀旗下虹宇宙推出的线下行进式 VR 大空间项目，将数字技术与实体场景深度融合，创造了沉浸式的文旅体验，也为直播营销在元宇宙领域的应用提供了思路。未来，美妆品牌或许能在元宇宙中举办新品发布会，消费者可自由穿梭于虚拟展厅，试用虚拟化妆品，感受产品效果。

2. AIGC 助力内容创新

AIGC 技术能够根据品牌需求和消费者偏好，快速生成个性化的直播内容，如产品介绍文案、直播脚本等。主播还可以借助 AIGC 工具实时回答观众的复杂问题，提升直播的专业性和趣味性。天下秀旗下 AI 营销平台“灵感岛”企业版，能帮助上百家中小企业搭建内容矩阵，实现创意生成、爆款分析及改写、图片生成、数字人等需求，还能通过 AI 智能混剪、数字人克隆等技术，批量生成爆款视频内容，显著提升了营销内容创作效率。

3. 虚拟数字人引领新潮流

虚拟数字人作为主播或品牌形象代言人，具有 24 小时不间断直播、形象可控、无负面新闻等优势。虚拟数字人可以通过深度学习模仿人类主播的语言和行为习惯，与观众进行自然互动。例如，洛天依等虚拟偶像为多个品牌进行直播带货，凭借其独特的形象和专业的产品推荐，吸引了大量年轻粉丝，产品销量显著增长。

（二）去头部化与店铺直播兴起

中腰部主播逐渐崛起，他们凭借在细分领域的专业性和亲和力，满足了特定消费群体的需求，带货成交额稳步上升。同时，店铺直播也在各大电商平台的扶持下快速发展。商家通过店铺直播能够更好地展示产品特色和品牌文化，增强与消费者的互动，提升品牌知名度和美誉度。如某服装品牌通过持续开展店铺直播活动，月销售额增长了30%以上。

（三）注重用户体验与内容创新

未来直播营销将更加注重用户体验和内容创新。直播形式将更加多元化，如VR直播、互动直播等，让消费者更加身临其境地了解产品。内容方面，主播将不仅仅局限于产品推销，还会通过分享生活故事、专业知识等，与消费者建立更深层次的情感连接。例如，美妆主播开设彩妆大师课，家居主播进行家居改造直播，这些创新内容大大提高了消费者的购买意愿和忠诚度。

（四）行业规范与可持续发展

随着行业的发展，政府和平台对直播营销的监管将更加严格，整治低俗直播、禁止“最低价协议”等措施将进一步规范行业秩序。2020年中国广告协会发布的《网络直播营销行为规范》，对刷单、虚假宣传等行为进行了规范。2024年拉萨网警对低俗直播主播的处罚，以及杭州司法部门对“最低价协议”的禁止，都体现了监管的力度。直播营销将更加注重产品质量和服务水平，推动行业的可持续发展，为消费者提供更优质的购物体验。

直播营销在当下市场展现出巨大潜力，其发展现状与特征反映了数字化时代营销模式的深刻变革。在新技术的推动和行业规范的约束下，直播营销将在未来商业领域发挥更为重要的作用，为品牌和消费者创造更多价值。

第二节　直播营销的基本类型

在2024年，直播电商依然是电商行业“第二增长曲线”的主要驱动力。根据《2024年直播电商行业发展趋势观察》报告，2024年1—11月，直播电商的零售额达到了4.3万亿元，占电商行业增量的80%。然而，尽管总额看似依旧可观，直播电商的增长速度却明显放缓。根据艾瑞咨询的数据，2019—2023 年，直播电商的增速从 245. 9%逐渐下降，预计 2024—2026 年，增速将稳定在 18%左右。

在这一变化的背后，达人直播模式的疲软尤为突出。过去，头部主播通过短时间内大量的低价促销，可以迅速吸引大量流量和消费者，但随着市场逐渐成熟，头部主播的带货效果显著下降。尤其是由于虚假宣传、产品质量问题等因素，多个知名主播“翻车”并面临封禁。与此同时，达人直播所暴露出来的种种弊端，以及经济转型的大环境下，企业和品牌更多考虑到成本和收益问题，品牌自播或者店铺直播模式被广泛采纳。

一、达人直播模式

（一）达人直播模式概述

1. 什么是达人直播模式

“达人”是指具备专业能力、粉丝黏性与人格化特征的意见领袖，主要分为明星达人和素人达人（网红）两种类型。达人直播模式是以垂直领域意见领袖为核心，通过实时互动、场景化内容展示与商品深度解说，实现品牌传播与即时销售转化的数字化营销方式。其本质是人际传播与大众传播的融合，重构了传统营销中的“人—货—场”关系，形成以“信任链接”为纽带的消费闭环。根据新华网 2024 年 10 月发布的《2024 中国数智消费社媒电商市场洞察》，2024 年达人直播渠道销售占比 56. 36%，依然是品牌营销的核心战场。

2. 达人直播模式的优劣势及选择策略

首先，达人凭借其个人 IP 的粉丝基础和内容创作能力，触发流量聚合效应，达人账号的私域流量池与公域流量推荐形成叠加，增加曝光。其次，垂直领域的达人能够为直播做信任背书，以此来提高消费者购买相关产品的意愿。最后，达人个性化的直播风格，以及对直播内容的创新，也是达人直播的优势之一，如董宇辉在农产品直播中融入诗词典故，使陕西水蜜桃复购率提升 27%。

但是达人直播并非万全之策。首先，头部达人佣金比例普遍较高，且可能需额外支付坑位费。部分品牌单场直播因利润空间不足，加上后台流量投放、直播过程中送礼等成本，收益不一定可观。其次，达人流量受平台算法、用户兴趣变化影响显著，品牌若过度依赖单一达人，可能因达人转型（如退出直播）或负面舆情遭受损失。而且抖音等平台逐步减少对头部达人的流量倾斜，转而扶持商家店播与货架电商，达人模式面临“去中心化”挑战。

所以，直播营销并非适用于所有品牌或者产品，在权衡过优劣势之后，以下 4 种情况可以选择达人直播模式。

（1）新锐品牌或小众品类：需快速打开市场认知度的品牌，可通过达人流量实现“冷启动”。例如，小众美妆品牌借助垂直领域达人的测评内容，精准触达潜在用户。

（2）高客单价或高利润产品：能够承担达人佣金及营销成本的品牌，如奢侈品、3C 数码等。此类产品通过达人直播的信任背书，可有效降低用户决策门槛。

（3）需情感化传播的品牌：强调文化价值或情感共鸣的品牌，如节庆礼品、公益项目。达人通过故事化内容（如新年愿望清单、品牌社会责任故事）能深化用户情感联结。

（4）缺乏自播能力的中小企业：资源有限的中小企业可借力达人成熟的内容团队与流量资源，避免自建直播团队的高成本投入。

3. 达人直播模式的基本流程

（1）明确直播目标与预算：品牌方首先要确定直播的核心目标，是为了推广新品、提升品牌知名度，还是促进产品销量增长、清理库存等。基于不同目标，制定与之匹配的直播预算，涵盖达人合作费用、产品成本、营销推广费用等。合理的预算规划能够确保资源的有效利用，避免不必要的开支。

（2）筛选合适的达人：全面考量达人的各项指标至关重要。一是粉丝画像，要确保达人的粉丝群体与品牌的目标客户高度契合，比如主打高端护肤品的品牌，选择以年轻女性且有一定消费能力为主要粉丝群体的美妆达人更为合适；二是达人的带货能力，参考其过往直播的销售数据、转化率等，了解其销售实力；三是达人的口碑和形象，确保其在行业内及粉丝心中形象良好，没有负面新闻，以免影响品牌声誉。

(3) 沟通直播内容与合作细节：品牌方需与达人深入沟通直播内容，提供详细准确的产品信息，包括产品的独特卖点、使用方法、适用人群等，协助达人设计生动有趣的直播脚本。在合作细节方面，明确产品价格、优惠政策、佣金结算方式、发货时间等，避免后续出现纠纷。同时，商定直播中的互动环节，如抽奖、问答等，提高观众参与度。

(4) 直播前的准备工作：品牌方要确保产品库存充足，避免直播中出现缺货现象影响用户体验。对产品包装、物流配送等环节进行优化，提升消费者的收货体验。提前与达人共同进行直播预热，通过社交媒体发布直播预告、海报等，吸引潜在观众关注。

(5) 直播过程中的监控与协作：直播期间，品牌方安排专人实时监控直播间，关注直播节奏、产品介绍情况以及观众反馈。及时与达人沟通，根据观众的提问和需求，调整直播内容和节奏。如果出现突发情况，如产品介绍错误、技术故障等，迅速与达人协作解决，确保直播顺利进行。

(6) 直播后的复盘与总结：直播结束后，品牌方和达人共同对直播数据进行复盘分析，包括观看人数、互动量、销售额、客单价等。总结直播中的优点和不足，如产品介绍是否清晰、互动环节是否有效等。根据复盘结果，调整后续的直播策略和产品优化方向，不断提升直播营销的效果。

(二) 达人直播经典案例拆解：李佳琦+完美日记

李佳琦与完美日记的合作直播堪称直播营销领域的经典案例，深入剖析这一案例，对于理解直播营销如何助力品牌成就具有重要意义。

1. 合作背景

完美日记作为一个新兴的美妆品牌，旨在通过创新的营销策略快速打开市场，提升品牌知名度和产品销量。而李佳琦作为直播电商领域的头部主播，拥有庞大的粉丝群体和强大的带货能力。QuestMobile 的数据显示，截至 2024 年，李佳琦直播间的月均观看人数达到数千万，粉丝忠诚度极高。从资源互补理论来看，双方的合作基于各自的优势，完美日记拥有创新的产品和品牌发展需求，李佳琦拥有强大的带货能力和广泛的粉丝基础，这种资源的互补形成了强大的合力，为品牌成就奠定了坚实基础。在合作中，完美日记借助李佳琦的影响力和带货渠道，快速将产品推向市场；李佳琦则通过与完美日记的合作，丰富了直播间的产品品类，满足粉丝的美妆需求，实现双赢。

2. 直播营销中的选品策略

选品是直播营销的关键环节。完美日记与李佳琦合作直播时，精心挑选了品牌的明星产品，如小猪盘眼影、小细跟口红等。这些产品具有高性价比、时尚外观和良好的使用效果等特点，符合李佳琦直播间消费者追求时尚、性价比的需求。根据消费者行为理论中的需求层次理论，消费者在满足基本生理需求后，会追求更高层次的审美和自我实现需求。美妆产品作为满足审美需求的商品，其时尚外观和良好效果能满足消费者对美的追求，而高性价比则符合消费者追求价值最大化的心理。根据艾瑞咨询的报告，受欢迎的直播商品通常具备能够吸引消费者的关注和激发其购买欲望这一特点。小猪盘眼影以其丰富的色彩搭配和出色的显色度，满足了消费者对于多样化眼妆的需求；小细跟口红则凭借独特的外观设计和多种色号选择，成为众多消费者的心头好。

3. 主播影响力与品牌传播

李佳琦在美妆直播领域的影响力不可小觑。他以专业的美妆知识、极具感染力的直播风格和“口红一哥”的名号，吸引了大量忠实粉丝。在与完美日记合作直播中，他的推荐和试用展示，能够迅速引发粉丝的关注和信任。按照口碑营销理论，消费者更倾向于信任意见领袖的推荐。在整合营销传播理论中，口碑传播是品牌传播的重要组成部分，消费者之间的口碑传播往往比品牌自身的宣传更具可信度和影响力。李佳琦作为美妆领域的头部主播，他对完美日记产品的推荐，使得品牌在短时间内获得了极高的曝光度。直播过程中，他详细介绍了产品的成分、使用方法和效果，通过亲身试用展示产品优势，让消费者更直观地了解产品，从而增强了消费者对品牌的认知和好感。例如，在介绍小细跟口红时，李佳琦通过展示不同色号在不同肤色上的效果，以及分享自己的使用感受，吸引了众多粉丝下单购买。

4. 营销策略与互动效果

李佳琦在直播中注重与观众的互动，通过抽奖、问答等形式，提高观众的参与度。他会及时回答观众关于产品的疑问，增强观众对产品的了解和信任。从社会交换理论来看，互动是一种双方的交换行为，观众通过参与互动，获得了信息和娱乐，主播则通过互动获得了观众的关注和支持。同时，抽奖活动也吸引了更多观众留在直播间，增加了直播的热度和关注度。例如，在直播过程中，每隔一段时间就会进行一次抽奖，奖品包括完美日记的产品和优惠券等，吸引了观众积极参与互动。

5. 限时优惠与促销活动

在合作直播中，双方推出了限时折扣、买一送一等优惠活动，刺激消费者冲动购买。根据消费者行为理论中的价格敏感度理论，消费者对价格的变化具有一定的敏感度，限时优惠和促销活动能够降低消费者对产品价格的感知，激发消费者的购买欲望。同时，根据前景理论，人们在面对收益时是风险规避的，面对损失时是风险偏好的。限时优惠营造出一种“不购买就会损失”的心理情境，促使消费者快速做出购买决策。这些优惠活动吸引了大量消费者在直播期间下单，有效提升了产品销量。数据显示，直播期间完美日记产品的销售额相比平时增长了数倍。

6. 品牌成就与长期影响

（1）品牌知名度提升：通过与李佳琦的合作直播，完美日记的品牌知名度得到了大幅提升。品牌在社交媒体上的话题热度持续攀升，吸引了更多消费者的关注。相关数据显示，直播后完美日记在微博、抖音等平台的话题阅读量和讨论量大幅增加，品牌搜索指数也显著上升。根据传播扩散理论，信息在传播过程中会通过不同的渠道和节点进行扩散，李佳琦的直播作为一个强大的传播节点，将完美日记的品牌信息迅速扩散到其庞大的粉丝群体中，再通过粉丝的二次传播，进一步扩大了品牌的知名度。

（2）产品销量增长：直播直接带动了完美日记产品的销量增长。根据完美日记官方数据，直播期间产品销售额达到了数千万元，多款产品售罄。这不仅为品牌带来了直接的经济效益，也增强了品牌在市场中的竞争力。从销售漏斗理论来看，直播营销通过吸引消费者的关注，激发他们的兴趣，再到引导购买，最终实现了产品销量的增长。直播过程中的产品展示、促销活动和互动环节，一步步推动消费者从认知阶段向购买阶段转化。

（3）品牌形象塑造：与李佳琦的合作，有助于完美日记塑造时尚、专业、亲民的品牌形象。李佳琦的专业形象和对产品的严格筛选，让消费者对完美日记的品牌品质有了更高的认可。品牌通过直播传递的时尚理念和美妆知识，也吸引了更多年轻消费者的关注，进一步巩固了品牌在年轻消费群体中的地位。根据品牌形象理论，品牌形象是消费者对品牌的整体认知和印象，包括品牌的产品形象、服务形象、文化形象等。李佳琦在直播中对完美日记产品的专业介绍和时尚搭配展示，传递了品牌专业、时尚的形象，而互动环节则展现了品牌的亲民形象，从而全面塑造了完美日记的品牌形象。

李佳琦与完美日记的合作直播，通过精准的选品策略、主播的强大影响力、有效的营销策略和良好的互动效果，实现了品牌知名度提升、产品销量增长和品牌形象塑造等多方面的品牌成就。这一案例为其他品牌的直播营销提供了宝贵的经验和借鉴，也充分展示了直播营销在数智品牌营销时代的强大力量。从理论高度深入剖析这一案例，能为品牌在直播营销实践中提供更具深度和广度的指导。

二、店铺直播模式

（一）店铺直播模式概述

1. 什么是店铺直播模式

店铺直播模式是指品牌或商家通过自有账号在电商平台（如抖音、淘宝、京东等）开设直播间，由品牌内部员工或签约主播进行商品展示、销售及用户互动的营销形式。其核心特征在于“品牌自营”，即不依赖第三方达人，直接通过直播间与消费者建立联系，实现从流量获取到销售转化的闭环管理。相较于达人直播，店铺直播更强调品牌自主性、内容可控性以及用户数据的长期沉淀。

店铺直播的崛起已经成为一个不可忽视的趋势，艾瑞咨询发布的

《2024—2025 年中国互联网数字经济发展报告》显示，2023 年品牌商家店铺直播的占比首次超过了达人直播，达到了 51.8%，2024 年提升 2.8 个百分点，达 54.6%，延续反超趋势。

2. 店铺直播模式的优劣势及选择策略

相较于达人直播模式，店铺直播模式的优势是比较明显的。首先，店铺直播无须支付达人佣金或坑位费，长期运营成本显著低于达人合作模式。中小品牌可通过日播形式分摊设备与人力投入，实现可持续营销，所投入成本较少。其次，品牌内容可控性强，店铺直播往往由企业或者店铺自行“招兵买马”并运营直播间，不用过分受制于直播达人的个人风格。品牌可自主设计直播脚本、产品展示逻辑及促销策略，还能够避免达人直播中可能出现的“翻车”风险或内容偏差。再次，店铺直播能够更好地实现用户数据深度沉淀。通过直播间用户行为数据（如停留时长、转化路径），品牌可精准分析用户偏好，优化产品组合与营销策略。最后，店铺直播能够增强用户的品牌信任度：长期稳定的自播形象有助于建立品牌专业性与可靠性。例如，美妆品牌珂拉琪通过每日直播讲解产品成分与使用方法，来强化用户信任。

但是，店铺直播模式在启动初期，流量获取相对较难，新开店铺直播间缺乏达人 IP 的天然流量，需依赖平台流量扶持或付费推广，因此冷启动周期较长。而且内容创新压力相对更大，日播模式要求持续输出高质量内容，直播内容容易陷入同质化旋涡之中（如单一促销话术），导致用户疲劳。除此之外，专业团队依赖度高，需配备主播、运营、场控等专业团队，部分中小企业在人力与培训资源不足时易面临效率瓶颈。

综合店铺直播模式的特点及优劣势，以下 4 种情况可以选择达人直播模式。

（1）成熟品牌与高复购品类：已有一定市场认知度的品牌（如快消品、美妆）可通过日播形式强化用户黏性，促进复购。例如，零食品牌三只松鼠通过每日直播维持用户活跃度。

（2）垂直领域专业品牌：需深度讲解产品技术或使用场景的品牌（如家电、数码）可通过专业主播解答用户疑问，提升购买决策效率。

（3）注重私域运营的品牌：希望通过粉丝社群、会员体系实现长期用户运营的品牌，店铺直播是沉淀私域流量的核心工具。

（4）供应链响应能力强的品牌：能够快速调整库存、优化物流的商家，可通过直播实时响应爆款需求，避免缺货或延迟发货问题。

3. 店铺直播模式的操作方法

（1）直播前的规划与筹备：

① 设定直播目标：品牌方需明确每次直播的核心目的，是为新品预热、提升品牌知名度，还是为了清理库存、提高销售额等。根据不同目标，制定可量化的指标，如观看人数目标、销售额目标等，为后续直播效果评估提供依据。

② 选择直播时间：深入分析目标客户群体的活跃时间规律。如针对上班族，晚上 7—10 点通常是他们休闲上网的时段，此时进行直播更容易吸引他们的关注；若是面向年轻学生群体，周末或晚上完成作业后的时间段更为合适。

③ 组建直播团队：一个专业的直播团队是成功的关键。主播要具备良好的表达能力、产品知识和销售技巧，能够热情且准确地介绍产品；助播负责协助主播，如展示产品细节、回复观众简单问题等；运营人员负责直播策划、技术支持和数据分析，确保直播顺利进行。

④ 准备直播内容：精心策划直播脚本，明确直播流程和环节，包括开场、产品介绍顺序、互动环节安排、结尾等。同时，准备丰富的产品资料，如产品图片、视频、使用教程等，以便在直播中全方位展示产品。

⑤ 布置直播场景：根据品牌定位和产品特点，打造契合的直播场景。如时尚服装品牌可布置成时尚秀场风格，展示区陈列当季新品；家居用品品牌则营造温馨的家居场景，让观众更直观感受产品使用效果。

（2）直播过程的把控与互动：

① 主播开场与引导：直播开始时，主播以热情、亲切的方式开场，介绍直播主题、福利和流程，迅速吸引观众的注意力，激发他们的观看兴趣。

② 产品展示与讲解：按照直播脚本，详细展示产品的外观、功能、使

用方法等，通过实物演示、对比实验等方式，让观众更直观地了解产品优势。讲解过程中，突出产品的独特卖点和与竞品的差异，解答观众对产品的疑问。

③ 互动环节设置：定期开展互动活动，如抽奖、问答、限时折扣等，鼓励观众点赞、关注、评论，提高直播间的活跃度和观众的停留时长。及时回复观众的留言和提问，增强与观众的互动和黏性。

④ 实时数据监测与调整：运营人员实时监测直播数据，如观看人数、在线时长、互动量等，根据数据变化及时调整直播节奏和内容。若发现某个产品介绍时观众关注度高，可适当延长介绍时间；若互动环节参与度不高，可调整奖品设置或互动方式。

（3）直播后的复盘与优化：

① 数据统计与分析：直播结束后，全面统计直播数据，包括观看人数、粉丝增长数、销售额、客单价、转化率等，分析各项数据之间的关联和变化趋势。

② 经验总结与改进：根据数据分析结果，总结直播中的优点和不足，如产品介绍是否清晰、互动环节是否有趣等。针对存在的问题，提出改进措施，如优化直播脚本、提升主播表达能力等，为下一次直播提供参考，不断提升直播效果。

（二）店铺直播经典案例分析：霸王茶姬

霸王茶姬作为新中式国风茶饮的代表品牌，凭借独特的品牌定位和创新的营销手段，在茶饮市场中脱颖而出。其品牌自播的成功实践，为行业提供了极具价值的参考范例。以下将从多个维度结合权威理论进行深入剖析。

1. 直播内容策略：深挖产品核心价值

霸王茶姬紧紧围绕品牌定位与产品特色，精心构建直播内容。品牌以新中式国风茶饮为定位，致力于将传统中式茶文化与现代茶饮相结合，主打原叶鲜奶茶，从源头保证产品品质。在直播过程中，主播不仅详细介绍每款茶饮的茶叶品种，如“伯牙绝弦”选用的茉莉雪芽，还会深入讲解其产地的独特风土条件、茶叶的采摘标准及制作工艺，让消费者充分了解茶叶的特色。同时，主播会亲自演示冲泡过程，讲解如何将茶叶与新鲜牛奶进行搭配，以及不同搭配比例所带来的独特口感变化。

这种基于产品核心价值的深度传播，高度契合科特勒在《营销管理》中提出的价值传播理论。该理论强调，品牌只有精准地向消费者传递独特价值，才能在竞争激烈的市场中，在消费者心中树立起差异化的认知。以霸王茶姬为例，通过直播深入讲解产品的核心价值，让消费者明白其茶饮不仅是一杯饮品，更是中式茶文化的现代演绎，满足了消费者对于高品质茶饮和文化内涵的追求。

从整合营销传播理论来看，直播是品牌传播的重要一环。霸王茶姬通过直播这一传播渠道，将产品信息有目的地传达给目标受众。在直播内容策划上，与品牌的整体营销战略保持一致，从产品的原料选取、制作工艺到品牌文化的阐述，实现了信息传播的一致性与连贯性。通过长期稳定的直播内容输出，强化了品牌在消费者心中的形象，让消费者在享受美味茶饮的同时，对品牌文化产生强烈的认同感。

2. 品牌形象塑造：强化国风视觉元素

直播间的场景布置在品牌形象塑造中发挥了关键作用。霸王茶姬的直播间采用了大量具有国风特色的元素，古色古香的木质桌椅，搭配上精美的传统中式茶具，营造出浓厚的中式茶饮氛围。墙壁上悬挂的国风插画，描绘着传统的茶文化场景，如古代文人雅士品茶论道的画面，与品牌的国风定位高度契合。

从品牌形象理论的一致性原则来讲，品牌在所有传播触点上保持形象一致，有助于强化品牌认知。霸王茶姬无论是线下门店的装修风格，还是线上直播的场景布置，都始终围绕着“新中式国风”这一定位，让消费者在不同的场景中，都能感受到品牌独特的文化魅力。这种一致性的品牌形象塑造，能够让消费者更容易记住品牌，并且在消费者心中形成独特的品牌印记。

从符号互动理论出发，这些国风元素作为文化符号，在直播场景中与消费者产生互动。消费者在观看直播时，通过对这些符号的解读，如对传统茶具的认知、对国风插画的理解，进一步理解和认同品牌所传达的文化内涵。这种文化层面的互动，不仅加深了消费者对品牌的记忆，更让消费者对品牌产生情感上的共鸣，从而喜爱上这个品牌。

3. 用户互动模式：增进品牌与消费者连接

霸王茶姬在直播中积极开展多样互动活动，极大地提升了消费者的参与度。直播过程中，设置了丰富的抽奖环节，奖品包含优惠券、周边产品等。优惠券可以直接用于线下门店消费，吸引消费者到店体验；周边产品则设计精美，如带有品牌 Logo 的茶杯、帆布袋等，既具有实用性，又能作为品牌的宣传载体。这些奖品的设置，有效地激发了观众的参与热情，吸引他们踊跃参与互动。

同时，主播会实时解答观众关于产品、门店位置等问题。对于观众提出的关于产品口味、制作方法的疑问，主播会耐心细致地进行解答；对于观众询问的门店位置，主播会详细告知，并提供门店的特色活动信息。这种实时互动的方式，让消费者感受到品牌的关注与重视，增强了消费者与品牌之间的连接。

这种互动模式符合关系营销理论，通过建立、维护和增进与消费者的良好关系，提升消费者的忠诚度和品牌口碑。依据马斯洛需求层次理论，消费者在互动过程中，除了满足对产品信息的需求外，还在一定程度上满足了社交需求与尊重需求。他们参与互动，与其他观众和主播进行交流，获得奖品，得到主播的关注与解答，从而对品牌产生更强的认同感和归属感。这种情感上的连接，能够让消费者成为品牌的忠实粉丝，不仅自己持续购买，还会主动向身边的人推荐品牌。

4. 新品推广策略：借助直播加速市场扩散

霸王茶姬巧妙利用直播进行新品推广，形成了一套行之有效的新品推广策略。在新品推出前，通过直播进行预热，主播会提前透露新品的研发背景，讲述研发团队如何从传统茶文化中汲取灵感，结合现代消费者的口味需求，进行新品的研发。同时，主播会详细介绍新品的口味特点，如独特的原料搭配、口感的层次变化等，激发消费者的好奇心与期待。

新品上市直播时，结合限时优惠活动，刺激消费者购买。例如，推出新品首发折扣，购买新品可获得额外赠品等活动。这些优惠活动能够有效地降低消费者的决策成本，激发他们的购买欲望。从创新扩散理论来看，直播能够让早期采用者快速了解新品信息，并通过他们的示范和传播，加速新品在市场中的扩散。早期采用者往往是对新鲜事物接受度较高的消费者，他们在直播中率先购买新品，并在社交媒体上分享自己的体验，能够影响更多的消费者尝试购买。

同时，从消费者行为理论中的“刺激-反应”理论来看，直播中的新品信息和优惠活动作为刺激因素，引发消费者购买的反应。消费者在接收到这些刺激信息后，会对新品产生兴趣，进而产生购买行为。通过直播这种即时性、互动性强的营销方式，霸王茶姬有效地促进了新品的市场推广，缩短了新品的市场导入期，提高了新品的市场占有率。

霸王茶姬的品牌自播通过精准的内容策略、鲜明的品牌形象塑造、积极的用户互动以及有效的新品推广，实现了品牌传播与销售转化的双赢。其成功经验为其他品牌开展直播营销提供了极具借鉴意义的范例，无论是在内容创作、品牌形象塑造，还是在用户互动和新品推广方面，都值得其他品牌深入学习和研究。

第三节　直播营销的伦理与法规

直播营销的爆发式增长正重塑商业生态，但其在技术赋权与流量狂欢中滋生的伦理失范与法律争议，已成为数智化品牌建设中亟待解决的核心问题。虚假宣传、数据造假甚至是诱导未成年人消费，行业乱象暴露出技术创新与规则滞后间的深层矛盾。在此背景下，国家与地方层面密集出台的规范性文件，不仅为行业划定了行为边界，更揭示了数智时代品牌责任的内涵重构。

一、法律监管体系的刚性约束

（一）国家层面的法律与行政法规

我国直播营销的监管体系以《中华人民共和国广告法》《中华人民共和国电子商务法》《中华人民共和国消费者权益保护法》为基石，结合

《网络直播营销管理办法（试行）》等专项规章，形成多维度治理框架。

《中华人民共和国广告法》明确将直播内容纳入广告行为监管范畴，严禁使用“国家级”“最高级”“最佳”等用语。例如，2023 年某美妆主播因宣称产品“全网销量第一”被市场监管部门罚款 50 万元，成为行业警示案例。《中华人民共和国电子商务法》则强化平台主体责任，要求对入驻商家进行实名核验与资质审核。2022 年某头部平台因未履行审核义务导致假货泛滥，被依法处以 200 万元罚款并限期整改。此外，《中华人民共和国电子商务法》明确直播营销主体的责任划分，要求平台审核商品信息真实性，主播需对宣传内容负责，若涉及虚假宣传，平台和主播可能承担连带责任。消费者权益保护方面，《中华人民共和国消费者权益保护法》赋予消费者七日无理由退货权。某服饰品牌直播间曾因设置“拆封不退”条款，被法院判决向消费者支付 3 倍赔偿金。2024 年 7 月施行的《中华人民共和国消费者权益保护法实施条例》进一步细化规则，要求直播带货必须标明“谁在带货”“带谁的货”，并禁止虚构交易量、虚假评价等误导行为，同时规范自动续费、预付式消费等环节。

针对直播营销的特殊性，国家市场监管总局于 2021 年颁布《网络直播营销管理办法（试行）》，要求平台建立直播内容保存制度，并严禁利用未满 16 周岁的未成年人进行直播营销活动。2023 年某童装品牌因违规使用 14 岁儿童出镜带货，被依法行政处罚并全网通报，凸显政策执行力度。

（二）地方性规范与行业指引

除了国家相关部门出台的具有广泛适用性的法律条文及文件，地方也出台了行政性法规等文件来规范当地的直播营销行为，以适应当地特色情况，营造健康的直播营销环境。

2025 年 2 月 11 日，安徽省市场监督管理局发布《安徽省直播电商合规经营指引》。该文件要求，直播营销活动应坚持正确导向，营造有序竞争、健康规范、向上向善的直播电商发展环境；明确个人信息安全、消费者权益保护、商品和服务质量审核等义务并督促履行；全面、真实、准确披露商品或服务信息，保障消费者知情权和选择权；不得欺骗、误导消费者或社会公众；不得实施商业混淆等不正当竞争行为；不得发布违法广告；不得销售禁售商品和服务；不得销售侵犯他人知识产权的商品或者提供侵犯他人知识产权的服务，不得发布侵犯他人知识产权的商品和服务信息；在首页或者其他显著位置标示的商品或者服务价格不得低于在详情页面标示的价格；不得违规促销；不得故意拖延或者无正当理由拒绝消费者提出的合法合理要求等。

二、平台规则的精细化实践

主流直播平台通过分级分类管理机制，将法律要求转化为可操作的技术标准。

在内容审核层面，抖音要求美妆类商品必须全程展示“国妆特字”备案编号，禁止使用“祛斑”“消炎”等医疗效果描述。2023 年，某护肤品牌因未完整公示备案信息，被暂停直播权限 30 天。淘宝直播则严格规范价格对比行为，要求商家提供 30 天内真实交易记录作为佐证。2022 年，某数码商家伪造历史低价链接，被平台扣除 10 万元保证金并列入信用黑名单。

违禁词管理成为合规核心。《中华人民共和国广告法》（以下简称《广告法》）第九条规定，不得使用“国家级”“最高级”“最佳”等用语；第十七条对医疗宣传做出规范，除医疗、药品、医疗器械广告外，禁止其他任何广告涉及疾病治疗功能，并不得使用医疗用语或者易使推销的商品与药品、医疗器械相混淆的用语，如“治疗”“抗病毒”等。《中华人民共和国反不正当竞争法》第九条规定，不得对商品的性能、功能、质量、销售状况、用户评价、曾获荣誉等做虚假或者引人误解的商业宣传。如“包治百病”“无效退款”等虚假承诺用语。国家市场监管总局于 2020 年 11 月 5 日发布的《市场监管总局关于加强网络直播营销活动监管的指导意见》规定，依据《广告法》，重点查处发布虚假广告、发布违背社会良好风尚的违法广告和违规广告代言等违法行为。明确直播营销中适用《广告法》禁用词条款，要求查处“虚假宣传”“绝对化用语”。2024 年发布的《“618”网络集中促销合规提示》包括严格加强广告内容审核、严格规范直播营销行为等方面内容。将“绝对化用语”“医疗宣称”列为违规典型，点名拼音缩写、谐音字等新型规避手段。

典型案例显示，2024 年某食品主播因宣称产品“增强免疫力”违反《广告法》第十七条，被处以 20 万元罚款。平台通过 AI 语义识别技术实时拦截违规话术，抖音“灵犬”系统可识别方言谐音与变体字。据抖音平台发布的治理报告，抖音 2024 年通过“灵犬”系统及相关风控技术，累计拦截违规信息约 226.3 亿条（日均 6200 万次），远超 2023 年的 12 亿条。

三、主播责任与伦理准则

2020 年 6 月 26 日，中国广告协会发布国内首份《网络直播营销行为规范》（以下简称《规范》），自 2020 年 7 月 1 日起施行。《规范》规定了商家、主播、平台及其他参与者等各方在直播电商活动中的权利、义务与责任。其中明确禁止刷单、炒信等流量造假，以及篡改交易数据、用户评价等行为，商家不得进行虚假宣传，欺骗、误导消费者。但是，《网络直播营销行为规范》作为自律文件，主要倡导引导从事网络直播营销活动的各类主体自律自治。

2022 年 6 月 22 日，国家广播电视总局、文化和旅游部联合发布《网络主播行为规范》（以下简称《行为规范》）。《行为规范》规定了网络主播应当遵守的政治、法律、道德等方面的行为规范。

《行为规范》明确，通过互联网提供网络表演、视听节目服务的主播人员，包括在网络平台直播、与用户进行实时交流互动、以上传音视频节目形式发声出镜的人员，应当遵照本行为规范。利用人工智能技术合成的虚拟主播及内容，参照本行为规范。

针对网络主播从业行为中存在的突出问题，《行为规范》分别从正、反两个方面规定了网络主播在提供网络表演和视听节目服务过程中应当遵守的行为规范和要求。强调网络主播应坚持正确政治方向、舆论导向和价值取向，树立正确的世界观、人生观、价值观，积极践行社会主义核心价值观；应坚持健康的格调品味，自觉摈弃低俗、庸俗、媚俗等低级趣味，自觉抵制违反法律法规、有损网络文明、有悖网络道德、有害网络和谐的行为；对于需要较高专业水平（如医疗卫生、财经金融、法律、教育）的直播内容，主播应取得相应执业资质等。同时，列出了网络主播在提供网络表演和视听节目服务过程中不得出现的行为，为网络主播从业行为划定了底线和红线：不得发布违反宪法所确定的基本原则及违反国家法律法规的内容；不得编造、故意传播虚假恐怖信息、虚假险情、疫情、灾情、警情，扰乱社会治安和公共秩序，破坏社会稳定；不得对社会热点和敏感问题进行炒作或者蓄意制造舆论“热点”；不得炒作绯闻、丑闻、劣迹，传播格调低下的内容，宣扬违背社会主义核心价值观、违反公序良俗的内容；不得介绍或者展示易引发未成年人模仿的危险行为，表现诱导未成年人不良嗜好的内容；不得引导用户低俗互动，组织煽动粉丝互撕谩骂、拉踩引战、造谣攻击，实施网络暴力；不得通过有组织炒作、雇佣水军刷礼物、宣传“刷礼物抽奖”等手段，暗示、诱惑、鼓励用户大额“打赏”，引诱未成年用户“打赏”或以虚假身份信息“打赏”；不得营销假冒伪劣、侵犯知识产权或不符合保障人身、财产安全需求的商品；不得夸张宣传误导消费者等。

四、技术赋能合规治理

监管科技（RegTech）的升级为直播合规提供底层支撑。

AI 审核系统实现全流程风险防控。抖音“灵犬”系统通过深度学习算法识别方言、变体字及画面中的隐性违规信息，据《2024 抖音直播治理报告》，2024 年抖音直播累计封禁账号 32 万个，关停违规场次超 57 万场，清退直播机构 526 家。通过 AI 音频审核大模型，违规内容曝光时长显著缩短，从识别到处置全流程时间压缩至人工审核的 45%，日均处置效率提升 55%。阿里“AI 巡检官”每 60 秒扫描直播间画面，曾精准识别某保健品直播中隐藏的“治愈率 98%”水印文字。区块链技术则在商品溯源领域发挥作用，国家市场监督管理总局要求食品类直播实时展示区块链存证的检测报告，2024 年，某经销商因篡改农产品产地信息被吊销经营许可，溯源数据的不可篡改性成为执法关键证据。

信用评价体系构建长效约束机制。全国网络交易监管服务平台已建立主播信用档案，截至 2024 年年底，累计公示 1.2 万条失信记录，并与金融征信系统联动，形成“一处失信、处处受限”的惩戒格局。

五、直播营销负面案例分析

（一）东北雨姐：从“假一赔万”到信任崩塌

2024 年 9 月，头部主播“东北雨姐”在直播间销售一款宣称仅含红薯淀粉、饮用水和食用明矾的红薯粉条，并承诺“假一赔万”。然而，消费者购买后通过第三方检测发现产品未检出红薯源性成分，主要成分为木薯粉，引发广泛质疑。

辽宁省本溪满族自治县市场监督管理局介入调查，经两轮检测确认，涉事红薯粉条确实不含红薯成分，且雨姐团队在直播中宣称的“质量把控”与事实不符。最终，市场监管部门依据《中华人民共和国反不正当竞争法》对雨姐传媒处以没收违法所得和罚款共计 165 万元，并责令暂停经营，限期整改，承担相关法律责任。

东北雨姐事件揭示了直播营销中“流量至上”的致命风险：虚假宣传不仅触犯法律，更摧毁消费者信任。

（二）李佳琦：水能载舟亦能覆舟

2023 年 9 月 10 日，头部主播李佳琦在直播间销售眉笔时，因消费者留言质疑“越来越贵”而情绪失控，回应称：“哪里贵了？这么多年都是这个价格，不要睁着眼睛乱说……有的时候找找自己原因，这么多年了工资涨没涨，有没有认真工作？”该言论迅速引发舆论风暴，相关话题“哪李贵了”登上微博热搜榜首，单日阅读量突破 5.5 亿次，讨论量超 5.8 万条。

事件发酵后，李佳琦虽在次日凌晨发文道歉，称辜负了消费者的信任，但舆情持续蔓延。网友调侃打工人收入与消费能力的割裂，并翻出其过往争议，进一步加剧公众不满。

此事件不仅导致李佳琦微博粉丝一周内流失超 120 万，直播间销售额同比下滑 30%，还波及合作品牌。后者陷入品牌信任危机，被迫多次澄清“100%中国品牌”身份并报案处理谣言。

李佳琦“哪李贵了”事件揭示了直播营销中流量至上主义的致命缺

陷：短期利益驱动下的言行失范，不仅伤害消费者感情，更摧毁消费者信任。

延伸阅读：

一、网络直播营销活动涉及的主要法律

《中华人民共和国广告法》《中华人民共和国电子商务法》《中华人民共和国反不正当竞争法》《中华人民共和国消费者权益保护法》《中华人民共和国产品质量法》《中华人民共和国食品安全法》《中华人民共和国价格法》《中华人民共和国个人信息保护法》《中华人民共和国药品管理法》《中华人民共和国商标法》《中华人民共和国专利法》《中华人民共和国消费者权益保护法实施条例》

二、网络直播营销活动涉及的部门规章及相关文件

1. 国家互联网信息办公室、全国“扫黄打非”工作小组办公室、工业和信息化部、公安部、文化和旅游部、国家市场监督管理总局、国家广播电视总局等七部门《关于加强网络直播规范管理工作的指导意见》（国信办发文〔2021〕3 号）

2. 国家互联网信息办公室、公安部、商务部、文化和旅游部、国家税务总局、国家市场监督管理总局、国家广播电视总局等七部门《网络直播营销管理办法（试行）》（国信办发文〔2021〕5 号）

3. 国家互联网信息办公室、国家税务总局、国家市场监督管理总局《关于进一步规范网络直播营利行为促进行业健康发展的意见》（税总所得发〔2022〕25 号）

4. 国家广播电视总局、文化和旅游部《网络主播行为规范》（广电发〔2022〕36 号）

5.《网络交易监督管理办法》（国家市场监督管理总局令第 37 号）

6.《明码标价和禁止价格欺诈规定》（国家市场监督管理总局令第 56 号）

7.《互联网广告管理办法》（国家市场监督管理总局令第 72 号）

8.《网络反不正当竞争暂行规定》（国家市场监督管理总局令第

91号）

9. 国家市场监督管理总局《市场监管总局关于加强网络直播营销活动监管的指导意见》（国市监广〔2020〕175号）

10. 国家广播电视总局《国家广播电视总局关于加强网络秀场直播和电商直播管理的通知》（广电发〔2020〕78号）

11. 国家互联网信息办公室《互联网直播服务管理规定》

12. 福建省市场监督管理局《福建省网络直播营销活动合规指引》（2024年第6号）

13. 安徽省市场监督管理局《安徽省直播电商合规经营指引》（皖市监函〔2025〕40号）

三、网络直播营销活动涉及的行业组织、机构规范和公约

1. 中国广告协会《网络直播营销行为规范》

2. 中国文联文艺工作者职业道德建设委员会《文艺工作者广告代言自律公约》

思考题

1. 数智技术如何重构直播营销的“人—货—场”关系？

2. 虚拟主播能否完全替代真人主播？其伦理边界何在？

3. 直播营销的“即时性”与“长尾效应”如何协同？

4. 结合案例，分析直播营销中用户共创的价值实现路径。

5. 请选择一个店铺直播案例和达人直播案例进行对比分析。

第七章

“耳朵经济”下的品牌播客营销

第七章 "耳朵经济"下的品牌播客营销

第一节 品牌播客营销的发展历程及主流模式

一、播客与播客营销
二、播客营销的发展历程
三、播客营销的主流模式

第二节 品牌播客营销的创新价值与局限性

一、品牌播客营销的创新价值
二、品牌播客营销的局限性

第三节 品牌播客营销的发展策略

一、营销链路的"全周期"协同
二、技术创新赋能内容生产力
三、构建品牌播客营销内容传播矩阵
四、DTC与ITC模式协同发展

导读：

在日益喧嚣的网络环境与伴随而来的"高耗能"式互联网使用模式下，用户对于互联网所提供的"连接"价值产生更进一步的需求。随着智能技术的发展和移动媒介的勃兴，读屏成为大众生活常态，唤醒了耳朵这一听觉感官，声音成为传播主流媒介，听觉文化回归，喜马拉雅、荔枝、蜻蜓 FM 等声音媒体层出不穷，声音焕发出崭新活力，重塑着声音景观。

麦克卢汉曾提出"人的延伸"这一概念，以"耳朵"为核心的相关产品可以被视作人类听觉官能的延伸。相比其他需要综合调动人类眼、耳、手等多个器官的媒介，其节省了更多时间成本，兼具便捷性与陪伴性，可以使听众在完成多线性任务的同时实现对媒介的分享与消费，例如一边开车一边听音乐、一边做家务一边听有声书等，也可称为"耳朵经济"。

近年来，"耳朵经济"作为新兴网络产业迅速崛起，成为一个显性的传播现象。"耳朵经济"是区别于传统纸媒、电影电视及网络短视频等"眼球经济"而衍生的概念，泛指人们用耳朵进行信息消费而引发的一切经济现象及行为。随着现代化进程不断加快，人们逐渐习惯了高效、快频的生活方式，各式各样的文章、视频都在抢占着受众的屏幕使用时间。长时间浏览信息所引发的视觉疲劳，以及奔波劳碌无暇阅读等痛点使人们转而投向音频赛道。

于是，播客这种低信息密度，重视倾听与对话价值，擅长深度情感连接，主打长期陪伴与信任关系的长音频节目重回视野。据《2024 中文播客新观察》数据，截至 2024 年年底，中文播客听众突破 1.5 亿人次，同比增长 43.6%，增速全球第一。随着听众的持续增加，2020 年前后，国内出版机构与新消费品牌率先开拓投放播客营销方案，以建立品牌播客的形式抓住直接对话用户的发声渠道。

如今，播客已成为品牌连接听众、塑造形象的新宠，品牌播客营销的使用状况愈发广泛和深入。众多品牌纷纷投身播客营销，利用声音这一独特媒介，讲述品牌故事，深化与用户的情感纽带。此外，越来越多的品牌开始尝试与知名播客或主播合作，通过赞助、广告植入等方式，将品牌信息融入播客内容中。这种合作模式不仅能够帮助品牌快速触达目标受众，还能够借助播客或主播的影响力，提升品牌的知名度和美誉度。

例如，意大利高端品牌GIADA推出了自家播客《岩中花述》，专为成熟女性设计，营造自然、真诚、平等的交流氛围。节目邀请女性精英分享故事和品牌理念，与听众建立深厚情感联系。同时，GIADA运营社群、组织线下活动，增强品牌忠诚度，彰显播客营销潜力。

总的来说，品牌播客营销已成为当下品牌传播的重要手段之一。通过精心策划和制作，品牌可以打造出具有独特声音标识的播客节目，实现与用户的深度互动和情感链接，从而塑造出更加立体、生动的品牌形象。

本章学习目标：

1. 系统掌握品牌播客营销的基础认知，能够清晰界定播客、播客营销的核心定义，阐明其与传统媒介的区别与联系，理解品牌播客营销的发展历程，包括关键时间节点、驱动因素及主流商业模式。

2. 辩证分析品牌播客营销的价值与挑战，结合行业案例，提炼品牌播客营销在用户黏性、品牌情感联结、差异化竞争等方面的创新价值。客观评估当前实践中存在的局限性，并提出改进思路。

3. 了解品牌播客营销的实战策略框架，学会利用AI等技术工具提升内容生产效率，并构建多维度传播矩阵，理解DTC模式与ITC模式的协同逻辑，探索两者结合的增长路径。

4. 具备行业前瞻性与创新意识，预判品牌播客营销的未来趋势，并能提出适配品牌需求的策略建议。

引导案例

山下有松与《山下声》

山下有松（Songmont）作为国内新兴的设计师品牌，凭借其自然简约的设计风格和深刻的文化内涵，迅速在箱包市场中崭露头角。2024年，山下有松推出首档品牌播客《山下声》，通过声音媒介与目标受众建立深度情感连接，进一步丰富了品牌的文化内涵。这一案例不仅展现了播客营销在品牌传播中的独特价值，也为设计师品牌在数字化时代的营销策略提供了新的思路。

（一）品牌播客的内容策略：深度访谈与人文关怀

《山下声》播客以深度访谈为核心形式，邀请不同领域的嘉宾分享他们的生活态度、职业经历和文化观察。例如，节目《李娜：扛得起时代，过得起小日子》邀请了中国网球运动员李娜，通过讲述她的职业生涯与人生故事，展现了品牌所倡导的自然、简约、有深度的生活方式。这种以人文关怀为核心的内容策略，不仅提升了品牌的文化调性，还通过嘉宾的真实故事与听众建立了情感共鸣。

（二）跨界嘉宾选择与受众精准触达

《山下声》播客通过邀请跨界嘉宾，为节目注入了新鲜感和多样性。例如，作家蒋方舟和网球运动员李娜的加入，吸引了不同兴趣圈层的听众。这种跨界组合不仅扩大了节目的受众范围，还通过嘉宾的影响力精准触达了品牌的目标用户群体。根据节目数据，李娜的访谈单集收听量超过 1.2 万次，显示了播客内容的高吸引力和传播效果。

（三）品牌文化的深度传递

《山下声》播客通过“山下有松空间”的概念，营造了一种轻松自然的对谈氛围，使对话更加真诚和深入。这种氛围与山下有松品牌所倡导的“自然、高雅与时间沉淀之美”高度契合，进一步强化了品牌的文化内核。通过播客，山下有松不仅传递了产品的功能性与美观性，还以更加个性化和沉浸式的方式，向受众传递了品牌的生活理念和价值观。

（四）播客营销的情感连接与品牌印象深化

播客作为一种声音媒介，具有天然的亲和力和情感传递能力。《山下声》通过深度访谈和人文关怀内容，成功地将品牌文化转化为听众的情感记忆。例如，李娜在节目中分享的“每个人的心里都有一头野兽”的观点，不仅引发了听众的共鸣，还通过品牌播客的形式，将这种情感连接转化为对品牌的认同与忠诚。

第一节　品牌播客营销的发展历程及主流模式

一、播客与播客营销

播客（Podcast）是一种基于互联网的音频传播方式，允许用户订阅并自动接收新发布的音频文件。2004 年，亚当·科利（Adam Curry）推出首个播客节目《每日源代码》（*Daily Source Code*），标志着播客作为一种新兴的媒体形式正式进入公众视野。播客的定义可以概括为基于互联网，利用简易信息整合（Really Simple Syndication，RSS）技术发布、可供用户订阅后自动接收的聚合数字音频文件。

中国市场流传更广的是“付费课程”和“有声小说”。国内播客市场始终未能大规模兴起，甚至多数国民对播客一词的理解也并不深入。真正的播客定义更加严格，其中像喜马拉雅主打的知识付费、有声书都不能算作播客。播客的特点是内容选题新颖有趣，表达方式轻松随心，充满个人特色，在这种形式下听众往往能得到很多新奇的观点，进行有趣的思维碰撞。

播客营销（Podcast Marketing）是指品牌通过制作、赞助或参与播客节目，以音频内容为载体，向目标受众传递品牌信息、建立品牌认知并促进用户互动的数字营销方式。播客作为一种新兴的数字媒体形式，近年来在全球范围内迅速普及。爱迪生研究公司（Edison Research）2024 年发布的数据表明，12 岁及以上的美国人中大约 67%（约 1.92 亿人）至少听过一次播客，而每周收听至少一个播客节目的美国人达到了 1 亿人，占 12 岁及以上美国人口的 34%。平均而言，这些每周收听播客的听众每周会听 8 集播客。《2025 播客营销白皮书》显示，2024 年全球播客听众接近 5 亿人。这为品牌提供了广阔的营销空间。

（一）播客的内涵

1. 技术基础

播客的核心技术是 RSS 技术，它允许用户订阅并自动接收更新的内容。这种技术使得播客的传播更加高效和便捷，用户无须手动下载或搜索新内容，系统会自动推送最新的音频文件到用户的设备上。

2. 内容多样性

播客的内容涵盖新闻、教育、科技、文化、娱乐等多个领域，为用户提供了极大的便利和选择多样性。与传统广播相比，播客的内容更加个性化，允许用户根据自己的兴趣定制内容，并在任何时间、任何地点通过数字设备收听。

3. 用户自主性

播客不仅为内容创作者提供了一个全新的平台，使他们可以通过互联网向全球听众传播声音，同时也为听众带来了前所未有的自主性和互动性。通过播客，用户可以参与到节目中，通过社交媒体与其他听众交流观点，形成一种新型的社区互动模式。

（二）播客的特征

1. 内容选题新颖有趣

播客的内容选题通常新颖有趣，表达方式轻松随心，充满个人特色。在这种形式下，听众往往能得到很多新奇的观点，进行有趣的思维碰撞。这种内容形式不仅吸引了大量的听众，也为内容创作者提供了广阔的创作空间。

2. 表达方式轻松随心

播客的表达方式通常轻松随心，充满个人特色。与传统广播相比，播客的内容更加个性化，允许用户根据自己的兴趣定制内容，并在任何时间、任何地点通过数字设备收听。这种表达方式不仅增强了用户的参与感，也提升了内容的吸引力。

3. 互动性强

播客的互动性是其重要特征之一。通过播客，用户可以参与到节目中，通过社交媒体与其他听众交流观点，形成一种新型的社区互动模式。这种互动性不仅增强了用户的参与感，也提升了内容的传播效果。

4. 传播方式灵活高效

播客通常采用 RSS 2.0 文件格式进行信息的传送，使得内容的更新和分发更加灵活高效。这种传播方式不仅提升了内容的传播效率，也提升了用户的接收体验。

5. 个性化制作

播客的内容制作通常更加个性化，允许用户根据自己的兴趣定制内容，并在任何时间、任何地点通过数字设备收听。这种个性化制作使用户更有参与感，也使内容更有吸引力。

（三）品牌播客营销

播客营销的核心优势在于其能够精准触达目标受众并与之建立深度连接。播客内容通常围绕特定主题展开，听众群体具有较高的同质性和忠诚度。例如，科技类播客的听众多为科技爱好者，而生活方式类播客则吸引关注健康、时尚等领域的用户。品牌可以通过选择与自身定位相符的播客节目，实现精准营销。根据插播传媒（Midroll Media）的研究，超过60%的播客听众会关注节目中提到的品牌，并有较强的购买意愿，这表明播客营销在提升品牌认知和促进转化方面具有显著效果。

此外，播客营销还具有高参与度和长尾效应的特点。播客听众通常在通勤、健身或家务等场景中收听节目，这种伴随式体验使得听众对内容的注意力更加集中。同时，播客内容具有较长的生命周期，听众可以在任何时间点收听，这使得品牌信息能够持续传播，形成长尾效应。例如，品牌赞助的播客节目即使在播出数月后，仍可能被新听众发现并收听。

在实践层面，播客营销的主要策略包括内容合作、品牌自建播客和跨平台推广。内容合作是指品牌通过赞助或植入广告的方式与现有播客节目合作，例如定制专题内容或邀请主持人推荐产品。品牌自建播客则是品牌创建自己的播客节目，通过持续输出高质量内容，建立品牌权威性和增强用户黏性。例如，通用电气推出的科幻主题播客 *The Message* 通过创新的叙事方式成功吸引了大量听众。跨平台推广则是通过社交媒体、电子邮件等渠道推广播客内容，扩大传播范围。

二、播客营销的发展历程

播客营销作为数字品牌营销的重要组成部分，凭借其独特的音频传播形式和深度内容体验，逐渐成为品牌与消费者建立情感连接、传递品牌价值的重要工具。播客营销的发展历程不仅反映了数字媒体技术的进步，也体现了品牌营销策略从单向传播到互动参与的深刻转变。从 2004 年播客概念的提出，到如今全球范围内播客听众的快速增长，播客营销经历了从小众实验到主流商业化的演变过程。在这一过程中，播客不仅重塑了音频内容的消费方式，也为品牌提供了全新的营销场景和机会。无论是国际市场的成熟发展，还是国内市场的快速崛起，播客营销都展现出强大的生命力和创新潜力。

（一）萌芽阶段（2005—2013 年）：小众媒体的崛起

播客在诞生初期主要作为一种小众媒体存在，内容多由个人或独立创作者制作，主题涵盖科技、音乐、教育、商业等领域。这一阶段的播客营销尚未形成规模，品牌主要通过赞助或广告植入的方式参与其中。例如，2005 年，美国知名音频设备品牌舒尔开始赞助科技类播客节目，成为早期播客营销的典型案例。这一阶段的播客营销效果有限，其主要原因是受众规模较小且缺乏成熟的商业模式。

在中国，播客的起步稍晚，且受限于互联网基础设施和用户习惯，播客营销发展较为缓慢。2005 年前后，国内出现了少量以个人兴趣为导向的播客节目，但由于缺乏成熟的传播平台和商业化路径，播客的影响力较为有限。

（二）探索阶段（2014—2019 年）：商业化与专业化

移动互联网的爆发本应为播客创造发展契机，中国音频市场却走向了特殊演化路径。自 2015 年开始，知识付费模式的兴起彻底改变了音频内容的生态格局，为行业带来了深远的影响。

这一时期，喜马拉雅、荔枝 FM 等音频平台迅速崛起，它们通过推出结构化课程、有声书等内容形态，成功吸引了大量用户的关注，并迅速占领了市场份额。这些平台以功利性学习为导向，为用户提供了一系列具有明确学习目标和价值的内容产品，满足了现代人在快节奏生活中追求高效学习的需求。

这种趋势导致大量创作者转向了知识生产领域，他们开始制作符合市场需求的结构化课程和有声书等内容，以期获得更好的商业回报。然而，这也使得原生播客的生存空间遭到了严重的挤压。在这一阶段，只有少数像《大内密谈》这样的节目坚持 UGC 模式，通过品牌赞助等方式维系运营。

在这期间，喜马拉雅凭借其庞大的用户基础和丰富的内容资源，在播客领域占据了重要地位，成为国内最大的综合性音频内容平台。喜马拉雅拥有庞大的用户基础，覆盖从一线城市到下沉市场的全年龄段群体，内容品类涵盖知识、娱乐、生活等 200 余个细分领域，成为全生态赋能典范、大众化品牌的流量引擎。

与喜马拉雅不同，荔枝 FM 更侧重于社交互动和草根创作者的培育，其播客内容以个性化、情感化和生活化为核心特色。荔枝 FM 成立于 2013 年，是国内最早专注于 UGC 的音频平台之一。该平台以其鲜明的社交属性闻名，通过评论区、语音弹幕等功能营造出"陪伴式"的消费体验；在内容方面，注重情感化表达，主打情感故事与生活分享，吸引了 68%的女性用户，尤其受到 18—24 岁"Z 世代"群体的喜爱；同时，借助流量扶持计划和低创作门槛的优势，汇聚了超过 1000 万的普通创作者，彰显出内容生产的"去中心化"趋势。

整体来看，这一阶段播客内容制作逐渐专业化，喜马拉雅、荔枝 FM 等平台的出现，进一步推动了品牌播客营销。

（三）发展阶段（2020 年至今）：垂直播客平台小宇宙的诞生

2020 年成为国内播客发展历程中的一个重要转折点。这一年，受新冠疫情影响，人们的生活方式和工作模式发生变化，居家场景的延伸成为常态。与此同时，年轻群体对深度内容的需求也在不断升级，渴望通过更加多元化和个性化的渠道获取有价值的信息和观点。这两大因素的叠加，为播客这一媒介形式带来了新的发展机遇，推动了其进入新一轮的增长周期，也为播客品牌营销的发展奠定了基础。

在这一背景下，以小宇宙 App 为代表的垂直播客平台应运而生。这些平台通过去中心化的分发机制和社区化的运营模式，为播客创作者提供了更加公平和开放的展示空间，同时也为听众带来了更加丰富和多元的内容选择。

数据显示，到2021年，中国播客听众的规模已经突破8600万大关，其中30岁以下的年轻用户占比高达62%。这一数据不仅反映了播客在年轻群体中的受欢迎程度，也揭示了内容形态上的显著代际更迭。早期的“网络电台”式单口叙事已经逐渐让位于更加生动和互动性强的对话体节目，如《随机波动》《文化有限》等。这些节目不仅议题设置更加广泛和深入，涉及性别平等、文化批判等公共领域，还通过嘉宾的多元选择和观点的碰撞交流，为听众带来了更加丰富的听觉盛宴。

在商业化层面，播客也迎来了新的发展机遇。品牌定制播客、会员订阅制等多元模式开始落地，为播客创作者提供了更多的盈利渠道。例如，三顿半推出的《飞行电台》就是一个典型的品牌定制播客案例，它不仅为品牌带来了更加生动和有趣的传播效果，也为播客创作者提供了更多的创作空间和商业机会。同时，随着播客广告市场规模的不断扩大，2022年播客广告市场规模同比增长了47%，这一数据不仅显示了播客在广告市场中的潜力，也揭示了从“流量逻辑”向“品牌价值逻辑”的转型趋势。这种转型不仅有助于提升播客的商业价值，也有助于推动整个行业的健康发展。

三、播客营销的主流模式

播客作为一种新兴的媒体形式，本质上蕴含着营销潜力。中文播客产业的蓬勃发展以及平台创新的不断推进，为品牌播客营销开辟了广阔的前景。目前，品牌播客营销主要通过两种形式实现价值传递。各品牌应根据自身特点选择恰当的模式，充分挖掘其营销潜力，并在此基础上开展品牌播客营销的创新实践。

（一）DTC（Direct To Consumer，直接触达消费者）

1. DTC品牌播客模式分析

DTC模式应用于播客更多地体现在品牌自有播客的打造，品牌自有播客的价值更多在于对私域人群的沉淀和潜在用户的获取，通过播客内容降低品牌的营销感、增强用户信任。品牌自有播客内容往往不刻意突出产品本身，而在于挖掘和满足目标人群的需求。如阿那亚2021年出品的品牌播客，旨在以理想生活方式吸引用户参与线下体验，从而助推当地文旅消费的增长；而记账软件有知有行推出的《知行小酒馆》则聚焦“搞钱女孩”和“年轻人理财”两条内容主线，主播在探讨理财、消费、职业等话题的同时，为原有平台积累用户流量。意大利奢侈品牌 GIADA 出品的播客节目《岩中花述》，邀请鲁豫作为常驻主播，从生活哲学到人生感悟，在 80 分钟内与不同行业、不同年代的嘉宾对话，以聊天的形式打造轻松有趣的播客内容。《岩中花述》中并没有大篇幅品牌信息或产品信息的口播内容，而是聚焦嘉宾本身，用值得思考的内容表达向目标用户传递品牌理念，即“坚韧与温柔并存的女性力量”。这些品牌播客成为品牌形象传播与用户关系建立的重要资产。

2. DTC 模式下的品牌播客营销的基本步骤

（1）根据用户需求打造驱动型内容。在 DTC 模式下，品牌播客营销的首要任务是深度洞察并精准把握目标用户的需求与偏好。为此，品牌需细致分析目标用户的年龄层、兴趣爱好、消费习惯及心理特征，以此为基础设计一款既贴合用户需求又彰显品牌特色的自有播客。这款播客不仅要精准定位品牌的目标受众，还要在内容上深入挖掘用户关心的热点话题、行业动态或生活方式，以生动、有趣、富有洞察力的形式呈现，从而吸引并留住听众，逐步构建起品牌与用户之间的深厚情感纽带。同时，品牌还需确保播客内容的风格、语言、节奏等与品牌整体形象及用户定位相契合，以强化品牌识别度，提升用户对品牌的认同感和忠诚度。

（2）品牌故事与价值观念渗透。DTC 模式下的品牌播客营销，品牌故事与价值观的渗透是构建品牌忠诚度和用户情感认同的关键步骤。品牌应充分利用创始人 IP 叙事，以创始人或 CEO 为核心，精心打造一系列深度访谈节目，通过他们的亲身经历和独特视角，讲述品牌从无到有、从小到大的创立历程，揭秘产品研发背后的故事与艰辛，以及品牌成长中的关键节点和决策过程。这些访谈不仅展现了创始人的个人魅力与智慧，更深刻传达了品牌的初心、使命与愿景，增强了用户对品牌的情感共鸣和认同感。同时，品牌还应在播客中巧妙渗透其价值观念，如通过播客《岩中花述》，邀请女性精英分享故事和品牌理念，将抽象的价值观转化为具体可感知的行动案例，让用户在聆听中感受到品牌的温度与力量，从而更加坚定地支持和信赖品牌。

（3）深入用户沟通体系。在 DTC 模式下的品牌播客营销中，深入用户沟通体系是构建紧密品牌社群、提升用户参与度和忠诚度的核心策略。品牌需在自建的播客平台上，积极创造与用户进行深度对话的机会，通过精心策划的节目内容和互动环节，建立并强化一套品牌与用户之间独有的语言体系。这包括但不限于采用用户熟悉的日常用语、创造品牌特有的俚语或口号，以及引用品牌故事中的经典元素等，以此拉近品牌与用户的心理距离，增强彼此间的情感纽带。

（4）构建用户共创生态。品牌在深入用户沟通体系的同时，也要关注并构建用户共创生态。品牌在自建的播客平台上，不仅要提供高质量的内容输出，更要积极搭建用户参与和共创的桥梁。具体而言，品牌可以通过设立专题讨论、定期直播互动、用户故事征集等形式，鼓励用户在播客评论区留下宝贵意见、参与实时讨论，或分享他们与品牌相关的个人经历与情感故事。这些用户生成内容不仅能够丰富播客节目的多样性和趣味性，更能让用户感受到自己作为品牌社群一分子的价值与归属感。品牌应定期整理并精选这些内容，在后续节目中进行展示或反馈，形成品牌与用户之间持续的、双向的交流循环，从而构建一个充满活力、相互理解、高度忠诚且不断进化的品牌共创生态。

（5）实现私域导流设计。在 DTC 模式下的品牌播客营销中，实现私域导流设计是转化高价值听众、深化用户关系并促进长期价值创造的重要一环。品牌在制作高品质播客内容，吸引并留住目标听众的同时，需精心规划一套有效的私域导流策略。具体而言，品牌可以通过在播客节目中嵌入专属优惠码、限时活动链接或二维码，引导听众前往品牌的私域平台（如官方网站、小程序、会员社群等）。此外，品牌还可以设置互动环节，如问答抽奖、用户故事征集等，要求参与者通过加入私域社群或完成特定任务来获取参与资格，以此吸引高价值用户沉淀至私域。在私域内，品牌可以提供更为个性化、定制化的服务体验，如专属客服、会员特权、定制化产品推荐等，进一步提高用户黏性，为品牌的长期发展积累宝贵的用户资产。

（二）ITC（Influencer To Consumer，影响者协同传播）

1. ITC 品牌播客模式分析

ITC 模式在传统播客领域被广泛应用，但主要以赞助或冠名的形式投放，它仅将播客作为流量渠道，不注重效果转化；而新兴播客轻松有趣、开放对话的内容形态让广告植入更自然，也使聚焦品牌理念的定制化内容生产更容易被用户接受，播客渠道上的效果广告增加。品牌看重主播 IP 对于受众圈层的影响力，依靠主播 IP 进行背书，直接传递品牌价值或产品促销信息，促进核心客群的消费转化。例如，永璞咖啡选择商业类播客《半拿铁》进行冠名合作，以“商业沉浮”为叙事主线，巧妙嵌入品牌故事。其中借助节目对鞋服、快消等行业历史的深度探讨，自然关联永璞“便携咖啡液”的创新定位，弱化商业感，强化行业洞察者形象。另外，以“岛民”社群构建情感联结，通过评论互动、积分兑换等方式增强用户归属感，实现从听众到消费者的身份转化。

2. ITC 模式下的品牌播客营销的基本步骤

（1）精准匹配：选择与品牌调性契合的播客节目或主播。

在 ITC 模式下的品牌播客营销中，品牌需优先筛选目标受众与播客听众高度重合的节目。例如，奢侈品牌 GIADA 选择与《岩中花述》合作，瞄准成熟高知女性群体（订阅数破万），与其高端定位完美契合。另外，品牌需关注播客内容的核心议题是否与自身价值观一致。如凯迪拉克与人文类播客《温柔人类》合作，通过探讨“人与空间的关系”自然植入车型广告，强化品牌“探索精神”标签。

（2）创意植入：设计适配播客场景的广告形式。

在 ITC 模式下的品牌播客营销中，品牌需精心策划创意植入策略，以确保广告形式与播客场景高度契合。具体而言，品牌应追求内容原生性植入，通过主播自然流畅的口语化推荐形式传递品牌信息，比如 Jollee 葡萄酒可以巧妙融入《非正常旅行》节目中，由主播分享一段引人入胜的“微醺旅行故事”，不经意间引出产品，使听众在享受故事的同时对产品产生兴趣。此外，品牌还可以考虑定制专题节目，如开云集团与《随机波动》携手推出的“跃动她影”系列，不仅深入探讨女性议题，还巧妙融入品牌的社会责任形象，增强品牌与听众之间的情感连接。在技术手段上，品牌应充分利用动态广告插入（Dynamic Ad Insertion，DAI）等先进技术，实现地域化、时段化的精准投放。比如与喜马拉雅平台合作，根据用户的地理位置实时推送本地商家的促销信息，进一步提升广告的针对性和互动性，从而使品牌播客营销的效果最大化。

（3）转化驱动：构建从收听到行动的完整链路。

在 ITC 模式下的品牌播客营销中，品牌在合作播客中构建了一条从收听到行动的完整链路，以使听众的参与度和转化率最大化。为了实现这一目标，品牌需要精心策划专属福利引导策略，如在播客节目中巧妙融入听众专属优惠码或限量版福利，以此激发听众的兴趣与参与热情。同时，品牌还需重视社群运营的力量，通过播客评论区、听众社群（如小宇宙等平台的节目专属小组）等渠道，积极引导用户加入品牌的私域流量池，深化用户黏性。以小雨伞保险经纪赞助的播客《思文，败类》为例，品牌不仅为《思文，败类》的听众提供了原价 68 元限时 1 分钱的一对一专业保险咨询这一超值福利，还通过小雨伞公众号设置互动环节，让听众回复“思文败类”即可领取免费的 1 年期女性防癌险，这种线上线下相结合、福利与互动并重的方式，有效促进了听众向用户的转化，为品牌带来了更为持久和深远的营销效果。

第二节　品牌播客营销的创新价值与局限性

一、品牌播客营销的创新价值

在数智时代，品牌播客营销展现出了一系列显著优势，精准锁定了高净值客群，通过深度渗透高价值用户池，不仅构建了品牌与用户之间的信任关系，还突破了流量衰减的时间壁垒，实现了品牌资产的长期积累。同时，品牌播客营销在通勤、家务和睡前等“听觉独占窗口”中，有效提升了广告信息的触达效率，并通过深度叙事革命，系统性地传递品牌技术、文化与价值观，深化了用户对品牌的认知。这些优势共同构成了品牌播客营销的独特魅力，为品牌提供了全新的营销视角和策略选择。

（一）高净值客群锁定，精准渗透高价值用户池

播客用户人群画像呈现出稀缺性价值，具有“三高”用户特征。据《2024中文播客新观察》报告，中文播客听众中身处一线及新一线城市的占比为73.4%，硕士及以上学历者占40%，用户月均收入14808元，形成“高学历、高收入、高消费力”的黄金用户圈层。他们不仅在社交网络中常作为意见领袖影响圈层内的品牌偏好，如科颜氏通过女性成长类播客成功提升目标用户复购率和客单价，而且展现出极高的用户黏性，单集平均收听时间长且年度收听量大，为品牌提供了深度认知渗透的窗口期。同时，用户收听年限与黏性正相关，品牌通过持续内容输出与用户建立“伴随式成长”关系，从而有效延伸用户生命周期价值。

（二）长尾效应赋能，突破流量衰减的时间壁垒

播客营销通过内容复利增长模型展现“时间越长，价值越大”的效应，其中头部节目播放量显著增长，形成复利效应，同时场景唤醒机制持续影响用户的消费行为。在品牌资产沉淀方面，播客节目能够构建认知图谱，提升用户对产品的理解度，并形成结构化知识记忆。此外，通过播客构建品牌文化IP，积累文化势能，实现从商品到文化符号的升维。这些共同体现了播客营销在突破流量衰减时间壁垒、促进品牌资产长期积累方面的独特价值。

（三）声景共情陪伴，构建品牌与用户的信任关系

品牌播客营销的优势在于能够利用媒介场景的不可替代性，特别是在通勤、家务和睡前等“听觉独占窗口”场景中，利用声音媒介的注意力独占优势，使广告信息触达效率提升40%。同时，借助声音的情感渗透强度，如罗斯福效应所示，营造品牌陪伴感，增强用户信任度。此外，通过低防御性的“老友式”叙事降低用户心理防线，以及构建情感共同

体聚焦特定议题，如GIADA的《岩中花述》聚焦女性议题，增强圈层凝聚力，从而有效降低获客成本并提升用户净推荐值，远超行业平均水平。

（四）深度叙事革命，深化品牌认知

品牌播客营销的优势体现在其深度叙事革命上，通过播客单集40—90分钟的容量，系统性地传递品牌技术、文化与价值观；在短视频信息过载的背景下，播客成为用户获取系统性知识的“认知绿洲”，改变听众对行业的理解；同时，播客利用专家背书体系重构用户认知，如茑屋书店通过播客重塑“书店=知识策展人”认知提升到店转化率，以及环保品牌通过播客披露原料溯源过程促进消费决策的理性驱动，实现知识营销的双向赋能。

二、品牌播客营销的局限性

（一）受众覆盖范围有限，垂直化与圈层化并存

当前播客品牌营销的主要局限性在于其受众覆盖范围的有限性以及受众特征的垂直化与圈层化趋势明显。播客的主要受众集中在21—35岁、拥有高学历和高消费能力的一线及新一线城市人群，这一高度集中的核心用户画像限制了品牌通过播客渠道触达更广泛大众市场的能力，特别是对于下沉市场用户、中老年群体以及低学历人群的渗透率较低。

此外，播客受众对于科技、文化、商业等垂直领域深度内容的强烈偏好，虽然体现了播客内容的独特吸引力，但同时也为品牌营销带来了挑战。品牌需要投入大量时间与资源来精准匹配特定圈层的兴趣点，一旦品牌的目标用户群体与播客受众的核心画像存在较大偏差，就可能导致品牌营销信息难以有效传达，陷入“自说自话”、缺乏共鸣的传播困境，从而限制了播客营销的效果与潜力。

（二）内容生产成本高，商业化路径待完善

当前，播客品牌营销不仅具有较高的专业制作门槛，还面临着显著的预算压力。高质量播客节目的制作往往需要专业团队的全方位支持，包括编剧、录音师、剪辑师等，这使得单期节目的制作成本居高不下，可能达

到数万元乃至十万元级别，这给预算有限的中小品牌带来了长期投入的沉重压力。如耐克《耐听》等头部播客节目便是通过持续的高额投入来维持内容品质与用户忠诚度。

此外，播客行业的商业化模式尚显单一，主要依赖广告植入和品牌冠名等传统方式，缺乏多元化的变现渠道，如付费订阅服务、衍生品开发等，限制了其盈利潜力和品牌合作的灵活性。部分品牌虽尝试自建播客以深入目标受众，却常因缺乏专业的内容运营经验和策略，导致用户增长缓慢，难以形成有效的品牌传播和影响力构建，进一步凸显了播客品牌营销在内容生产与商业化探索上的局限。

（三）效果量化困难，ROI 评估体系不成熟

当下播客品牌营销另一大局限性在于效果量化与投资回报率（Return on Investment，ROI）评估体系的成熟度不足。由于音频媒介本身具有的“伴随性”特质，用户的收听行为数据，如完播率、互动深度等，相较于短视频等可视化媒介更加难以精准追踪和捕捉，这使得品牌难以像利用短视频平台那样，通过点击率、转化链路等即时数据来直接评估营销活动的即时效果。

此外，播客营销更多依赖于情感共鸣与品牌价值观的传递，这要求品牌进行长期且持续的内容投入，以逐步建立并深化用户的信任与忠诚度。然而，这种基于信任建立的转化过程往往周期长且结果不确定，特别是在高端品牌如奢侈品领域，虽然播客能帮助塑造品牌的高端形象与文化认同，但在短期内难以直接将这些情感链接转化为销量的显著提升，从而增加了品牌投资回报评估的难度与不确定性。

（四）平台生态依赖性过强，品牌自主性受限

对平台生态的过度依赖当也是当下播客品牌营销的局限性之一，并且极大地限制了品牌的自主性。头部播客平台，诸如小宇宙、喜马拉雅等，其内置的推荐算法往往倾向于扶持热门节目，使得新品牌播客或中小创作者在激烈的竞争中难以崭露头角。这种对平台流量的过度依赖，不仅可能导致播客品牌营销策略的失衡，还会因为流量分配机制的不透明性而加剧了这种不均衡状态。

此外，平台上的热门话题，如职场、情感等，容易成为众多创作者扎堆追逐的内容，这在一定程度上增加了内容同质化的风险。为了迎合流量趋势，部分品牌播客不惜牺牲自身的独特性，过度采用"标题党"等策略来吸引听众，这种做法虽然在短期内可能奏效，但长期来看却会严重削弱品牌的调性和价值主张。

第三节　品牌播客营销的发展策略

在数字化时代，品牌播客营销作为一种新兴的营销手段，正以其独特的魅力和潜力，在品牌推广和消费者互动中发挥越来越重要的作用。随着互联网的普及和听众对个性化、高质量内容需求的日益增长，品牌播客营销逐渐从边缘走向主流，成为众多品牌竞相布局的重要领域。

然而，品牌播客营销的发展并非一帆风顺。在激烈的市场竞争、复杂的平台生态和多样化的听众需求面前，品牌面临诸多挑战。如何在播客营销中脱颖而出，实现品牌价值最大化，已成为亟待解决的问题。因此，深入探讨品牌播客营销的发展策略，不仅有助于品牌把握市场机遇，还能为其提供一套科学系统的营销方法论，助力品牌在播客营销领域取得更好的成效。

一、营销链路的"全周期"协同

（一）跨平台内容分发协同

品牌播客营销的发展策略应聚焦于营销链路的"全周期"协同，特别是在跨平台内容分发上实现高效协同，使得传播活动更加一元化、声量化。通过将播客打造为品牌叙事的辅助工具，品牌可以将深度访谈、用户故事等丰富的音频内容灵活拆解为短视频金句、图文笔记、数据长图等多种传播素材，精准适配抖音、小红书、微信公众号等热门社交平台，以此拓宽传播范围并深化用户触达。当下，微信视频号已支持添加长音频内容、为音频收听推出专属界面，小红书出现了50—80分钟的视频播客，播客也正在探索"听+看"的可能性。

例如，山下有松品牌播客中对东方美学的深刻探讨，可以被巧妙剪辑成短视频，以直观且富有感染力的形式激发用户的情感共鸣，同时联动电商平台推出主题促销活动，形成从内容到销售的闭环。

（二）用户互动反哺全渠道运营

除了跨平台协同发展之外，品牌播客营销的发展策略应着眼于用户互动与全渠道运营的反哺机制。通过在播客节目中巧妙设置“用户投稿”和“品牌问答”等互动环节，品牌不仅能够收集到听众对于产品功能、营销活动乃至品牌形象的直接反馈，还能基于这些宝贵的用户声音反向优化和调整其他传播渠道的策略，确保信息的精准传达与效果的最大化。品牌不仅在播客节目中搭建了一个开放的平台供用户分享故事和见解，还进一步开发了“播客+私域”的链路，即在每期节目末尾巧妙地引导听众加入品牌专属社群，这不仅加深了听众与品牌之间的情感联结，也促使内容听众转化为私域流量，形成了一个从内容吸引、兴趣激发到私域沉淀的完整闭环。这种策略不仅增强了用户的参与感和归属感，也为品牌提供了持续运营和深度挖掘用户价值的坚实基础，实现了品牌与消费者之间更加紧密和高效的互动。

（三）丰富线下企划内容层次

品牌播客营销的发展策略正逐步向丰富线下企划内容的层次深化，其中路易威登的创新实践尤为突出。路易威登播客节目 *EXTENDED* 与上海《城市指南》巧妙地将播客内容与线下空间活动相融合，开创性地构建了“声音+空间”的全方位沉浸式体验模式。以“侬好，上海”限时空间为例，路易·威登不仅精心定制了游船体验，还贴心地供应了上海地道特色早餐“四大金刚”，这些精心设计的实体体验完美复刻并升华了播客中所传递的文化精髓，实现了线上内容与线下感知的无缝对接。这一线上、线下联动的策略，不仅极大地丰富了品牌传播的维度与深度，更通过触动视觉、听觉乃至味觉等多重感官，深刻地强化了消费者对品牌的记忆点与认同感，展现了品牌播客营销在新时代的无限可能与广阔前景。

二、技术创新赋能内容生产力

（一）AI 辅助创作提效

品牌播客营销的发展策略正积极拥抱技术创新，以赋能内容生产力并提升创作效率为核心目标。在这一趋势下，AI 技术成为推动品牌播客跨越国界、实现全球化传播的重要驱动力。具体而言，品牌开始应用前沿的语音克隆技术，能够高效生成多语言版本的播客内容，这一创新手段不仅极大地降低了拓展全球化市场的成本，还确保了品牌声音在不同文化背景下原汁原味地传递。此外，AI 音频分析工具的运用也进一步提升了内容制作的智能化水平，通过自动标记内容关键词并快速生成适用于社交媒体的传播脚本，品牌能够更精准地把握听众兴趣点，优化内容分发策略，从而在信息爆炸时代脱颖而出，实现品牌声量的有效放大与深度传播。

（二）带给用户基于场景的沉浸式播客节目体验

品牌播客营销正迈向一个全新的发展阶段，其核心策略在于带给用户基于多样化场景的沉浸式节目体验，以此深化品牌与听众之间的情感联结。从国际经验来看，宜家（澳大利亚）推出的白噪声播客开创了功能性内容营销的先河。通过将品牌元素（瑞典语产品名称）与助眠音乐有机结合，不仅创造了独特的听觉体验，更实现了品牌信息的软性植入。这种将产品特性与用户需求精准匹配的内容策略，为品牌播客营销的内容创新提供了可借鉴的范式。

除此之外，一些城市品牌或者文创品牌可通过三维声场技术，让听众在佩戴耳机时置身于敦煌洞窟的神秘氛围或江南园林的雅致景致之中，这种身临其境的体验极大地强化了文化场景的记忆点，提升了品牌故事的感染力。

三、构建品牌播客营销内容传播矩阵

未来，品牌播客营销要重视构建内容传播矩阵，通过策划不同的播客节目覆盖更多的用户群体，各个内容矩阵间形成合力覆盖影响更多用户。例如，理财品牌有知有行在播客上打造了品牌内容矩阵。除了品牌自制播客节目《知行小酒馆》外，还有另外两档节目，一档是由创始人孟岩打造的 CEO 个人播客《无人知晓》，除了讲述投资策略外，内容偏 CEO 主播个人的人生思考和价值观传达；另一档则是面向投资新手的 9 集广播剧。三档播客节目各自定位不同，相互配合、立体化输出品牌形象。品牌内容矩阵的构建，使得品牌播客在传播时不再局限于单一受众，而是开始形成一种网状的结构化态势，去补充播客生态不足的一面，为日后播客生态系统的完善、品牌播客影响力的扩大提供了支持。

四、DTC 与 ITC 模式协同发展

未来，品牌播客的发展将步入一个全新的阶段，其核心在于 DTC 与 ITC 两种模式的协同发展。DTC 模式赋予了品牌直接触达消费者的能力，使品牌能够更精准地传递其核心价值与产品信息，建立深厚而直接的品牌忠诚度。而 ITC 模式则通过影响者的力量，为品牌播客带来更为广泛的听众基础，极大地拓宽了传播渠道与影响力边界。这两种模式的有机结合，不仅能够最大程度地提升品牌播客的传播效果与用户触达率，还能够为品牌创造出更加丰富多元的互动场景与营销机遇，推动品牌播客在激烈的市场竞争中脱颖而出，实现长远发展。

延伸阅读：

[1] CRAMER-FLOOD E. As podcast listener growth slows around the world, bright spots can still be found[EB/OL]. (2022-11-08) [2025-03-24]. https://www.insiderintelligence.com/content/podcast-listenergrowth-s lows-around-world-bright-spots-still-found.

[2] JUSTPOD. 2022 中文播客新观察 [EB/OL]. (2022-11-28) [2025-03-24]. https://www.sgpjbg.com/baogao/107635.html.

思考题

1. 如何平衡品牌播客内容的深度与广度，以确保其既满足专业受众的需求，又能吸引大众参与？

2. 在构建品牌播客营销内容传播矩阵时，如何有效利用不同平台的特性，实现内容的多元化传播？

3. 品牌播客如何通过社群运营建立长期的用户关系，并将这种关系转化为品牌忠诚度？

4. 在品牌播客营销中，如何通过高质量内容的持续输出，实现从流量到忠诚度的转化？

第八章

生成式智能营销

第八章 生成式智能营销

第一节 生成式智能营销概述

一、什么是生成式智能

二、生成式智能营销的发展历程

三、生成式智能在企业营销中的价值

第二节 生成式智能营销的应用

一、生成式智能监测：从关键词调取到实时多维交互

二、生成式智能推理：基于大数据和多反馈的精准匹配

三、生成式智能创作：高质高效的多模态内容生成

四、生成式智能投放：“人一货”双渠道精准定向

五、生成式智能服务：全时段响应强化品牌黏性

第三节 生成式智能营销的未来趋势

一、重构营销价值：从经验导向到AI Agent

二、面临技术风险：传播伦理与法律法规

导读：

当今世界，科学技术是第一生产力、第一竞争力。数字技术正以新理念、新业态、新模式全面融入人类经济、政治、文化、社会、生态文明建设各领域和全过程，给人类生产生活带来广泛而深刻的影响。麦克卢汉认为，每一种技术都立即对人的交往模式进行重组，实际上造就了一种新环境。数字技术很大程度地改变了人们的工作、购物、娱乐和社交方式，深刻改变了人类的信息生产和信息传播。2023 年 11 月 6 日，OpenAI 首届开发者大会更是让我们看到 AIGC 的巨大发展潜力和应用前景。2025 年 1 月 20 日，由中国团队完全自主研发的 AI 大模型 DeepSeek-R1 横空出世，获得举世瞩目。

本章学习目标：

1. 理解生成式智能技术的基本概念、技术原理及其在内容生产中的核心优势。

2. 了解生成式智能的发展历程，掌握生成式智能在营销中的应用价值。

3. 探讨生成式智能营销的未来趋势，理解生成式智能营销的伦理与法律风险。

4. 掌握生成式智能营销策略，学会利用 AI 生成式智能技术进行内容创作、用户洞察、智能投放及客户服务，提升营销效率与效果。

引导案例

2023 年 3 月，可口可乐发起了一项名为“Create Real Magic（创造真正的魔法）”的 AI 艺术创作比赛，意在加强与世界各地艺术家之间的互动，并展现可口可乐品牌始终站在世界潮流最前沿的姿态。该活动与 AI 公司 OpenAI 达成合作，利用了其开发的两个 AI 工具——Dall-E 2 和 GPT-4。前者能够根据文本的提示生成图像，后者是能够进行文字创作的大型语言模型。活动专门设立了一个微型网站 createrealmagic. com 作为用户的创作平台，平台上配备了各种可口可乐的标志性视觉元素作为创作基础元素。用户登录平台后，可以围绕一个视觉元素，通过 Dall-E 2 的文字生成图像功能，得到一幅包含该元素的图画作品。随后，用户可使用 GPT-4 功能来创作与图像相关的文字，例如输入“一首在太空中享受可口可乐的诗”，并将选定的生成文字叠加在图片中，就可以完成一幅广告海报。

第一节　生成式智能营销概述

人工智能生成内容（Artificial Intelligence Generated Content，AIGC）已成为备受全球瞩目的智能技术和内容生产方式。2024 年，全国两会将“人工智能+”首次写入政府工作报告，切实推动 AI 更广泛地应用于各个领域，与传统行业深度融合。作为互联网、人工智能、大数据等技术共同发展的产物，AIGC 功能外延性强，在数据感知、智能认知、动态决策等方面展现出强大的能力。当下，企业数字化转型已成为提升竞争力、适应未来发展的关键。AIGC 凭借其在内容创造上的智能化、多元化、高效率、低成本等核心优势，在数智时代能够更好地实现消费市场各要素之间的互联互通，使消费者的个性化、动态化需求得到更好的满足，它已经成为推动企业数智化转型的关键动力，将对企业营销策略和执行效率产生深远影响。

一、什么是生成式智能

在国内，AIGC 是指一种新型的内容生产方式，即继 PGC（Professional Generated Content，专业生产内容）、UGC（User Generated Content，用户生成内容）和 PUGC（Professional User Generated Content，专业用户生产内容）之后，利用人工智能技术自动生成内容。不可否认，企业品牌营销模式也受到了 AIGC 的影响，发生了改变。品牌营销的成功，不仅需要企业清晰地传达品牌特点和优势，还需要消费者能够理解和接受这些特点和优势，并与竞品形成差异化。有了 AIGC 技术的加持，传统的营销路径被打破重构，品牌价值传递变得更加清晰有效，营销手段更加多样化，营销效果得到充分展现。

AIGC 作为人工智能技术变革的显著标志，有效地补充了 PGC、UGC 等传统内容生成上的短板，更深度满足了用户日益多样化的信息需求。

作为新兴的技术动能，AIGC 正受到学界的广泛探讨。在内涵定义层面，学者们从不同的视角对 AIGC 进行了深入探讨。《人工智能生成内容（AIGC）白皮书》将 AIGC 描绘为一个多层次、多角度的概念，它既是内容生产者视角下的一种新型内容分类，又代表了全新的内容生产方式，更是自动化内容生成的技术集合。从技术应用与功能实现的视角出发，学者突出强调了 AIGC 在内容创作领域的潜力和前景，将 AIGC 定义为一种运用生成式人工智能算法，根据用户输入或需求，以更高效的方式和更低的成本，辅助甚至替代人类创作个性化、高质量的内容的技术手段。从技术演进的视角来看，AIGC 则是网络形态演进与人工智能技术变革交织下的产物，代表着新型生成式网络信息内容的崛起。

在应用层面，学者们认为数智融合环境为 AIGC 注入了更为强大的智能计算能力，赋予了其更丰富的数据语料资源，打造了更通用的任务训练模型，提供了更灵活多变的信息参与模式。AIGC 的应用领域正在不断拓展与深化，为各行各业带来了崭新机遇。

二、生成式智能营销的发展历程

（一）AIGC 技术的发展历程及特征

AIGC 是一种新兴的内容创作方式，它利用人工智能技术，结合大数据、机器学习和自然语言处理等手段，能够自动产生各种形式的内容，包括但不限于文本、音频、图片、视频、代码、游戏及多模态内容。这种方式不仅高效、便捷，而且能够在短时间内生成大量内容，满足各种商业场景的需求。AIGC 技术的发展可以分为四个主要阶段：奠基萌芽阶段（1956—1980 年）、沉淀积累阶段（1980—2006 年）、快速蝶变阶段（2006—2014 年）和全面爆发阶段（2014 年至今）。在奠基萌芽阶段，AIGC 技术主要基于规则和模板，生成的内容较为简单和单一。在沉淀积累阶段，AIGC 技术开始引入统计学习和机器学习的方法，生成的内容开始丰富和多样。在快速蝶变阶段，AIGC 技术开始利用深度神经网络和端到端的学习模式，生成的内容变得复杂和高质。在全面爆发阶段，AIGC 技术向多模态、跨模态内容生成转变，生成的内容创新且智能。2022 年 11 月，随着以 ChatGPT 为代表的聊天机器人和大模型技术在全球范围内取得突破性进展，AIGC 成为备受全球瞩目的智能技术和内容生产方式，全球 AIGC 赛道上的竞争趋于白热化，国内外迅速涌现了一批 AIGC 大模型应用，国内如百度文心一言、阿里通义千问、复旦大学 MOSS、科大讯飞星火认知、清华大学 ChatGLM，国外如谷歌 Bard、Anthropic Claude。

ChatGPT 是美国 OpenAI 实验室推出的一款聊天机器人程序。ChatGPT 基于大语言模型（Large Language Model，LLM），诸如 GPT-3、GPT-3.5、GPT-4，使用大量文本数据进行深度学习训练，包含数十亿的参数，可以理解语言文本含义，具有自然的语言输出、强大的跨模态的内容生成能力、快速的反应能力和丰富的适用场景。ChatGPT 不仅可以通过对话与人类进行交互，提供解决问题的路径和准确的信息，还可以提供娱乐和个性化服务，扮演着人与机器之间的桥梁角色。ChatGPT 的出现，革新了 AIGC 的内容生产模式，使得人们可以用人类的自然语言向机器描述问题、发布指令，而机器也能以自然语言的方式进行反馈，与人类达成深度的交互。有研究认为，由 ChatGPT 横空出世所引发的 AIGC 模式的全球流行，是弱人工智能走向强人工智能、专用人工智能走向通用人工智能的里程碑式节点。AIGC 已被业界视为继 PGC、UGC、PUGC 之后的第四种主要内容创作方式，并有望成为未来内容生产的强大引擎。AIGC 技术促使内容生产的核心由“人”成为“生成式大模型”，原来需要依靠生产者自身的知识能力才能进行内容创作，而现在自动化内容生产开始替代部分生产者的工作。还有研究认为，由于 AIGC 极大提升了内容生产力，推动了广告营销和媒介经营的智能运作，其内容生产模式未来可能会对信息传播格局造成整体性颠覆，并夺走人类对信息流的主导权，其地位甚至可与印刷术平齐。

2025 年 1 月 20 日，由中国杭州深度求索人工智能基础技术研究有限公司发布的 AI 大模型 DeepSeek-R1 问世，其发布后迅速在网络上走红，并在中美两国应用商店登上热榜。《每日经济新闻》评论员表示，R1 的发布不仅表明中国 AI 企业在国际舞台崭露头角，还展示了中国在人工智能领域的巨大潜力。1 月 31 日，英伟达宣布 DeepSeek-R1 模型登陆 NVIDIA NIM。同一时段内，亚马逊和微软也接入 DeepSeek-R1 模型。英伟达称，DeepSeek-R1 是最先进的大语言模型。2 月 5 日，DeepSeek-R1、DeepSeek-V3、DeepSeek-Coder 等系列模型，已陆续上线国家超算互联网平台。

（二）生成式智能营销兴起的背景

数字化转型是企业运用数字技术、数字化手段重塑企业战略、业务流程、组织架构和商业模式的过程。当前，我国正处于数字化浪潮的洗礼之中，智能化和数字化转型已成为企业实现高质量发展，提升竞争力和创新能力的必然选择和重要途径。数字化时代，企业既是创新的主体，也是数字技术应用的重要平台。数据在推动企业创新和发展中的作用日益凸显，这也使得以数据为核心的数字化转型成为企业战略升级的重要步骤。为了跟进数字化转型的进程，企业需要加快数字技术赋能，利用精准、智能化的数字技术对企业生产、经营进行全方位改造。

数字营销转型正是企业经营过程和价值链数字化路径改造的关键环节，为企业提供利润增长新动能和竞争发展新优势。数字营销，是指通过互联网、移动设备、社交媒体等数字技术和媒介，与目标客户进行互动和沟通，以实现品牌推广和销售目标的一种营销方式。从技术发展的视角来看，数字营销的方式与技术的进步是紧密相连的。从最初的电子邮件营销到搜索引擎优化和社交媒体营销，再到现在的大数据营销和人工智能营销，每一次技术的进步都推动数字营销方式的变革和发展。然而，随着技术的不断进步和用户需求的不断变化，数字营销也面临着新的挑战和机遇。如何利用新兴的技术，提高数字营销的效率和智能化程度，是当前企业数字营销转型的核心问题。

在上述背景下，AIGC 技术作为一种新兴的技术动能，正在受到企业和研究者的广泛探讨和关注。通过提供更智能、更高效的解决方案，AIGC 技术将成为解决当前企业数字营销转型核心问题的关键工具。

（三）AIGC在营销传播中的应用

AIGC等人工智能技术的出现，为营销传播提供了更好的工具和更广阔的前景，特别是给内容生成方面带来了巨大影响，成为行业重要的市场机会。2023年7月12日，福石控股发布了“AI MAX”战略，是在2022年“元宇宙+新能源汽车”战略的基础上，进一步抓住人工智能技术，开展基于AIGC技术的全链路营销，重构全链路AIGC驱动的营销传媒产业新模式，实现降本增效和品牌全生命周期营销赋能，这对AIGC在营销传播的创新发展起到推动作用。根据央视市场研究（CTR）发布的《2023中国广告主营销趋势调查》，36%的广告主已开始在营销活动中使用AIGC。诸多广告主认为，AIGC技术是营销生产力的革新力量，将在提高创意设计和内容生产效率、辅助数据分析等诸多方面成为有力辅助。总的来说，AIGC应用在营销传播中具备的优势有以下3个方面。

1. 传播主体：人机协同，更懂消费者

AIGC可以在营销传播内容生产过程中赋能传播主体。从Web 1.0发展到Web 3.0，企业营销环境发生了巨大变化。随着“Z世代”成为消费主力军，营销方式更强调“全渠道、全链路”，“以顾客为中心”也不再只是简单口号，而是成为营销的出发点和目的地，以真正实现与消费者的“共情、共创、共生”。基于现阶段市场数据所衍生出来的市场洞察及市场决策，成为各行业竞争的关键因素。而AIGC依托其智能算法及强大的运算能力，通过大数据挖掘与分析，可以帮助企业快速获取关键信息、精准抓住消费者需求、洞悉市场发展趋势、了解竞争对手情报、明晰潜在的风险等，从而优化营销方案、营销渠道和产品策略，实现全链路营销的精细化管理，人机协同，有效触达受众。百度原副总裁赵强也曾在采访中谈到，数字技术强大的生产能力，会创造出巨大的流量机会和前所未有的虚拟场景，通过AIGC的加持，能够让营销更懂消费者，拉近消费者与品牌之间的距离，更好地传播品牌价值。

2. 传播内容：智能交互，更具影响力

AIGC的内容生成主要分为文本生成、图像生成、视频生成和音频生成。其进一步提高了内容生产效率，降低了内容生产门槛，仅仅需要向其

输入创作意图等的关键信息，就能生成引人入胜的作品，以突破人类想象和认知的内容引起受众关注。例如，2023 年，国内首个 AIGC 创意线下广告出现在人们的视野中。同年 4 月，飞猪在上海、杭州地铁站投放了一组由 AI 创作的户外广告，广告主题是“AI 眼中的世界展”。结合不同地点，输入不同的关键词，AI 便能在较短时间内生成不同风格的画面。文案采用统一的结构，如“这是 AI 想象的埃及吉萨金字塔，上飞猪，玩得比想象更酷”“这是 AI 想象的老挝琅勃拉邦高铁跨国之旅，上飞猪，玩得比想象更酷”，凸显旅行的主题。AI 以其强大的制图技术颠覆了人们的想象和认知，引发了广泛关注、讨论和转发，取得了很好的传播效果。AIGC 本身自带流量，借助 AIGC 浪潮，企业的营销活动更易形成话题，在节省营销成本的基础上，还能有效提高营销效果。就如上文提到的飞猪地铁广告，“1 小时，用 AI 做了 1000 张平面广告”的言论引起了大量关注和热议，大家讨论的话题从“AI 对广告从业人员的威胁”到“AI 作品的逻辑思路”等，虽褒贬不一，但飞猪获得的关注、流量和影响力却毋庸置疑。

3. 传播形式：多元呈现，更有体验感

AIGC 利用其强大的技术能力，为传播形式赋能，通过多样的呈现方式和丰富的内容实现深度融合，给受众带来前所未有的传播体验。通过创新技术手段，AIGC 能够为传统的传播方式注入新的元素和体验，使其更加生动、有趣和具有吸引力。无论是在文字、图片、音频还是视频等形式上，AIGC 都能提供个性化、交互式和沉浸式的内容，从而增强传播效果。如 AIGC 通过将商品 3D 模型、虚拟货场等建设与 AR、VR 等新技术融合，为电商赋能，实现了消费者在购物过程中通过视听等多感官的交互，获得更加身临其境的购物体验。再如，2023 年 6 月，伊利集团联合杭州亚组委围绕 AI 技术打造热门话题，举办了“热爱勇立潮头”的主题发布会，以迎接杭州亚运会。伊利推出的 AIGC 技术辅助生成的包装设计，彰显了杭州悠久的历史文化、先进的科技发展，以及亚运会的悠久历史，为消费者呈现了传统古典美与前沿科技的充分碰撞。同时，伊利还在线上同步了 AIGC 沉浸式活动，鼓励消费者用颂诗的形式，利用 AI 技术绘制出自己喜欢的定制包装，感受科技带来的乐趣。基于 AIGC 技术的创意话题，刺激

消费者的参与，为消费者带来了全新体验。

三、生成式智能在企业营销中的价值

（一）智能生成引领新潮流

AIGC 服务于 B 端场景，根据特定领域的具体内容展开模型训练，针对上游市场设计下游任务，实现商品营销文案的智能生成和自动推送。2023 年，淘宝利用全 AI 技术推出了创新营销短片，充分展示了 AIGC 的魅力。在短片中，AIGC 作为核心制作者，结合淘宝造物节的“六款神物”元素，展现了对未来人类生活的无限想象。AIGC 的创造力为企业营销增添了独特魅力，将传统营销推向新的高度，带给消费者一种全新体验，为年轻创造力拓展了更多可能。

（二）智能整合提升工作效率

AIGC 技术助力营销人员高效工作。Microsoft Viva Sales 是其中的佼佼者，通过融合沟通、知识、学习等多维度，提升营销工作效率和创造力，标志着营销进入智能新时代。它借助 AIGC 和 Microsoft 365 客户数据，与 Teams、Excel 等工具无缝对接，自动搜集、整合客户信息，并智能化串联数据碎片，整合至客户关系管理（Customer Relationship Management，CRM）系统，告别了过去烦琐的手动数据输入过程。这一创新性的功能不仅释放了销售人员的时间和精力，使他们能够专注于策划与执行更具创意和影响力的营销活动，还为企业带来了更高的数据准确性。

（三）智能交互激发市场需求

中国农业银行推出的 ChatABC 充分展示了 AIGC 在金融行业的应用潜力和价值。人工智能的渐进式渗透不仅加深了不同金融主体之间的相互联系，更促使金融业与企业、利益相关者和消费群体等之间的互动方式发生了深刻变革。ChatABC 可应用于金融知识问答、安全监控等场景，这些能力的提升模糊了金融与不同主体之间的界限，深刻改变了金融与企业、利益相关者和消费群体之间互动方式。这不仅有效解决了金融机构长期以来面临的门槛过高、信息不对称以及风险评估复杂等棘手问题，更通过智能咨询、智能借贷、智能客服等一系列前沿服务创新，有效激发了新的市场需求，为金融业发展注入了活力。

（四）智能分析满足个性化需求

AIGC 可以帮助企业利用社交媒体等渠道，提高消费者的参与度和社交临场感。分析社交媒体上的 UGC，AIGC 可以为企业制定一整套有针对性的社交媒体营销策略，从而提高消费者对品牌的关注度和参与度。亚马逊等便是这一技术变革的积极践行者。在消费者浏览、选择商品的每一个环节，平台借助 AIGC 的卓越理解能力，能够更精确地洞察用户的真实意图和个性化偏好，从而为用户提供更加精准的推荐和心仪的内容。除此之外，AIGC 还可以通过 VR、AR 等技术，为消费者提供真实的社交临场感、沉浸感，拉近与消费者的距离。这种全方位满足消费者独特需求的方式，不仅提高了用户的忠诚度和转化率，更在私域流量管理方面展现出了强大的优势，更好地保护和利用了企业的私域资源，实现了营销与用户体验的双赢。

第二节　生成式智能营销的应用

在本章第一节，我们已经了解到 AIGC 在企业营销及营销传播过程中存在的优势及所能带来的价值。那么 AIGC 技术具体是如何或者说要怎么样融入营销或营销传播当中呢？AIGC 作为一种生成内容式的人工智能，不仅拥有最原始 AI 所具备的功能和优势，在内容加工和生产方面的作用十分突出，而且不同于以人为主体的内容加工，它可以利用深度学习算法与场景决策模型，根据场景自动生成相关内容，且进行精准分发，充分发挥规模化、智能化与高效率的优势。由此，AIGC 对自然语言的理解、推理、生成等能力塑造了全新的广告生产形态。

一、生成式智能监测：从关键词调取到实时多维交互

从粗放式的基于人口统计学定向的用户了解，到基于用户标签定向的衡量，再到基于数据导航定向的用户追踪，对用户的洞察逐步精细化和智能化。随着大模型的赋能，对行业趋势、竞争态势、用户需求、品牌活动

的洞察，这些曾经需要输入关键词调取数据进行分析的操作，当下广告代理者（或广告主）只需用自然语言输入意图，即可得到分析数据，甚至观点和建议。

大数据模型能够通过对大数据的实时监控以及和自然语言交互的问答式智能对话，实现品牌诊断、波动归因、预算分配、人群破圈、提供搜索机会、内容营销、检测品牌舆情、投放复盘等多场景的精细化洞察。通过提示词（Prompt）的多轮交互，平台可以根据用户需求进行多维度挖掘。例如趋势研究，查询近十年关键词变化趋势；需求图谱，呈现用户隐藏的关注焦点；人群画像，呈现目标用户的群体画像；推理归因，分析数据波动背后的深层原因。与传统的关键词调取模式和千人一面粗放式用户定位相比，基于大模型重构之后的生成式智能洞察工具实现了实时多维交互和更细致的决策支持，甚至能激发代理者的灵感。

二、生成式智能推理：基于大数据和多反馈的精准匹配

传统的广告在正式拍卖前需要经过广告召回、广告粗排、创意优选、广告精排等多个环节，流程复杂且精准度较低。人工智能可以通过机器学习算法协助分析大型数据集，以识别人类研究人员可能不容易看到的模式和相关性。大模型通过自然语言交互，实现智能理解、推理和反馈，经过人机交互多轮澄清，更深刻地理解意图；不断校准优化，提高数据质量并扩大数据量；驱动优化飞轮，为最终广告投放提供智能推理引擎。

大模型对客户的智能反馈推动彼此的多轮交流，并基于商业知识图谱和用户搜索行为的海量数据，通过智能分析、理解、推理、记忆，在多轮迭代中为操作者提供提示词优化方向。例如，当客户的自然语言方案描述中提到的一些内容要点，经过大语言模型和百度智能系统分析，和百度用户搜索的现有需求类型能够较好吻合，并且和客户的广告落地页内容、业务内容一致时，这些内容要点就会被高亮显示为“营销要点”。营销要点会在广告投放中重点匹配用户的搜索需求，为客户寻找符合预期的高价值潜在目标人群。可见，生成式人工智能可以重塑在线实时推理引擎，通过软硬件的深度协同，加速提升推理的精度并促进个性化交互内容的生成。

三、生成式智能创作：高质高效的多模态内容生成

生成式智能创作是生成式人工智能广告最广为人知的能力，通常被称为 AIGC 广告，甚至被误解为生成式人工智能广告的全部。生成式智能创作基于大模型，提供精准、创新的多模态广告创意内容，实现营销沟通内容的智能生成。目前，生成式智能创作可以实现文本、图片、视频三个维度上的创作。生成式智能创作将生成式智能和营销场景进行深度结合，实现多模态内容生产的自动化和智能化。AIGC 广告解决了广告主过去无内容、内容质量差的内容难题。同时，实现分钟级广告创编，极大提高了生产效率。

1. 文本创作：多类型生成，激发创意

生成式文案创作根据数据库解构文案、洞察归因，可自动生成和优化文案内容。擎舵根据业务特征和效果目标，会生成不同的卖点推荐，并直接应用于生成的文案中。文案包括口播文案、广告标题文案、视频脚本等多种类型。文案生成速度快，极大提升了广告作品的丰富度。除了传统的文案创作，生成式文本创作的优势在于可实现投前预测，即系统会根据文案投放效果评估文案内容质量并进行打分，评分高的标题将会被标记并投入更多的投放流程中，从而协助广告主争夺用户注意力。

2. 图片创作：打破门槛，端到端直接生成素材

生成式图片创作是 AIGC 广告内容创作的重要应用领域，通过自然语言的交互即可实现零门槛创作是其核心优势。在广告领域，生成式图片创作被广泛应用于营销图的生成，具体包括背景图、人像图、场景图、营销海报等。生成式图片创作一方面使制作成本大规模下降，以百度擎舵为例，采用一键生成营销图的模式为其减少了 70% 的制作成本；另一方面，制作效率也在跨越式提升，分钟级规模化出片、一键更换模板成为可能。

3. 视频制作：输入脚本，一键成片

首先，生成式视频支持脚本驱动动作，广告客户可以通过自然语言提示词与智能体交互，系统智能推荐适配的数字人视频创意灵感。然后客户通过简单的在线编辑制作生成数字人视频广告内容，并一键投放。其次，

生成式视频通过资源库的不断扩展提供更加个性化的定制服务，平台匹配多元化的数字人形象、语音素材和行业专属模板，可进行数字人定制化建模，支持数字人形象资产管理。可按照行业特色优化场景，而且建模快，具有强大的混剪能力，大幅降低制作周期。

4. 音乐和声音生成：语音识别与合成

AIGC 在音频生成中，有两种形式，一种是语音识别，就是把各种语言转换为文字；另一种则是语音合成，便是把文字转换为音频。在文字转换为音频的过程中，又延伸出语音克隆技术，可以定好目标语音，然后让输入的语音或者文本，最终以目标语音呈现。智能语音和人工智能上市的科大讯飞就是利用了综合生成技术，快速推出了“讯飞智创”，其中包括 AI 文案、让照片说话、专属 AI 声音等内容。

5. 程序生成：“无中生有”或“完形填空”

程序生成同样分为两种，一种是通过用户的中英文语言描述生成完整代码，还有一种是在用户已编写的代码基础上，自动补全多行代码，直到完成。

6. 多模态生成：转换与融合

多模态技术是文本、图像、语音等模态之间的转换与融合，技术难度最大，当前成熟度水平较低，仅在文转图、文转语音等领域有达到商用水平的表现。

四、生成式智能投放：“人—货”双渠道精准定向

生成式智能投放基于之前所有环节，针对目标消费者或用户精准投放广告，并进行效果反馈，进而智能优化。生成式智能投放主要有三大突破：其一，表达更简单，从原有的关键词提炼到自然语言表达；其二，步骤更简单，从层级列表到自然对话和双向澄清；其三，能力持续进化，可通过自我学习进行自我升级。经过以上技术加持，生成式智能投放可以同时满足“端到端投放”和“端到端拍卖”，重新构建智能广告生成和拍卖框架。

生成式智能投放的具体操作过程：首先，广告代理者（或广告主）发起对话，输入提示词主动表达“我要推广的产品和服务”“我的目标人群

特征”等；然后，百度轻舸智能体与操作者进行多轮对话交流，推进意图理解，激发洞察，澄清不确定性，并基于客户预算、目标，引导操作者调整指令为最佳，并证实是否能匹配到用户。提示词主要由“货”和“人”构成，客户用自然语言表达的“货”和“人”被引擎层理解，通过反馈飞轮，引导客户不断优化提示词。除了“我要推广的产品和服务”“我希望哪些人群看到广告”之外，还可输入“我的效果目标与消费预期”“我的预算”“我的广告创意内容”等。

（一）端到端生成式投放：自然对话直达，匹配多元场域

传统的图形用户界面（Graphical User Interface，GUI）平台的自动化投放，行业差异性大，各种功能操作不易。轻舸通过与操作者用自然语言进行沟通，在对话中理解意图，确认方案，并且实现个性化智能投放，实现千人千面，自动串联多项能力。例如，自然语言输入“自动圈定梅雨地区高潜目标人群进行投放”，即可实现端到端的生成式广告投放。

传统的计算广告系统是通过关键词、目标区域、目标人群、预算等条件召回一组候选广告，然后计算每个广告与客户的匹配度，并结合客户出价，最终推出最合适、最高价的广告，这一过程包括广告召回、广告粗排、创意优选、广告精排、广告竞拍等烦琐过程。而生成式智能投放只需通过自然语言交互，输入提示词，就可通过生成式定向，自适应流量场域，灵敏匹配客户需求，做到生成即检索，可以基于生成式检索直接生成广告，大幅提升系统召回效率，将过去需要复杂操作才能完成的投放极简化实现，将广告快速覆盖目标人群。生成式广告投放可链接个性需求，包括两种链接方式：一种是当用户搜索时将广告信息推送给用户，实现人找货；另一种是定向推送广告给目标用户，实现货找人。

（二）端到端拍卖：数据驱动的最优解

大数据技术对广告交易操作的精准性和精确性起到了提升作用，如搜索引擎的按点击收费、重定向广告的二次推送、在线广告交易平台的有效展示实时竞价，但这些形式仍难以满足多目标、多业务规则的广告拍卖趋势。生成式智能投放从传统排序算法转向数据驱动的深度大模型，通过进行时序优化建模，学习不同状态下的最优计费。在这种逻辑转向下，广告

拍卖的复杂度大幅度降低，效率大幅度提升，通用的最优解不再是追求目标，适合数据的最优解成为关注核心，即从理论驱动的广告拍卖步入由数据驱动的“端到端最优拍卖”。

五、生成式智能服务：全时段响应强化品牌黏性

生成式智能服务的典型代表是生成式智能客服，即品牌机器人，品牌机器人通过对话系统可以更好地进行人机对话。根据应用程序中是否指定了任务，对话系统可以分为两类：面向任务的对话系统（Task-Oriented Dialogue，TOD）和开放域对话系统（Open-Domain Dialogue，ODD）。前者主要涉及自然语言理解（Natural Language Understanding，NLU）、对话状态跟踪（Dialogue State Tracking，DST）、对话策略学习（Dialogue Policy Learning，DPL）和自然语言生成（Natural Language Generation，NLG）等技术；后者主要包括基于检索的系统、生成系统和集成系统，三者基于不同逻辑对用户进行响应。广告应用领域更多是面向任务的对话场景，生成式智能客服用自然语言处理技术，将用户输入的文本或语言转换为计算机语言，分析用户意图，从知识库、数据库中提取信息，通过算法生成回复。用户的搜索通常包含纷繁复杂的诉求，如不能识别诉求给出对应回复，则会影响用户对品牌的接触度和好感度，进而影响后续的点击率和转化率。百度通过生成式智能为广告客户打造品牌智能体、商家智能体、行业智能体、虚拟人解决方案等，通过自然语言交互即可实现个性化、人格化的对话式营销。这一生成式智能对话使虚拟人可以推广客户的品牌文化和产品，解答用户疑问，通过人格化互动，加深用户与品牌间的关系。同时也可以深层次地向用户推荐各种服务，如推荐留资、推荐到店、推荐下单等，助力客户节省品牌营销成本。

生成式智能服务的效率体现在以下 4 个方面。第一，降低运营成本。自主问询、对话、引导留资，可完全或部分替代人工客服工作。第二，提升服务效率。7×24 小时全天候服务，解决繁忙无法接待、晚间周末无法接待等问题。第三，优化服务质量。自主学习海量优质话术，通过多轮对话，提供千人千面的个性化服务。第四，强化获客能力。不间断服务获

客，上下文语意精准理解，有效过滤低质线索，全流程引导留联。大模型通过对用户关注点与情绪的分析，让广告客户更准确地把握用户的意图和心智。基于大模型智能生成的智能体懂行业、善沟通，服务多样化、个性化。利用生成式智能客服进行服务和营销升级，是所有品牌未来应用的大场景。

生成式智能推动智能广告活动进入全新阶段。生成式人工智能技术嵌入智能广告生产流程后，五大环节具有了生成式智能特征，体现为生成式智能洞察、生成式智能推理、生成式智能创作、生成式智能投放和生成式智能服务。

第三节　生成式智能营销的未来趋势

当谈及 AIGC 在内容营销中的未来时，不容忽视的是其所蕴含的潜在能量。这项技术的革新性与创造力在塑造营销格局方面具有无可比拟的影响力。我们已经见证了可口可乐等巨头企业如何成功利用 AIGC 的创意广告，这仅仅是冰山一角。AIGC 技术的应用前景广阔，可以在更多领域实现巨大的营销价值。

然而，要让 AIGC 持续成为营销领域的强大推动力，必须理解并应对其面临的挑战。技术质量、版权问题及伦理风险是当前亟待解决的难题。提升算力、优化算法、确保基础设施建设，这些都是推动 AIGC 技术不断进步的必要步骤。此外，加强法律监管、完善法规，保护版权和数据安全也至关重要。这不仅为企业提供了合规的营销环境，也为用户创造了更加安全和可靠的体验。

一、重构营销价值：从经验导向到 AI Agent

在大数据火热的背景下，有学者分析了传统营销体系的解构与全媒体营销体系的重构，认为亟须建立新的模式与方法应对营销环境的变化。而如今，人工智能的发展再次带领品牌传播和广告营销迈入了一个新阶段，营销价值也经历了从“经验导向”到“人机共生”再到“AI Agent（人工智能代理）”的演进过程。

（一）经验导向：传统的营销价值

在早期的营销市场中，营销人员缺乏定量的理性营销思路，大多依靠自身生活、学习经验和认知开展营销活动，决策和策略主要建立在个人观点和感觉上。在营销技巧方面，由于缺乏科学的依据，推销技巧和沟通能力成为营销人员取得成功的重要因素，强调人际关系的建立和维护。随着理性营销思路的引入，营销界开始采用定性的研究方法，例如，李奥贝纳建立专门的“李奥贝纳消费者访谈小组”，博报堂曾开发著名的“生活综合研究所”，洞察消费者偏好。然而，这一营销思路仍旧是以营销人员的经验为主导，访谈或调查的问题由营销人员基于自身想法设计，未能完全摆脱主观主导的局限。传统营销价值聚焦于产品的宣传、销售额的转化环节，核心仍在于个体经验的积累和应用，尚未应用科学的市场研究方法。这一阶段的营销价值体系在信息获取市场洞察方面受到多方限制，随着市场的复杂性增加，人们开始认识到仅仅依赖经验和直觉已经无法应对多变的消费环境。

（二）人机共生：科学的营销价值

在营销领域，人机共生可以理解为人类与人工智能机器之间建立一种协同合作的关系，以科学的方式实现更高效、更精准、更个性化的营销价值。例如，智能技术能够在人工的参与下处理和分析大量的用户数据，为品牌提供全面详尽的市场趋势、消费者行为模式、竞品动态等；智能技术可以参与执行重复、烦琐的人工任务，包括发送邮件、跟进消费者反馈等环节，减轻团队的劳动强度，提高工作效率。在科学的营销价值阶段，品牌能够利用人机共生的协作模式，在保留人类的创造力、战略思维和情感理解的前提下，发挥智能技术的自学习、自适应等特点，将产品销量以精准的方式转化为品牌影响力、品牌忠诚度等无形指标，提高营销全链路的科学性。

（三）AI Agent 与全流程自动化

生成式 AI 将从辅助工具（Copilot）升级为自主执行任务的智能体（Agent），覆盖客户服务、广告投放等场景。根据官方定义，AI Agent，即人工智能代理，是一种能够感知环境、进行决策和执行动作的智能实体，具有自动思考和行动的能力，属于人工智能的一大重要分支。早期的智能代理一般在设定的程序和代码中进行流水线的操作，无法完全理解自然语言并独立开展任务。而大语言模型的火热将 AI Agent 推向了更高的发展水平。AI Agent 可以嵌入特定的不同模型组件，包括语音识别模型、神经网络模型等，在需要处理某项特定任务时，根据不同的模型调动相应的指令，自动完成设定的目标。曾有学者构建了一座基础设施完善的数字化虚拟城镇，多个人工智能体生活在城镇中，开展工作、社交、生活等行为，充分展现 AI Agent 的适应性、自主性和互动性。在营销领域，品牌正在探索 AI Agent 多领域的应用和落地。例如，英伟达在《我的世界》中打造的 Voyager 游戏智能体能够自主完成游戏训练任务；DeepMind 和领英创始人曾联合创造富有同理心的聊天机器人 Inflection AI，深入提供情感陪伴和支持，开辟人机交互的全新可能。

在未来，随着大模型技术的不断成熟，AI Agent 将能够依据品牌设定的目标，在无须干预的情况下自动进行内容创意生成和智能匹配，独立承担起引起关注、转化购买、后续跟进反馈等一系列用户体验的工作，最终达成目标。

二、面临技术风险：传播伦理与法律法规

陈昌凤和张梦提出 AIGC 需要遵循的三个维度：隐私性、公平性和透明性。① 除了要遵循技术伦理外，AIGC 还需要遵循更广泛的道德伦理要求。社会应该充分重视数字营销中使用 AIGC 技术的伦理治理问题，并制定相应的伦理准则和指导原则，以确保企业和整个行业的安全、健康和平稳发展。还有一些研究将 AIGC 的伦理和社会风险总结为 21 种，包括歧视、仇恨言论及排斥、信息危害、虚假信息伤害、恶意使用、人机交互危害及环境和经济危害等。这些研究凸显了数字营销中 AIGC 技术所牵涉的伦理问题的多样性和复杂性。然而，要全面理解这些问题的根源和影响，

① 陈昌凤，张梦. 由数据决定？AIGC 的价值观和伦理问题［J］. 新闻与写作，2023（4）：15-23.

并找到有效的解决策略，就要进行有针对性、深入的分析。因此，以下将重点探讨5种主要的风险挑战。

（一）隐私安全风险：数据质量难以控制，客户隐私和安全保护问题亟须关注

AIGC数字营销的有效运作依赖于庞大的数据集。企业在与用户的互动过程中，其系统需要进行大量数据的收集和处理。这些数据可能因为偏差、噪声、重复和缺失等问题而直接影响AIGC模型的准确性和可靠性。同时，数据使用时的安全性和合规性也面临较大挑战。AIGC可能在未征得用户授权的前提下搜集、存储和输出数据，包括身份信息、消费行为以及兴趣偏好等敏感信息，并带来用户敏感数据泄露、滥用和篡改等潜在风险，甚至会对整个社会造成严重的危害。因此，确保数字营销中数据的质量和安全已成为企业和消费者双方都需要高度关注、亟待解决的问题。在AIGC数字营销的全过程中，企业均需要强化对数据的管理和治理，提高数据的质量和安全，切实遵守数据的法律法规和伦理原则，保护数据的利益相关方。只有尊重用户隐私，合理利用数据，保护数据安全，确保数字营销全过程的合法、合规，企业的营销行为才能赢得用户的信任和支持，为其长期的发展奠定坚实基础。

针对此问题，可以建立健全数据保护制度及管理流程。企业应建立一套系统完备的数据保护机制，规范数据管理流程，覆盖数据的收集、存储、使用和传输等各个环节。同时保障数据主体的知情权、选择权、访问权、删除权等，明确对非法获取和滥用数据行为的惩罚，切实维护用户的隐私权和数据权。

加强数据安全技术的研发和应用。企业还应加强对数据安全技术的研发和应用，运用先进技术手段，如加密、脱敏、差分隐私等，确保数据的完整性、机密性和可用性，有效规避数据被篡改、泄露或损毁的风险。为此，企业需要投入足够的资源和精力，针对AIGC技术的特点与缺陷，积极研发并引入最新的数据安全技术，包括先进的加密算法和协议，建立严格的访问控制和身份认证机制，并实施定期的安全审计和风险评估，及时发现并修复潜在的安全漏洞以降低风险。

（二）偏见与歧视风险：预训练数据不平衡，大模型及算法存在偏见和歧视放大问题

目前，ChatGPT 生成的文本和图像内容已经显露出针对性别、种族、宗教、职业、身体残疾等方面的偏见和歧视问题。例如，ChatGPT 的回复可能会在某些情况下表现出对职业和性别的刻板印象。这些偏见和歧视不仅会降低 ChatGPT 的可信度和公平性，还会伤害用户的感情和损害用户的利益，甚至可能引发社会冲突。然而，这种问题并非 ChatGPT 独有，由于难以获得完全无偏见的语料数据，其他生成式大语言模型也都无可避免地存在这个缺陷。在这一语境下，检测、降低和消除偏见和歧视成为至关重要的任务。在企业数字营销中，AIGC 自动生成的营销内容也会受到数据集偏见和歧视的影响，学习并复制“社会偏见”和“刻板印象”，这可能导致数字营销中的不公平或歧视性现象。更糟糕的是，如果 AIGC 模型在生成内容时采用的是交替演进和叠加的方式，这种偏见就可能会被进一步放大，呈现出乘积式的“偏见放大”效应。这既会影响 AIGC 的性能和效果，降低其满足企业用户需求的能力，也对用户权益产生负面影响，激化用户之间的对立和矛盾，损害社会的和谐与稳定。例如，如果企业使用 AIGC 进行用户画像和精准营销的训练数据主要来自某一特定的群体，那么这个群体的特征会被过度强调，生成的营销内容将会偏向这个群体，而对其他群体的需求和兴趣了解不足，导致营销效果不佳，甚至可能引发歧视的争议。数据偏见是一个错综复杂的问题。为了缓解这一偏见，企业必须深入审查其数据集，清除潜在的偏见来源，并通过算法调整，确保数字营销策略的公正性和平等性。此外，建立一个公正透明的评价机制，对生成的内容进行公正的评价也至关重要。

针对此问题，建议提升数据的代表性和多样性。提升数据的代表性和多样性涉及数据源头和数据处理两个关键方面。确保数据高质量和广泛代表性的同时，需要消除数据的不平衡和偏差，筛选并清洗虚假和有害信息，以维护数据的真实性和中立性。此外，企业在数据收集阶段应积极选择多元化和平衡化的数据源，避免过度专注于某一特定群体或领域，以防止数据的集中化和单一化。在数据处理和使用阶段，企业还需采取匿名

化、平衡化、正规化等手段，特别是对涉及性别、民族、年龄等敏感性的数据进行处理，以减少潜在的数据偏差和歧视，增强算法的透明度和可解释性，这至关重要。为了监测和纠正算法中可能存在的偏见和歧视，同时提高算法的公平性和可信性，建议企业引入基于监测专家团队的反馈和干预机制，监测算法在各种情况下的表现，并对其进行适当的调整。监测过程中，专家团队需要对算法进行全面的分析和评估。他们需要了解算法的设计原理、训练数据集的质量以及在实际应用中的表现。通过综合评估，专家团队可以发现并纠正算法中可能存在的偏见和歧视，确保其在实际应用中的公正。同时，专家的介入可以确保算法的决策过程具有更高的透明度，使得其决策结果更容易被理解和解释。此外，积极收集、听取用户反馈，也是减少潜在偏见和歧视风险的有效途径。

（三）不良信息传播风险：内容真实性需严格把控，严格杜绝虚假、失真及有害信息生成

AIGC 在数字营销中能够创造出各种形式丰富、表现生动的营销内容以吸引目标用户并激发他们的购买欲望，包括引人入胜的文本、视觉冲击力强的图像、富有感染力的音频及震撼人心的视频等。然而，AIGC 也存在制造和传播虚假、有害、误导性内容的风险，这些花样的营销内容有可能正是由 AIGC 凭空编造出来的，这在业界通常被称为人工智能的“幻觉”或“事实编造”。AIGC 具备对抗性深度学习的能力，能够模仿原创作品，甚至伪装成官方媒体或政府发布欺诈性的有害信息。因此，从源头对 AIGC 生成的内容实现精准质量控制将面临巨大的挑战。

这种风险的产生，一方面是由于 AIGC 的概率性、自回归特性和局部优化机制等技术特性，以及内容生成速度和质量的平衡关系设定，为了保持文本输出的流畅性，模型可能会在一定程度上牺牲信息的准确性；另一方面，主要取决于训练数据的质量和代表性，以及生成算法的可控性。如果训练数据中存在有害信息，同时生成算法缺乏有效的约束和监督机制，就可能生成无意义或者不忠实于源内容的信息。研究表明，ChatGPT 存在产生明显事实错误的可能性，并以一种正式、自信的方式散布虚假信息，且不会向用户提供任何警告或拒绝回答问题的机制。郭全中和袁柏林认

为，ChatGPT 突破了内容生产者和消费者之间的界限，改变了内容质量和真实性的评价标准。① 权力由人类转移到算法，这种“技术平权”可能带来更深层次的信息伪造风险和更不可控的道德伦理风险，导致虚假和误导性信息的大规模传播。若企业未能正确、及时识别这些信息，而直接发布由 AIGC 生成的有害营销文案，如对某些产品或服务的虚假宣传、误导性营销信息、侵犯隐私的内容、仇恨言论或对某些群体的歧视或侮辱等，就会对企业的品牌形象、公信力、竞争力等造成严重的损害，企业可能会面临消费者的投诉、诉讼、退款等问题，甚至引发社会舆论的抵制和监管部门的处罚。任何技术的使用都应遵循道德和法律规定，以确保免受滥用。对于 AIGC 技术，企业必须确保其生成的内容真实、准确、有益，不误导用户，也不损害社会公共利益和国家安全。因此，企业在进行 AIGC 数字营销时需提高内容的真实性和质量，预防内容的恶意生成和滥用，建立内容的审核和监督机制，打击违法和不良行为，维护内容的公正和正义。AIGC 生成有害信息的防范需要从技术和制度两个层面进行。技术层面应提升训练数据质量和代表性，避免数据偏差和污染，同时加强生成算法的可控性和可解释性，设定合理约束和监督机制，并提供有效的检测和纠正手段。制度层面，企业应建立完善的内容审核机制，实时监控和定期审核 AIGC 的输出内容，及时发现和处理有害信息。设立关键词过滤系统、专职审核团队，鼓励用户积极报告发现的有害信息，并提供便捷的用户反馈渠道，及时处理用户投诉和建议。

这些措施有助于企业在数字营销中预防 AIGC 生成有害内容，保护用户权益，维护品牌形象和社会责任，促进其健康发展。企业需要增强风险意识并采取积极措施，确保安全、合规和有效的数字营销。

（四）协作失调风险：优化人机协作模式与机制，解决数字营销中潜在的冲突和障碍

数字营销借助 AIGC 技术实现人机协作，包括人机对话、人机协同、

---

① 郭全中，袁柏林. 从 GPT 看 AGI 的本质突破：传媒业新挑战与未来［J］. 新闻爱好者，2023（4）：30-35.

人机竞争等，以提升数字营销的效率和效果。然而，AIGC 技术也可能引发人机协作中的冲突和障碍，包括在语义理解、情感表达、反馈机制等方面的差异，以及在目标设定、任务分配、结果评估等方面出现的不一致。

语义理解和情感表达的差异。在企业数字营销中，人类和机器在语义理解和情感表达上存在显著的差异。人类的语言理解和表达基于丰富的生活经验和情感体验，而机器的语言理解和表达则基于大量的数据和算法。这种差异可能导致人机沟通中的误解和冲突，例如，AIGC 营销助手在与消费者互动时，可能会面临理解消费者意图和情感表达方面的挑战。特别是当消费者使用比喻、隐喻或非正式的语言表达时，营销助手可能无法准确理解其中的含义，甚至可能误解消费者的情感和需求。此外，机器缺乏真实的情感和人际交往经验，其自动应答往往无法满足消费者的情感需求，这可能导致消费者在人机交互过程中感到冷漠、不被重视或不被理解，从而降低人机协同的效率和效果。

目标设定和任务分配的不一致。人机协同的目标设定和任务分配也可能存在部分不一致的情况。人类的目标和任务通常是多元化和动态的，而机器的目标和任务则是单一化和静态的。这种不一致可能导致人机协同的效率和效果较低，例如，AIGC 营销助手可能无法满足人类的多元化需求，或者无法适应人类的动态变化。AIGC 营销助手的目标是生成吸引人的营销内容，并且通过分析历史数据和用户反馈来优化其内容生成策略。然而，人类的目标和任务可能不仅仅是生成吸引人的内容，还可能包括满足特定的市场需求、适应不断变化的消费者趋势，以及与竞争对手的营销策略进行差异化等。这种不一致就会导致人机协同的效率降低，人类和机器可能需要在不同的目标和方法上进行协调和妥协。

为了应对上述问题，企业需要精心优化人机协作的模式和机制，以提升协作的透明度和可解释性，同时协调双方的利益和价值。在这一过程中，通过改进算法模型，不断提升机器在语义理解和情感表达方面的能力，成为至关重要的任务。引入智能化的目标设定和任务分配也是一项关键举措，有助于提高人机协同的效率和效果。这样的全面努力将为实现真正意义上的人机协作奠定基础，进而推动 AIGC 数字营销走向更为健康和可持续的发展道路。

（五）透明与合规风险：确保知情同意与责任透明度，构建安全数字营销环境

在日益复杂的数字营销环境中，确保数据的透明合规至关重要，这主要涉及知情同意和责任透明两个方面。知情同意在 AIGC 数字营销中起着保护用户权益的关键作用。用户需要清楚地了解他们的数据如何被 AI 使用和分析，以便做出知情同意的决策。若企业忽视用户的隐私权和数据权益，未经同意擅自利用甚至滥用数据，将会导致用户对企业的信任度降低，甚至选择停止使用企业的服务。此外，企业可能会因此面临法律风险，并严重损害企业的声誉。责任透明度是确保 AIGC 在数字营销中得到负责任应用的关键。企业应明确其生成内容的责任归属，并具备解释和追溯生成决策的能力。缺乏责任透明度意味着企业未能对其决策过程承担起应有的责任和义务，这会导致用户产生疑虑、担忧和不信任，进而怀疑企业的能力和信誉，给企业带来声誉受损、用户流失、信任度下降、业务减少等负面影响。

针对上述风险，可以建立数据保护体系，提供明晰的隐私政策。一方面，为增强知情同意的透明度，企业应建立健全数据保护制度，确保透明规范地进行数据获取和使用，并对违法行为进行严惩，维护用户权益。另一方面，企业应提供明确的隐私政策和用户条款，详细解释数据使用的目的，并为用户提供选择和控制的机制，以便他们能够决定自己的数据如何被使用。这样做将有助于提高用户对个人数据保护的意识和能力，同时增强用户对企业的信任，从而提高用户满意度和忠诚度。建立责任框架和追溯机制，加强及时反馈和纠正能力。为确保责任透明的落实，企业需要建立一套完善的责任框架和追溯机制。这将确保企业能够及时发现并处理任何潜在的有害信息，同时实现可追溯性，防止任何不当行为或不公正决策的出现。通过实施更正机制，企业可以迅速纠正 AIGC 在运行过程中出现的任何错误或不当行为，避免这些错误或行为造成更大的负面影响。此外，提供反馈渠道也是至关重要的，这将使企业和用户能够及时了解 AIGC 的使用情况，并在发现问题时能够及时纠正。

众多资深开发人员曾多次公开表示应警惕AI对全人类的影响，科幻小说家玛丽·雪莱曾在《弗兰肯斯坦》中拼凑出一个有自主意识的智能人，它因无法得到社会的理解，而成为社会秩序的破坏者。在全智能时代到来之际，人工智能开始走下“神坛”，品牌更应深度掌握生成式AI的应用能力，以其为辅助工具，平衡内容创意的艺术价值与科技价值，构筑全智能的营销价值体系，推动商业与技术运用的营销格局健康可持续发展。

延伸阅读：

[1] 肖代柏，周瑶. AIGC技术赋能营销传播的应用、问题及展望[J]. 传媒，2024（22）：87-89.

[2] 戴晓东，李桂华. AIGC能为品牌营销做什么？[J]. 企业管理，2024（1）：111-114.

[3] 韩国颖，张科. AIGC营销：人机共生式营销模式推动数字营销向数智化跨越[J]. 企业经济，2024，43（2）：111-124.

[4] 郑松毅，王蓉，郑茜蕾，等. 生成式人工智能（AIGC）在企业营销中的价值与风险[J]. 上海商业，2024（6）：47-49.

[5] 王菲，李思奇. 生成式人工智能如何塑造智能广告生产形态：基于百度商业智能体的分析[J]. 现代广告，2024（21）：16-25.

[6] 杜恒峰. DeepSeek-R1惊艳全球　展示中国AI发展巨大潜力[N]. 每日经济新闻，2025-01-27（1）.

[7] 段淳林，陈芮洁. 全智能时代的生成式AI内容创意与营销价值演进[J]. 现代广告，2024（4）：4-9.

思考题

1. 生成式智能如何重构内容生产的效率与成本结构？结合案例说明其对企业营销策略的影响。

2. 生成式智能营销在跨文化传播中的优势与风险是什么？请结合案例说明。

3. 生成式智能引发的数据偏见与伦理问题如何影响品牌信任？请提出

可行的治理框架。

4. 从“流量驱动”到“价值驱动”，生成式智能如何推动营销目标从“转化率”向“用户终身价值（Life Time Value，LTV）”升级？

5. 生成式智能与元宇宙融合将如何重塑沉浸式营销场景？试设计一个虚拟品牌体验方案。